现代化新征程丛书

隆国强　总主编

REAL ECONOMY DIGITALIZATION

INNOVATION AND REMODELING

扎根实体经济

创新与重塑

夏杰长　高红冰 等　著

中国发展出版社
CHINA DEVELOPMENT PRESS

图书在版编目（CIP）数据

扎根实体经济：创新与重塑 / 夏杰长等著. — 北京：中国发展出版社，2023.2

ISBN 978-7-5177-1361-6

Ⅰ. ①扎… Ⅱ. ①夏… Ⅲ. ①中国经济—经济发展—研究 Ⅳ. ①F124

中国国家版本馆CIP数据核字（2023）第022809号

书　　　名：扎根实体经济：创新与重塑
著作责任者：夏杰长　高红冰　等
责 任 编 辑：吴　佳　张　楠
出 版 发 行：中国发展出版社
联 系 地 址：北京经济技术开发区荣华中路22号亦城财富中心1号楼8层（100176）
标 准 书 号：ISBN 978-7-5177-1361-6
经　销　者：各地新华书店
印　刷　者：北京博海升彩色印刷有限公司
开　　　本：710mm × 1000mm　1/16
印　　　张：20.75
字　　　数：280千字
版　　　次：2023年2月第1版
印　　　次：2023年2月第1次印刷
定　　　价：88.00元

联 系 电 话：（010）68990625　82097226
购 书 热 线：（010）68990682　68990686
网 络 订 购：http://zgfzcbs. tmall. com
网 购 电 话：（010）88333349　68990639
本 社 网 址：http://www.develpress. com
电 子 邮 件：15210957065@163.com

“现代化新征程丛书”编委会

丛书联合编制单位

国务院发展研究中心企业研究所

国研智库

中国国际工程咨询有限公司

工业和信息化部电子第五研究所（服务型制造研究院）

中国社会科学院工业经济研究所

机械工业经济管理研究院

航天云网科技发展有限责任公司

苏州大学北京研究院

浙江工业大学

阿里研究院

之江智慧场景研究中心

《扎根实体经济：创新与重塑》课题组

课题组组长

夏杰长　中国社会科学院财经战略研究院副院长、
　　　　中国市场学会会长

高红冰　阿里巴巴集团副总裁、阿里研究院院长

课题组副组长

欧阳日辉　中央财经大学中国互联网经济研究院副院长

郝建彬　阿里研究院产业研究中心主任、资深专家

李　颖　阿里研究院产业研究中心副主任

课题组成员

李勇坚　中国社会科学院财经战略研究院研究员、
　　　　中国市场学会副会长

刘　奕　中国社会科学院财经战略研究院服务经济
　　　　与互联网发展研究室主任

孙　晓　中国社会科学院大学商学院讲师

田　野　中国社会科学院财经战略研究院博士后

安筱鹏　阿里研究院副院长

安　琳　阿里研究院数字经济研究中心主任

苏　中　阿里研究院资深技术专家

左臣明　阿里新乡村研究中心主任

柴爱新　阿里研究院高级专家

范秋辞　阿里研究院行业研究专家

岳鸿飞　阿里研究院行业研究专家

熊琪颜　中国社会科学院大学应用经济学院博士研究生

刘昱宏　东北林业大学经济管理学院硕士研究生

总　序

党的二十大报告提出:“从现在起，中国共产党的中心任务就是团结带领全国各族人民全面建成社会主义现代化强国、实现第二个百年奋斗目标，以中国式现代化全面推进中华民族伟大复兴。”当前，世界之变、时代之变、历史之变正以前所未有的方式展开，充满新的历史机遇和挑战，全球发展的不确定性不稳定性更加突出，全方位的国际竞争更加激烈。面对百年未有之大变局，我们坚持把发展作为党执政兴国的第一要务，把高质量发展作为全面建设社会主义现代化国家的首要任务，完整、准确、全面贯彻新发展理念，坚持社会主义市场经济改革方向，坚持高水平对外开放，加快构建以国内大循环为主体、国内国际双循环相互促进的新发展格局，不断以中国的新发展为世界提供新机遇。

习近平总书记指出，今天，我们比历史上任何时期都更接近、更有信心和能力实现中华民族伟大复兴的目标。中华民族已完成全面建成小康社会的千年夙愿，开创了中国式现代化新道路，为实现中华民族伟大复兴提供了坚实的物质基础。现代化新征程就是要实现国家富强、民族振兴、人民幸福的宏伟目标。在党的二十大号召下，全国人民坚定信心，同心同德、埋头苦干、奋勇前进，为全面建设社会主义现代化国家，实现第二个百年奋斗目标，全面推进中华民族伟大复兴而团结奋斗。

走好现代化新征程，是站在新的历史方位，推进实现中华民族伟大复兴。党的十八大以来，中国特色社会主义进入新时代，这是我国发展新的历史方位。从宏观层面来看，走好现代化新征程，需要站在新的历史方位，在客观认识、准确把握当前党和人民事业所处的发展阶段基础上，主动适应大国经济阶梯式递进、螺旋式上升和经济高质量发展要求，不断推动我国社会主义从初级阶段向更高阶段迈进。从中观层面来看，走好现代化新征程，需要站在新的历史方位，明晰我国参与国际竞合比较优势的变化，通过深化供给侧结构性改革，对内解决好发展不平衡不充分问题，对外化解外部环境新矛盾新挑战，形成对全球要素资源的强大吸引力、在激烈国际竞争中的强大竞争力、在全球资源配置中的强大推动力，在高水平自立自强基础上塑造参与国际竞合新优势的战略部署。从微观层面来看，走好现代化新征程，需要站在新的历史方位，坚持系统观念和辩证思维，坚持两点论和重点论相统一，以“把握主动权、下好先手棋”的思路，充分依托我国超大规模市场优势，培育和挖掘内需市场，推动产业结构优化和转型升级，提升产业链供应链韧性，增强国家的生存力、竞争力、发展力、持续力，确保中华民族伟大复兴进程不迟滞、不中断。

走好现代化新征程，要把各国现代化的共同特征和我国国情相结合。实现现代化是世界各国人民的共同追求。随着经济社会的发展，人们越来越清醒地认识到，现代化虽起源于西方，但各国的现代化道路不尽相同，世界上没有放之四海而皆准的现代化模式。因此，走好现代化新征程，要把各国现代化的共同特征和我国具体国情相结合。我们要坚持胸怀天下，拓展世界眼光，深刻洞察人类发展进步潮流，以海纳百川的宽阔胸襟借鉴吸收人类一切优秀文明成果。坚持从中国实际出发，不断推进和拓展中国式现代化。党的二十大报告系统阐述了中国式现代化的五大特征，即中国式现代化是人口规模巨大的现代化，是全体人民共同富裕的现代化，是物质文明和精神文明相协调的现代化，是人与自然和谐共生的现代化，是走和平发展道路的现代化。中国式现代化的五大特征，反映出我们的现代化新征程是基于大国经济，按照中国特色社会主义制度的本质要求，实现长期全面、绿色可持续、和平共赢的现代化。此外，党的二十大报告提出了中国式现代化的九方面本质要求，即坚持中国共产党领导，坚持中国特色社会主义，实现高质量发展，发展全过程人民民主，丰富人民精神世界，实现全体人民共同富裕，促进人与自然和谐共生，推动构建人类命运共同体，创造人类文明新形态。这既是我们走好现代化新征程的实践要求，也为我们指明了走好现代化新征程的领导力量、实践路径和目标责任，为我们准确把握中国式现代化核心要义，推动各方面工作向着复兴目标迈进提供了根本遵循。

走好现代化新征程，需要完整、准确、全面贯彻新发展理念，着力推动高质量发展，加快构建新发展格局。党的二十大报告提出，“我国发展进入战略机遇和风险挑战并存、不确定难预料因素增多的时期”。当前及今后一段时间，我国将面临“新的动荡变革”的国际大环境。新发展理念瞄准我国经济社会发展不同方面存在的突出矛盾，为筑牢经济社会发展根基提供了方向指引。要完整、准确、全面贯彻新发展理念，让创新成为第一动力、协调成为内生特点、绿色成为普遍形态、开放成为必由之路、共享成为根本目的，努力实现高质量发展。要统筹国际国内两个大局，统筹发展与安全两件大事，增强国内大循环内生动力和可靠性，提升国际循环质量和水平，增强国内国际两个市场两种资源联动效应，加快构建以国内大循环为主体、国内国际双循环相互促进的新发展格局。

走好现代化新征程，必须全面深化改革开放。改革开放为我国经济社会发展注入了强劲动力，是决定当代中国命运的关键一招。改革开放以来，我国经济社会发展水平不断提升，人民群众的生活质量不断改善，经济发展深度融入全球化体系，创造了举世瞩目的伟大成就。推进中国式现代化，必须坚持深化改革开放。党的二十大报告提出，要“深入推进改革创新”，“着力破解深层次体制机制障碍”，彰显了在现代化新征程上党和国家对全面深化改革的决心。党的十八大以来，我国进入全面深化改革阶段，改革征程上面临的多是难啃的硬骨头、棘手复杂的问题，在将经济社会发展推向新高度的同时，一系列新的时代命题应运而生。走好现代化新征程，需要全面深化改革，大力推进供给侧结构性改革，进一步优化我国经济结构，不断激发市场活力，提升经济发展的韧性、抵御外部风险的能力。对外开放是我国的基本国策，走好现代化新征程，要坚定不移扩大对外开放，提升贸易投资合作质量和水平，稳步扩大规则、规制、管理、标准等制度型开放，营造市场化、法治化、国际化一流营商环境，大力吸引全球资源要素，增强国内国际联动效应，加快构建新发展格局，以高水平开放促进高质量发展。

知之愈明，则行之愈笃。走在现代化新征程上，我们出版“现代化新征程丛书”，是为了让社会各界更好地把握当下发展机遇、面向未来开创新篇，以奋斗姿态、实干业绩助力中国式现代化开创新篇章。具体来说，主要有三个方面的考虑。

一是学习贯彻落实好党的二十大精神，为推进中国式现代化凝聚共识。党的二十大报告阐述了开辟马克思主义中国化时代化新境界、中国式现代化的中国特色和本质要求等重大问题，擘画了全面建成社会主义现代化强国的宏伟蓝图和实践路径，就未来5年党和国家事业发展制定了大政方针、作出了全面部署，是中国共产党团结带领全国各族人民夺取新时代中国特色社会主义新胜利的政治宣言和行动纲领。此套丛书，以习近平新时代中国特色社会主义思想为指导，认真对照党的二十大报告，从报告原文中找指导、从会议精神中找动力，用行动践行学习宣传贯彻党的二十大精神。

二是交流高质量发展的成功实践，为推进中国式现代化汇聚众智。来自12家智库的专家参与本套丛书的编写。本套丛书立足中国式现代化的时代特征和发展要求，直面各个地区、各个部门面对的新情况、新问题，总结借鉴国际国内现代化建设的成功经验，系统地构建了前沿产业、商业环境、发展空间、基础设施“四位一体”的发展思路。丛书内容注重实用性、可操作性，努力打造成为地方政府和企业管理层看得懂、学得会、用得了的使用指南。

三是探索未来发展新领域新赛道，为推进中国式现代化注入新动能。面对百年未有之大变局，数字化转型与绿色化转型加速推进，为我国发展带来新的战略机遇。本套丛书面向未来，深入探索未来发展新领域新赛道，系统分析前沿产业发展的新潜力，为我国发展前沿产业提供新借鉴，为推进中国式现代化注入新动能。

“现代化新征程丛书”主要面向党员领导干部、企事业单位管理层和专业研究人员等读者群体，致力于丰富读者知识素养，拓宽其眼界格局，提升其执政能力、研究能力和实践能力。在丛书编制过程中，重点坚持以下三个原则：一是坚持政治性，把坚持正确的政治方向摆在首位，坚持以党的二十大精神为行动指南，确保相关政策文件、编选编排、相关概念的准确；二是坚持前沿性，丛书选题充分体现鲜明的时代特征，面向未来发展重点领域，内容充分展现现代化新征程的新机遇、新要求、新举措；三是坚持实用性，丛书编制注重理论与实践的结合，特别是用新的理论要求指导新的实践，内容突出针对性、示范性和可操作性。

“现代化新征程丛书”按照“四位一体”架构进行设计，第一期包含十余种图书，主要涵盖四个方面：前沿产业、商业环境、发展空间、基础设施。其中，“前沿产业”主题有“未来产业”“新金融”“服务型制造”“氢能产业”“元宇宙”“扎根实体经济”“制造新模式”；“商业环境”主题有“优化营商环境”；“发展空间”主题有“未来社区”“新型工业化基地”“先进制造业集群”；“基础设施”主题有“新基建”；此外，丛书编委会根据前期调研，撰写了“高质量发展典型案例”。

相知无远近，万里尚为邻。我们希望通过此套丛书，加强智库与智库、智库与传播之间协作，促进智库研究机构与智库传播机构的高水平联动，构建智库型出版产业体系和生态系统，实现“智库引领、出版引路、路径引导”，共同助力高质量发展，为全面建成社会主义现代化强国、实现第二个百年奋斗目标作出积极贡献！

隆国强

国务院发展研究中心副主任、党组成员

2023 年 1 月

序　言

实体经济的高质量发展很值得我们深入系统研究。做出如此判断的基本理由，从总体上至少可以归结为如下几条：

第一，我国已经步入全面建设社会主义现代化国家新征程。壮大实体经济不仅是实现中国式现代化的出发点和落脚点，也是中国式现代化的内在要求。正确认识实体经济的地位和作用，充分发挥实体经济在经济高质量发展中的关键作用，补齐实体经济发展短板，探寻实体经济高质量发展的思路举措和实践路径，找准选好实现实体经济高质量发展的战略路径，对于我们以中国式现代化全面推进中华民族伟大复兴有着重要的理论意义和时代价值。

第二，我国发展进入战略机遇和风险挑战并存、不确定难预料因素增多的时期，各种“黑天鹅”“灰犀牛”事件随时可能发生。我们必须增强忧患意识，坚持底线思维，做到居安思危、未雨绸缪，统筹发展和安全。实体经济既是我国经济的命脉所在，也是构筑未来发展战略优势的重要支撑，更是我国在国际竞争中赢得主动的根基所在。

第三，振兴实体经济是供给侧结构性改革的主要任务。习近平总书记曾明确指出，供给侧结构性改革要向振兴实体经济发力、聚力。无论经济发展到什么时候，实体经济都是我国经济发展、我们在国际经济竞争中赢得主动的根基。我国经济是靠实体经济起家的，也要靠实体经济走向未来。[①]因而，必须推动资源要素向实体经济聚集。党的二十大报告也提出，要“坚持把发展经济的着力点放在实体经济上，推进新型工业化，加快建设制造强国、质量强国、航天强国、交通强国、网络强国、数字中国”。

读者面前的这本《扎根实体经济：创新与重塑》，正是基于如此的考量由中国社会科学院财经战略研究院、阿里研究院、中央财经大学等机构的专家学者携手写成的。立足于新的历史起点，围绕全面建设社会主义现代化国家新征程的目标任务，本书对实体经济的高质量发展进行了系统梳理，做出了一系列理论探索，做出了一系列战略研判。

比如，这本书系统阐述了实体经济创新与重塑是践行高质量发展战略的必然选择。从目标定位、创新驱动、组织形式、关键要素、创新主体、发展效应、产业强国与新业态培育、全球化、绿色发展、趋势展望10个方面，从理论到实践，深入剖析实体经济高质量发展的具体路径与过程、模式与效果，并展望未来趋势与前景。

再如，本成果的实证研究发现，采用云服务基础设施的企业数平均每增加1%，全要素生产率增加0.395%，企业数每翻一番，可带动实际GDP增长9.52%；云消费额每增加1%，数据使用对GDP的带动作用可额外再提升73%；沟通协同数字化水平每增加1%，城市发明申请量平均增加0.2425个单位；数字化产业带每增加1%的供应商，线上规模增加3.4%；餐饮服务行业的线上送餐并未对线下堂食产生显著挤出效应，相反提供了一种新的经营渠道，有利于餐厅的整体运营、做大餐饮业蛋糕……

又如，面向未来，数字时代最大的不一样，就是任何一个产品都可

① 习近平：《论把握新发展阶段、贯彻新发展理念、构建新发展格局》，中央文献出版社，2021。

以复制在数字空间中应用，它带来的实力巨大，是无法竞争的。数字经济是规模经济和范围经济最显著的行业，中国有最多消费者和最大规模的产业基础，未来成长空间和带动传统产业升级空间很大。

可以说，在实体经济高质量发展问题的研究上，这本书开了一个好头。它对于社会各界深入理解高质量实体经济背后的产业演进、消费升级、要素迭代、技术进步、决策科学，具有较高的参考价值。我很乐于将其推荐给广大的读者朋友。

高培勇

中国社会科学院副院长、中国社会科学院学部委员

2023 年 2 月

前　言

实体经济是一国经济的立身之本，财富之源，是现代化产业体系的支柱。发展和壮大实体经济是建设社会主义现代化强国的必由之路。党中央一直高度重视实体经济发展。党的十六大报告明确提出要正确处理虚拟经济与实体经济的关系。党的十八大报告提出要牢牢把握发展实体经济这一坚实基础，实行更加有利于实体经济发展的政策措施。党的十八大以来，习近平总书记多次强调发展实体经济的重大意义，明确指出像我们这么一个大国，要想强大，必须靠实体经济[①]。党的十九大报告明确提出建设现代化经济体系，必须把发展经济的着力点放在实体经济上，把提高供给体系质量作为主攻方向，显著增强我国经济质量优势。党的二十大报告提出要坚持把发展经济的着力点放在实体经济上，推进新型工业化，加快建设制造强国、质量强国、航天强国、交通强国、网络强国、数字中国。面向未来，我们必须立足实体经济，壮大实体经济，以实体经济构筑未来发展战略优势的重要支撑，夯实中国式现代化物质基础的根基。我国经济是靠实体经济起家的，也要靠实体经济走向未来。

今天我们要扎根实体经济，是要解决人民日益增长的美好生活需要和不平衡不充分的发展之间的矛盾，推动经济发展质量变革、效率变

---

① 出自 2013 年 7 月 21 日习近平在湖北考察改革发展工作时的讲话。

革、动力变革，这绝不是回到传统的、竞争力下降、产能过剩严重的不坚实的实体经济，而是要发展具有坚实物质技术基础的实体经济。习近平总书记强调，数据作为新型生产要素，对传统生产方式变革具有重大影响。数字经济具有高创新性、强渗透性、广覆盖性，不仅是新的经济增长点，而且是改造提升传统产业的支点，可以成为构建现代化经济体系的重要引擎……要发挥数字技术对经济发展的放大、叠加、倍增作用。[①] 因此，面向现代化新征程，应当发展什么样的实体经济？我们认为，实体经济发展的重心应当转向数字化实体经济。

实体经济研究的切入点很多。本书选择“创新与重塑”视角研究实体经济成长和壮大问题，我们认为有着特殊的时代意义。因为，在数字技术加持下，产业间融合发展、产业内部融合发展、不同市场主体融合发展比历史上的任何时期都更具可能，影响也更加深刻。融合，不是“1+1=2”，而是通过产业裂变、市场组织重构或生产方式再造和消费范式创新，实现“1+1>2”，这就是“融合”与“重构”的力量。在技术进步和开放发展的大视野下，实体经济的发展与成长，不是哪一个产业、哪一个部门或环节单枪匹马前行，而是要充分利用好数字技术这一新型生产要素，秉承开放包容的理念，极力推进产业融合、市场主体融合和相关业态融合，从而为新时代实体经济高质量成长开辟新视野、新思路和新举措。

在数字技术加持下，实体经济的形态日益多元化，其边界日益模糊，产业链、价值链、供应链互相嵌入和相互依存，这种融合或嵌入，必然会产生协同效应和竞争效应，在协同与竞争中实现重构和成长。这是着眼于数字技术对实体经济生态的直接嵌入和共生，是把握新一轮科技革命和产业变革新机遇的战略选择，也是新发展阶段适应国内外环境

---

① 习近平：《不断做强做优做大我国数字经济》，求是网，2022 年 1 月 15 日。

变化的必然选择。近年来，实体经济同数字技术深度融合的趋势愈发凸显，助推实体经济创新形态蓬勃发展，不断重构实体经济的组织形态、生产方式和产业生态。实体经济的数字化创新形态以知识和数据为关键生产要素，着眼于全链条协同和高效率沟通，推动了生产性服务业平台化、网络化发展。数字经济和实体经济的关系从松散联结到实体嵌入，代表着现代化产业体系的未来，是中国经济由数量型增长走向高质量发展的核心动力所在。这些年的经济发展实践表明，强化数字技术对实体经济的赋能，坚持融合共生的产业发展模式，既能拓展实体经济发展潜能、提升实体经济发展质量，又可以为数字技术对接最广阔的应用场景，是双赢、多赢的选择，是建设现代化经济体系和社会主义现代化强国的必由之路。

党中央高度重视数字技术对实体经济的关键作用。《中共中央关于制定国民经济和社会发展第十四个五年规划和二〇三五年远景目标的建议》提出要推动互联网、大数据、人工智能等同各产业深度融合，推动先进制造业集群发展，构建一批各具特色、优势互补、结构合理的战略性新兴产业增长引擎，培育新技术、新产品、新业态、新模式。《“十四五”数字经济发展规划》提出要以数据为关键要素，以数字技术与实体经济深度融合为主线，加强数字基础设施建设，完善数字经济治理体系，协同推进数字产业化和产业数字化，赋能传统产业转型升级，培育新产业新业态新模式，不断做强做优做大我国数字经济，为构建数字中国提供有力支撑。党的二十大报告多次强调现代产业的融合发展问题，比如“构建优质高效的服务业新体系，推动现代服务业同先进制造业、现代农业深度融合”“推动战略性新兴产业融合集群发展，构建新一代信息技术、人工智能、生物技术、新能源、新材料、高端装备、绿色环保等一批新的增长引擎”，这些关于融合发展的重要论述，为我们推动实体经济融合与创新发展提供了遵循。

当今世界，数字化转型持续深入推进，传统产业向数智化、绿色化、融合化转型升级，新产业、新业态、新模式等“三新经济”蓬勃发展，正在推动生产方式、贸易方式、消费行为和治理模式的深刻变化。数字技术成为重组全球要素资源和重塑全球竞争格局的“胜负手”，谁掌握核心数字技术和拥有广阔的数字经济应用场景，谁就很有可能赢得全球竞争的主动权。数字融合与嵌入对实体经济的影响，是必须统筹考虑的重大变量。推动实体经济的创新与重塑，促进实体经济可持续成长和高质量发展，是一个复杂的系统工程，需要从产业发展、组织形式、市场主体、贸易方式和消费行为等视角开展研究。实体经济的高质量发展，离不开科技创新驱动、消费和供给之间的良性循环、高质量对外开放、全面乡村振兴，离不开培育更具创新和竞争力的中小企业，创造更多就业岗位。基于这个认知和逻辑，本书安排十三章对实体经济进行深入系统研究。

第一章阐述对实体经济高质量发展的整体认识和研究脉络，统领全书，并对以下问题做出思考：什么是高质量的实体经济？怎么看待高质量的实体经济？如何评价高质量的实体经济？ 高质量实体经济如何实现？

第二章指出创新驱动是实体经济高质量发展的动力源，阐述了新发展阶段，中国消费创新与产业升级双轮驱动对于扩大内需与供给侧结构优化的作用机理，高质量发展的内生动力与六大发展效应。

第三章提出创新推动产业要素、产业主体融合发展及产业组织形式重塑。构建了新型产业生态体系，向网络化主导转变，促进了千行百业各市场主体融合发展。数字技术加速了一、二、三产业的融合发展，也加速了企业内外部产业链供应链协同。

第四章至第六章，围绕实体经济高质量发展的3个重点领域深入研究。第四章阐述了数据作为关键要素、新型要素对实体经济发挥放大、叠加、倍增效应。从要素层、产业层、制度层阐明数据要素对重构产业业态、构建现代化产业生产关系的作用，剖析了数据要素对决策优化的作用机制。

第五章围绕实体经济的创新主体——企业进行讨论，特别是提升中小企业的竞争方面，理论与实践相结合，阐述了聚合与颠覆、数据化、网络效应、技术互补性、创新生态五项理论，总结了五条机制和路径，提出突破最小临界规模、建立相关要素支持体系等建议。

第六章围绕实体经济实现质的有效提升与量的合理增长，进行量化评估。评估维度包括实体经济数字化成长，数字技术对全要素生产率提升，全链条融合、共性技术、高效沟通创造的增量价值等。

第七章至第九章分别研究3个产业强国。第七章围绕现代农业体系构建，分析了农业强国的衡量标准与国际比较，阐述了引导新型要素向农业集聚，构建现代农业生产体系、产业体系、经营体系，促进乡村振兴的机理，并提出了六条具体路径。

第八章围绕制造业向高端智能升级，分析了制造强国内涵与中国转型之路着力方向，包括强化制造业基础能力和创新能力、促进制造业与信息化深度融合、工业互联网推动制造业升级、优化制造业产业结构分布等。

第九章围绕构建现代服务业体系，梳理了服务业发展的指标体系，总结了数智引领、平台支撑、开放高效、普惠共享、科学治理5个优质高效的新特征。针对“数”造服务业高质量发展，提出了五大机理和四条具体路径。

第十章指出在响应传统产业转型的同时，要大力培育新兴产业。近年来，新技术全方位升级，衍生培育出包括直播电商、即时电商、数字文创等新业态、新场景、新应用，不断满足人民群众的美好生活新需求。

第十一章、第十二章响应全球化与绿色发展。第十一章响应贸易强国是构建新发展格局的基本内涵，指出数字贸易成为推动全球经济复苏的新引擎。剖析了数字贸易便利企业国际化，促进双循环，强化产业链供应链韧性与安全，推动贸易普惠机制与实践。

第十二章响应绿色发展是实体经济实现高质量发展的必要条件。围绕数字驱动绿色低碳转型，描绘了绿色生活的新理念与新方式，总结了绿色低碳背后的能力建设，从云计算、碳普惠等机制与实践，展示了绿色发展的新路径。

第十三章面向现代化新征程，把握数字技术发展的前沿趋势，总结高质量发展的新范式，对经济、社会、产业、人才等领域转型给出判断与建议。

2022 年初，中国社会科学院财经战略研究院、中国市场学会、阿里研究院和中央财经大学等单位组成合作研究团队对“实体经济创新发展”这个课题开展深入研究。研究力求既有学理，又有数据和事实，还要有对未来发展的科学预判和针对性较强的政策建议。课题组成员为来自学术机构、企业智库和高校的学者专家，他们工作岗位不同，知识结构也有差异，但这不妨碍他们精诚合作、扬长避短，最大化发挥各自优势，把学理分析、逻辑演进、定量评估、案例剖析和产业政策研究贯穿全书，浑然一体。这是一部兼具理论深度和实践见地的高端智库报告。

我国面临赶超跨越的难得的历史机遇，也面临差距拉大的严峻挑战。实体经济创新与重塑这个重大现实问题亟待求解，仍有很多研究未尽的领域。尽管课题组大部分研究者对该议题有较好的知识积累和前期准备，但我们还是深感惶恐，怀着敬畏的心情开展这项研究工作。为此，课题组对如何实施该项研究工作做了严格周密的安排，要求撰稿人先充分阅读该领域的经典文献、积极收集相关数据和案例，并组织了北京、上海、重庆、河北、杭州、长沙、贵阳、绍兴等地的实地调研和座谈会，广泛听取企业、园区、商户和业界专家的意见，帮助撰稿人熟悉数字技术的应用场景，力求写作时“言之有物”“论之有理”和“建言有据”。当然，由于知识能力、时间精力的限制，本书还有很多不足之处，欢迎读者朋友多提宝贵意见，以期把该领域研究推向新高度。

目 录

第一章

对高质量实体经济的认知与思考

本章对实体经济高质量发展的整体认识和研究脉络进行阐述，统领全书，将对以下问题做出思考：什么是高质量的实体经济？怎么看待高质量的实体经济？如何评价高质量的实体经济？高质量实体经济如何实现？

一、什么是高质量实体经济：争论与共识

（一）发挥数字技术对经济发展的放大、叠加、倍增作用

习近平总书记曾多次指出，不论经济发展到什么时候，实体经济都是我国经济发展、在国际经济竞争中赢得主动的根基。[①] 实体经济高质量发展的总体目标是社会生产力高度发达，质的有效提升同量的合理增长，本质要求是全要素生产率（TFP）大幅提升。李克强强调：要正确认识“实体经济”的内涵，“实体经济”是一个相对于“虚拟经济”的概念，不是仅仅包含制造业，而是涵盖着一、二、

① 《夯实发展基础 赢得竞争主动——做好振兴实体经济的事》，中国政府网，2019年8月13日。

三产业[①]。

2022年11月4日，《人民日报》刊发刘鹤副总理署名文章《把实施扩大内需战略同深化供给侧结构性改革有机结合起来（认真学习宣传贯彻党的二十大精神）》中，讲到“坚持把发展经济的着力点放在实体经济上”时指出，巩固优势产业领先地位，推动制造业高端化、智能化、绿色化发展，构建优质高效的服务业新体系。

今天，我们要解决人民日益增长的美好生活需要和不平衡不充分的发展之间的矛盾，推动经济发展质量变革、效率变革、动力变革，这绝不是回到传统的、竞争力下降、产能过剩严重的不坚实的实体经济，而是要发展高质量的实体经济。面向现代化新征程，我们认为，实体经济数字化转型是高质量发展的必由之路。

（二）实体经济发展的争论与共识

长期以来，社会上对于实体经济的认知存在着一些误区和偏差，诸如实体经济的主体是制造业，服务业比重增加，制造业比重下降，会造成“制造业空心化”，因此不能过早去工业化；电子商务、互联网是虚拟经济，不是实体经济，将数字经济与实体经济对立起来。以上误解产生的根源是对产业的表述方式和分类方式跟不上实体经济的发展，是用旧思维去看待新事物。

当前，学界对于实体经济的理解，有以下几个看法和认识。

一是认为，实体经济不仅指制造业，服务业也是实体经济。刘世锦（2021）提出，实体经济不是仅重视发展物质形态的生产，“软科技”也

① 《加快新旧动能接续转换，李克强给部长下“督战书”》，中国政府网，2017年1月7日。

是实体经济[①]。黄群慧（2018）也认为，由于产业之间融合度很大，也有很多生产型的服务业，比如科研、物流等，所以广义的实体经济概念，除了制造业、工业、农业，也可以把其他服务业包括进去。只有金融和房地产除外，因为它们是构成虚拟经济的主体[②]。夏杰长和谭洪波（2023）提出作为实体经济重要基础的制造业是生产性服务业存在的前提条件，各国生产性服务业的增加值和就业贡献在国民经济中的比重都呈现逐渐增加的趋势[③]。

二是认为，数字经济与实体经济不是对立的，高质量的实体经济恰恰就是数字化的实体经济，要避免误读“数实融合”的表述。刘世锦（2022）认为，发展实体经济不是把“硬科技”与“软科技”对立起来。我们面临的真正挑战是如何加快实现由传统实体经济向数字化实体经济的转型。刘尚希等（2022）指出，数字经济与实体经济逻辑上不对立，未来的经济形态都是数字经济；把数字经济与实体经济当成两个问题来看，融合发展，这种表述需要斟酌。商业领域的互联网平台都是实体经济，要避免误读[④]。

三是认为，关于未来中国经济的发展形态，数字经济是主导，是构成高质量实体经济的有机主体。刘世锦（2022）认为，数字经济是继农业经济、工业经济之后的主要经济形态，我们面对的实际上是两种不同的实体经济，一种是传统的竞争力下降、过剩严重的实体经济，另一种是数字化赋能、生产率大幅提升的实体经济，后一种才是高质量发展。刘尚希等（2022）认为，数字经济是未来经济的主导形态。江

---

① 刘世锦：《加快发展数字化绿色化的新型实体企业》，人民资讯转载于瞭望智库，2021年12月2日。

② 黄群慧：《实体经济与虚拟经济互相促进 带动经济转型升级》，新华网，2018年9月30日。

③ 夏杰长、谭洪波：《生产性服务业赋能经济高质量发展》，《光明日报》，2023年1月10日。

④ 刘世锦、刘尚希、樊纲等：《数实融合怎么看？怎么干？》，中国经济网，2022年9月23日。

小涓（2022）研究发现，到2025年，数字经济将占据中国经济的半壁江山[①]。林毅夫等（2022）提出，数字经济早已成为实体经济重要的组成部分，数字技术作为一种通用技术，已经在实体经济多个部门广泛使用[②]。李勇坚（2021）[③]、李毅中（2021）[④]、陈晓东（2021）[⑤]、赵剑波（2020）[⑥]认为网络化协同耦合平台、互联网企业和工业企业深度融合、智能制造是高质量实体经济发展的路径。

四是认为，未来的实体经济和企业不能简单按照传统的划分方式来解释。黄益平（2022）认为，企业边界问题呈现复杂性，会有很多新的改变。如果平台实现企业的交易成本能够降到足够低，很多劳动分工就可以进一步细化。经济日报评论员（2021）指出，经济发展是一个系统工程，需要各个方面的协调，不能就实体经济抓实体经济、就制造业发展制造业[⑦]。

（三）我们需要什么样的实体经济？

高质量实体经济的风向标不在底特律、斯图加特，而是在硅谷、深圳、杭州、合肥。过去我们总认为中国应当向德国、日本学习其制造业厚重的技术积累和精益生产的工匠精神，以提高中国制造业的附加值，促进产业结构升级。而今天，当我们回头去看过去10年，就会发

---

① 江小涓：《五年内，数字经济将拿下“半壁江山”》，人民资讯，2022年3月24日。

② 林毅夫等：《“十四五”期间推动数字经济与实体经济深度融合发展路径研究》，北京大学新结构经济学研究院，2022年1月。

③ 《数实融合是实现产业链现代化的必由之路》，新京智库，2022年3月10日。

④ 《“十四五”数字经济如何与实体经济融合？权威人士给出建议》，环球网，2022年3月1日。

⑤ 陈晓东：《促进数字经济与实体经济融合发展》，《经济日报》，2020年6月23日。

⑥ 赵剑波：《推动新一代信息技术与实体经济融合发展：基于智能制造视角》，《科学学与科学技术管理》2020年第3期。

⑦ 《坚持把发展经济着力点放在实体经济上》，《经济日报》，2022年9月21日。

现这种选择未必很周全，因为当我们把目光仅仅聚焦于制造业，它已经成为我们对于概念的一种幻象，实际上高端产业的发展形态早已超出传统的装备制造、机床工具范畴，向着数字孪生、网络化协同升级。也就是说，当今最先进的产业和企业，或者按照传统的说法，最高端的制造业已经不属于德国和日本，我们有更好的标杆和样板。从经济总量看，2011—2021 年，美国的 GDP 从相当于日本的 2.6 倍扩大到 4.5 倍，从相当于德国的 4.6 倍扩大到 5.4 倍[①]。德日两个全球制造业最发达的国家，经济规模在过去 10 年与美国的差距越来越大，而在 2008 年国际金融危机之后我们所认为的美国的“顽疾”——制造业流失、经济空心化，并未使美国经济衰退。当我们还用制造业和服务业的二分法认识美国时，美国早已走上了制造业服务化的产业升级之路，制造业的高附加值服务部分被高端产业牢牢把控，并借此掌控了全球的产业链布局，强化了美国在实体经济领域的全球领先地位。美国全球领先地位的巩固和确立，是高质量实体经济的胜利，是数字技术全面融入一、二、三产业的结果，是向新型数字基础之上迁徙的结果。

安迪·尼利的研究发现，中国制造业的服务化进程相对落后，具备服务型制造能力的企业占比低，这是中国企业长期处于价值链低端的重要原因。根据德勤的统计研究，服务业务收入已占世界 500 强中制造企业总收入的 25%，其中 19% 的制造企业服务业务收入超过总收入的 50%。根据对主要国家制造业上市公司的分析，美、德等国家服务型制造企业的比例已超 50%，而中国不到 1%[②]。以制造业服务化提升产业价值链，是信息化时代一个企业乃至一个国家赢得这场竞赛的关键。推动实体经济高质量发展的主导力量来自制造业与服务业融合形成的新

---

① 根据美国联邦统计局、日本统计局、德国联邦统计局数据计算。

② 德勤：《基于全球服务和零件管理调研研究报告》。

形态。总体来看，制造业服务化成为主导趋势。全球制造业面临 4 个转变，即市场需求从产品导向向产品服务系统转变，高价值环节从制造环节为主向服务环节为主转变，竞争优势从规模化供给能力向个性化供给能力转变，客户交易方式从一次性短期交易向长期交易转变。越来越多的制造企业围绕产品全生命周期的各个环节，不断融入能够带来商业价值的增值服务，实现从提供单一产品向提供产品和服务系统转变。全球最先进的企业都是将制造业与服务业有机融合为一体，形成产业链的上下游，共同创造营收和利润。与我们过去认识不同的是，当前服务业带给这些企业的利润已经占到总利润的相当高的比例，并且服务部分的净利润率远高于制造部分。

二、高质量实体经济的特征

我们认为高质量的实体经济是数字化的实体经济。数字化水平与实体经济高质量发展程度成正比，数字化水平越高，实体经济发展质量也越高。高质量实体经济呈现 6 大特征。

（一）从原子到比特：实体经济的转基因工程

1. 从 IT 到 DT：数据与算法定义的实体经济

数字技术变革推动有形产品从万物互联走向万物智能，从电器、家具等日用品，到汽车、高铁、飞机、火箭等运载工具，再到机床、风电、机器人、内燃机、光刻机、工程机械、核电装备等工业装备，产品本身的网络化、智能化水平不断提高。可以预期的是，人类创新的各类产品将拥有4个基本部件：动力部件、执行部件、智能部件和互联部件，这些产品都可监测、可控制、可优化。在这一过程中，由传感器、物联网、控制器、芯片、软件共同封装而成的数字组件对产品功能和价值影响越来越大，由数据与算法定义的时代正在到来。

①基于IT的应用迈向基于数据的万物智能

回顾过去60年信息技术演进历程，从20世纪60年代大型机IBM360开始，到后来的小型机、PC机，再到后来的云计算、智能手机、智能汽车、中台、工业互联网到5G等，每一代伟大的数字产品背后，其技术演进都遵循共同的底层逻辑，即系统从封闭走向开放。

面向未来，IT领域的模式正在向自动化操作技术（OT）领域拓展，数字技术与自动化技术将会呈现“原生”式的融合，推动万物互联走向万物智能，并加速整个产业价值链的解构与重组，实现IT与OT、制造与服务的深度融合。从经济学的视角看，基本趋势是数据和算法摆脱硬件和IT应用局限性，能够应对各种需求的不确定性，日益成为一个产品、企业、产业的功能和价值创造的来源，成为物质财富创造的主导力量。数据的场景化使用正在重新定义实体经济核心竞争力和价值来源。

②从能量转换工具到智能工具

工具革命带来生产方式从物理世界的实验验证走向数字世界的模拟择优。当我们讲“革命”的时候，我们指一件事的影响可能是根本性的、全局性的和长期性的。从农业社会、工业社会到数字社会，人类生产工具从手工工具、能量转换工具演进到今天的智能工具，如数控机床、机器人等替代体力劳动者的工具，以及CAD、CAE等服务脑力劳动者的工具，这是工具革命。工具升级创新了人类认识改造世界的新方法，人类社会认识客观世界的方法论经历了4个阶段，即从理论推理、实验验证、数字空间模拟择优，到大数据驱动技术发现的新阶段。

由于基于数据的智能工具的出现，实体经济创造物质财富、精神财富、文化财富的模式、生产方式发生了变化。这为解决工业时代技术创新过程复杂、周期长、费用高、风险大等问题找到了新方案。数字时代的产业创新，能够实现在数字空间快速迭代，大幅缩短新技术产品从研发、测试到量产的周期。通过数字孪生技术，建设实验仿真环境，减少创新成本。

10年前，埃隆·马斯克在网络上发表了一篇文章，称美国为什么可以在制造业成本上低于中国？答案就在SpaceX。SpaceX可以把航空发射成本，降到传统方式的1/7。之所以能够做到，是因为马斯克使用了新的技术开发模式。火箭发动机研制成本的75%用于试验、失败、修改，但在数字世界通过仿真技术，可以模拟这一过程，取消大量传统实物试验。基于数据与算法的模拟择优的研发生产方式，可以大幅提高研发生产效率。

2. 从工业基建到数字新基建：夯实实体经济的发展根基

每一轮科技革命都孕育着新的基础设施建设，每一轮基础设施建设都引领新的经济转型升级。要实现我国经济高质量发展，需要强化具备战略性、前瞻性的新型基础设施建设体系布局。

在工业经济时代，经济活动架构在以“铁公机”（铁路、公路和机场）为代表的物理基础设施之上，而数字经济时代的新基础设施已经变成了以“云网端”为代表的技术平台。“云”（云计算）为在线数据的存储、处理、分析的主要技术；“网”（互联网、物联网、5G通信）为数据传输的基础设施技术；“端”（智能终端、App）在过去20年发展的主要是手机、计算机以及手机端的 App。数字新基建正叠加于原有农业基础设施（土地、水利设施等）、工业基础设施（交通、能源等）之上，发挥巨大的作用。

①从“上云”迈向“用云”

云计算是传统行业数字化转型的重要底座，也是实体经济数字化发展的核心引擎，其在赋能传统产业转型升级方面扮演了至关重要的角色。当前，我国云计算产业发展迅猛，行业应用逐步深化，云计算将进入全新的发展周期。我国云计算市场持续高速增长，据中国信息通信研究院统计，2021 年云计算市场规模为 3229 亿元，年增速达 54.4%。我国企业“上云”已经进入深化阶段，已从互联网拓展至政务、金融、工业、医疗、交通等领域。我国云计算行业应用从资源“上云”正式迈入深度“用云”，以云资源管理能力提高云上资源利用率，以云原生应用开发能力提高企业应用开发效率，以新技术融合能力降低新兴技术应用复杂度，真正实现“上云用数赋智”，加速传统行业企业数字化转型。①

②网络广泛覆盖和普及

作为 20 世纪最伟大的发明之一，互联网深刻改变了我国人民的生产生活，有力推动了社会发展。我国网民规模、国家顶级域名注册量均为全球第一，互联网协议第 6 版（IPv6）规模部署成效显著，拥有地址数量居世界第二，互联网发展水平居全球第二。2012—2021 年，我国网民规模从 5.64 亿增长到 10.32 亿，互联网普及率从 42.1% 提升到 73%。

5G 通信网络实现广泛覆盖。建成全球规模最大 5G 网络和光纤宽带，截至 2022 年 6 月底，5G 基站数达到 185.4 万个，5G 移动电话用户

① 《“趋势 2023”之云计算：从“资源上云”正式迈入“深度用云”》，通信世界，2023 年 1 月 12 日。

数超过4.55亿户。所有地级市全面建成光网城市，行政村、脱贫村通宽带率达到了100%。我国新一代信息基础设施正朝着高速泛在、天地一体、云网融合、智能便捷、绿色低碳、安全可控的方向加速演进[①]。

③终端智能化泛在化

以智能终端为代表的用户设备，在云计算、大数据设施和应用软件服务的助力下，正成为大数据采集的重要源头和服务提供的重要界面。近年来，随着智能化、物联网等技术的提高，我国智能终端市场不断发展，产品种类不断增多。智能终端产品主要包括智能手机、平板电脑、VR/AR设备、智能手表、智能家居、无人机等。2021年我国智能手机市场出货量约35亿台，国产终端仍占据发展主动权。5G手机已逐步渗透我国市场成为终端销量的主要驱动力，2021年5G手机出货量近2.7亿部，同比增长63.5%，占同期手机出货量的75.9%。与此同时，5G手机大屏化、高分辨率化、高像素摄像头配置等高性能化发展趋势日益明显。

近年来，在新基建的背景下，随着5G、人工智能以及物联网的快速发展与应用，我国智能家居正逐渐从单品智能步入智能互联阶段，行业规模不断扩张，产业逐渐步入高质量增长模式。

（二）制造与服务融合：产业价值链向高端攀升

党的二十大报告提出构建优质高效的服务业新体系，推动现代服务业同先进制造业、现代农业深度融合。制造与服务的融合，是实体经济走向高质量发展的必然选择，是产业价值链走向高端的必由之路。人们总是对有形物质产品的创造有更深刻的理解和感受，而对无形服务的价

① 《中国这十年：从网络大国向网络强国阔步迈进》，人民网，2022年8月19日。

值估计不足。当下，制造和服务之间的传统界限正在快速消失，传统意义上的制造业意味着有形产品的生产，如今服务和产品如影随形，服务以各种形态融入产品全生命周期的各个环节。

1. 制造与服务融合是全球大趋势

在过去100多年，制造业的内涵、产业边界、产业形态发生了深刻变革，制造有形产品与无形服务进一步融合，持续不断地挑战制造与服务非此即彼的传统逻辑。同时，制造企业不断把内部的研发设计、人力服务、设备监测、物流配送、营销管理外包给其他企业，全球许多金融、物流、咨询、设计等领域的跨国公司都脱胎于传统的制造业。制造业成为现代生产性服务业基础，制造业与生产性服务业的深度融合在创造当今的物质财富。

《制造业服务化路线图：机理、模式与选择》一书的序言提出修复失灵的仪表盘：关于三次产业分类体系的反思。如果用三次产业来描述一个国家、地区的产业和实体经济发展，三次产业的分类体系有可能误导和阻碍人们对产业结构演变规律的认识。美国的制造业占GDP的比重为11%，但生产性服务业占GDP的比重为50%左右，美国直接参与物质财富创造的产业部门占GDP的比重超过60%，尤其是金融、会计、评估、咨询等生产性服务业向全球持续输出，为美国占据全球价值链高端地位奠定了坚实基础。德国作为欧洲发达经济体中的制造强国代表，其生产性服务业占GDP的比重多年来维持在40%。而希腊等南欧国家这一比重可能只有30%。

2. 全球制造业价值链体系加速重构

产业升级的本质是生产要素成本攀升与产业价值链提升之间的一场

马拉松式的竞赛，这场竞赛决定了一个国家能否迈过中等收入陷阱、能否冲破高收入之墙。更值得关注的是，高价值环节从制造环节为主向服务环节为主转变。从产业价值链来看，企业不可模仿、难以复制、不可完全转移的独特资源和能力是企业持续竞争优势的源泉，能够决定产品异质化程度的环节往往是获利最丰厚的环节，这些环节往往在价值链的上下游两端。

美国苹果公司重构了手机产业价值链。2007 年 1 月 9 日，第一台苹果智能手机 iPhone 2G 正式发布，当时没有人知道这意味着一个时代的改变。苹果真正赢得用户的原因不仅是硬件，还有体验和服务。从苹果公司 App Store 在 2008 年问世以来，至 2022 年付费订阅总数超过 9 亿人次，累计已创下超过 3200 亿美元的营收。苹果公司产品业务的毛利率为 35%，而服务业务的毛利率为 72%①。反观欧洲，诺基亚、西门子、爱立信等手机品牌日渐没落，甚至已经从市场上消失，这些手机品牌之所以从市场上消失，并不是说欧洲不想生产手机，而是因为它们生产的手机已经没有竞争力。

3. 客观认识产业融合带来的巨大价值

发达的生产性服务业造就了欧美经济体先进的技术和良好的产业生态，构建了从技术研发、工艺设计、产品制造、营销网络、售后服务等价值链环节的“闭环”与“整链”，从而可有效引领制造业转型升级、新产品孵化以及新兴行业培育。知识密集、附加值较高、对价值链高端具有控制作用的行业发展速度和贡献率比较低。

以融合的产业发展观重新认识产业结构演进规律，要把制造业服务化作为产业结构优化升级的方向，把这一理念融入产业发展战略规划体

① 数据来自苹果公司 2021—2022 年各季度财报。

系，作为指导产业发展的重要原则、发展目标的核心内容、战略任务的重要组成部分，加快数字化服务、电子商务、科技服务、金融服务、物流服务、会展服务、咨询服务等生产性服务业的发展。

（三）从规模化到柔性化：构建数字化驱动的供需动态平衡

党的二十大报告提出，把实施扩大内需战略同深化供给侧结构性改革有机结合起来。刘鹤副总理指出要统筹谋划扩大内需和优化供给，充分发挥超大规模市场优势，提升供给体系对国内需求适配性，打通经济循环卡点堵点，推动供需良性互动[①]。2021年的中央经济工作会议提出打通堵点，补齐短板，贯通生产、分配、流通、消费各环节，形成需求牵引供给、供给创造需求的更高水平动态平衡。在微观层面上，如何发挥市场优势？如何提升产业安全水平？如何打通产业链各环节？如何形成供需高水平动态平衡？

需求巨变会带来多样挑战。这是消费者主权崛起的时代，“95后”新消费人群，无网络不生活，追求国潮、二次元、个性化。消费者决策逻辑发生变化，线上发现、线下体验、社区讨论、下单购买、分享心得；决策模式发生改变，消费者除了关注产品性价比之外，更关注参与权，评论、分享、弹幕等是消费者表达主权的方式。曾经弱势的消费者，经过20多年数字化洗礼，已经被武装起来，他们需要更多的话语权、选择权、参与权。当消费者改变之后，实体经济，无论是生产汽车，还是制作服装、研发化妆品，能不能对这样的变革做出响应？在中国，有一批企业已经为这场变革做了充分准备，很多新型实体经济在中

① 刘鹤：《把实施扩大内需战略同深化供给侧结构性改革有机结合起来（认真学习宣传贯彻党的二十大精神）》，《人民日报》，2022年11月4日。

国经济这片土壤中蓬勃发展。

在这一过程中我们也发现，在需求牵引和技术驱动的双重作用下，传统的产业链体系正在解构和重组，实体经济提升竞争力，就是要构建以客户为核心的新的生产体系。传统基于生产导向，以链式 + 控制为核心的供应体系，正在向基于客户需求导向，以网络 + 协同为核心的现代产业体系转变，客户能够参与研发、设计、生产、供应链的每一个环节（见图 1–1）。事实上，面对需求的快速变化，各国都在寻找解决方案，无论是德国工业 4.0，还是美国智能制造，都试图探索一条需求巨变时代的产业转型之路。如果企业没跟上这样的趋势和潮流，被淘汰就只是时间问题。数字时代产业体系的解构与重构是从供应链到供应网络。

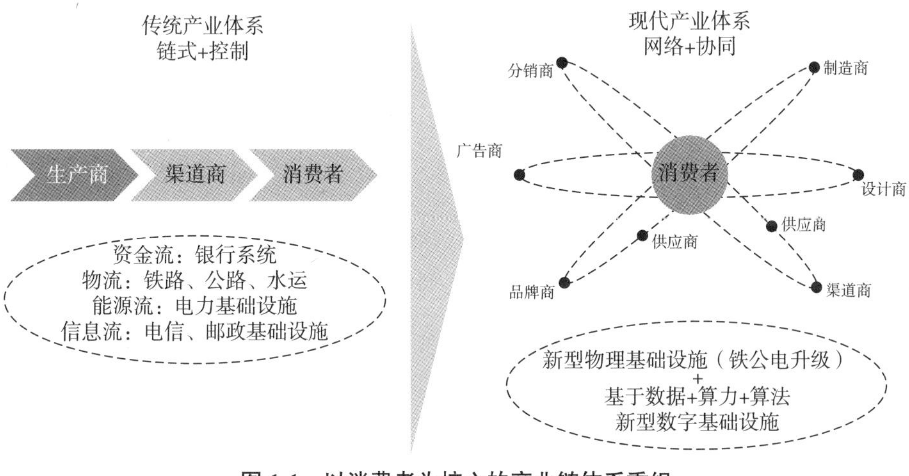

图 1-1　以消费者为核心的产业链体系重组

资料来源：安筱鹏，《二十大报告学习：需要什么样的实体经济》，2022 年 10 月。

（四）普惠创新：开放生态激发企业创新活力

过去 20 年，中国已经成功探索出新型创新模式，一是在高铁、电网、无线通信等网络型产业中，依托可控的网络型市场，以国家重大专项等科技项目为牵引，建立“可控市场牵引+体系化研发布局+技术适配验证平台+产品持续迭代”的创新体系。二是在资本密集型的平板显示领域，我国探索出了“创新型企业（如京东方）+地方融资平台+国家投资基金+国家金融机构+产业链政策引导+国内市场牵引”的创新体系。随着平台型创新体系的高速发展，“数字化大市场+数字技术平台+创新生态系统+友好的创新环境+资本市场”的高效组合，也有望成为我国科技创新体系中的第三种模式。

全球科技创新和产业竞争加速转向平台化、生态化。平台型创新体系已成为下一个10年全球数字经济竞争的制胜点。从上市公司市值前十大公司的排名来看，平台型创新体系基于数字技术平台，面向海量创新需求进行精准感知和洞察，通过对全球创新资源的广泛连接、高效匹配和动态优化，构建起多主体协作、多资源汇集、多机制联动的创新生态，进而形成新技术、新产品、新业态快速孵化、规模扩散、持续迭代的新创新体系。从数字企业发展看，亚马逊、谷歌、微软的年研发经费均在400亿美元量级，而中国数字技术企业研发投入在百亿美元量级的屈指可数。亚马逊在全球云计算市场中的份额高达40%，阿里云占全球市场份额为9%左右。在工业互联网领域，中国在消费端与供给端强连接领域有望走在全球前列，但在重资产行业，核心工业软件基本被国际大公司垄断，工业互联网建设任重道远。

在赋能小微企业创新的过程中，数字平台的关键作用逐渐显现。作为国内规模最大的B2C平台之一，淘宝从传统的交易平台升级演化为小微商家创业、创新平台，每80个年轻人（18~30岁）里就有一个在淘宝创业。通过采取数据分享、创新赋能和创意保护三大举措，淘宝充分挖掘和利用平台积累的数据要素价值，为商家提供有效的数据分析工具（如生意参谋）、深度的数据洞察报告，举办多种类、多形式的活动激发企业创意，充分保护原创商家权益（如阿里巴巴原创保护计划），启发创意，缩短创新周期，支持文化传承和创新[①]。

（五）绿色可持续：粗放发展到绿色化、低碳化

党的二十大报告提出推动绿色发展，促进人与自然和谐共生。2021年9月，《中共中央 国务院关于完整准确全面贯彻新发展理念做好碳达峰碳中和工作的意见》印发，意见指出要推进经济社会发展全面绿色转型，加快形成绿色生产生活方式，扩大绿色低碳产品供给和消费。绿色发展的核心要义是实现人与自然和谐共生，着力解决环境和发展的协调问题。一方面，它要求发展必须与资源能源的高消耗和生态环境的高破坏“脱钩”，全力避免和消除发展的生态代价。另一方面，它要求经济发展与节约发展、清洁发展、循环发展、低碳发展等要求“挂钩”，在实现人与自然和谐共生的过程中谋求经济发展，开拓出一条人与自然和谐共生的现代化道路。绿色发展是高质量发展的重要目标和必由之路[②]。为实现社会发展和生态环境保护协调统一、人与自然和谐共处，要改变过去粗放的生产模式，建立健全绿色低碳循环发展的经济体系，发展绿色生产方式，使经济和社会发展建立在

① 清华大学经管学院动态竞争与创新战略研究中心、阿里研究院：《从造物节看敏捷创新》，2022年8月。

② 《绿色发展是高质量发展的必由之路——访中国人民大学国家发展与战略研究院研究员张云飞》，中央纪委国家监委网站，2021年1月18日。

高效利用资源、严格保护生态环境、有效控制碳排放的基础之上，为高质量发展注入绿色动能。

实现绿色发展要靠科技创新和产业变革。科技创新尤其是数字技术创新是保障，数字技术是绿色低碳技术的核心，使低碳发展被量化、被追踪、被激励，通过大数据算力测定碳排放、跟踪碳足迹、建立碳账户，使减碳贡献者根据碳排放量化结果受到奖励和激励。宏观层面上，数字科技创新推进产业结构高端化、绿色化，还能够加快能源消费低碳化，促进资源循环利用，同时培育绿色低碳新兴业态，如闲置资源循环利用的互联网平台。中观层面上，数字科技创新可以改进生产工艺流程，有效增加高端环保装备、低碳产品的供给，创新绿色服务和引导绿色消费，加强产业基础研究和完善产业技术创新体系，推动能源、工业、交通、建筑等传统行业绿色低碳转型和新兴产业、高技术产业快速发展。微观层面上，数字科技创新贯穿于企业生产全过程，基于云计算构建“工业大脑”，推动绿色技术快速大规模应用和迭代升级，可以有效促进产业绿色清洁化转型，提高资源利用效率，减少温室气体和污染物排放量。

（六）从“S 曲线”到“J 曲线”：技术外溢带来上扬式增长

数字时代的技术创新高频迭代，技术创新机制在重构。数字时代最本质的特征就是技术迭代和知识交流速度的大幅度提升，无数条技术创新的“S 曲线”快速迭代以后，形成的新的技术演进路径其实是“S 曲线”的包络线，即“J 曲线”（见图 1–2），这意味着数字时代的实体经济创新发展机制与传统工业时代的机制有重大区别。

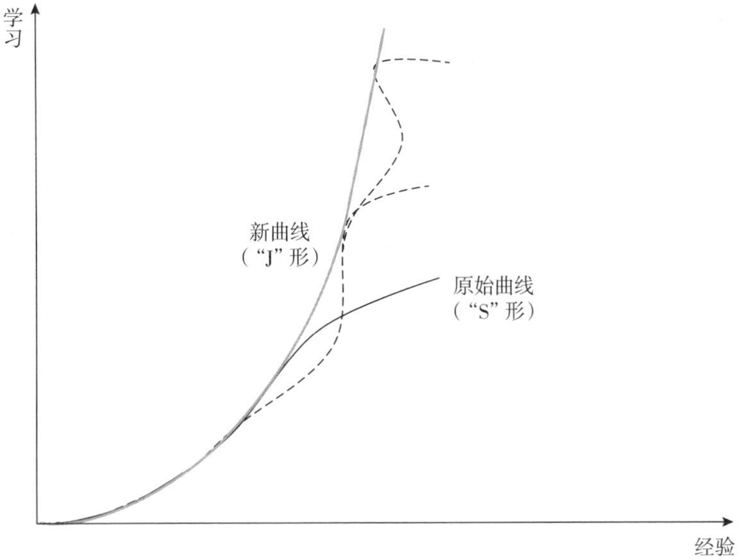

图 1-2 “S 曲线”到“J 曲线”

资料来源：陈昌盛、许伟，《数字宏观：数字时代的宏观经济管理变革》，中信出版集团，2022 年 8 月第 1 版。

在数字技术的高频迭代中，实体经济的生产关系得到重构，原有的成本路径和利润路径发生巨大改变。学习曲线与信息传播的变化叠加，将加速技术外溢。除了传统的内部、水平和垂直 3 个主要扩散渠道，数字时代还有类似网络的新型技术外溢渠道。在企业内部，不同部门充分利用数字技术，提高自身利用知识和经验的能力，扩大投资回报。同时，行业内其他企业也通过模仿某一企业的创新提升生产力。从垂直场景看，数字基础设施水平和数字技术的广泛应用，使产业链上下游更容易联动和打通，数字创新沿着产业链方向的溢出效应更明显。更为重要的是，数字化打破了时间、空间的限制，各种开源软件、知识社区涌现，更多的主体参与技术改进、知识传播。这种传播不依赖于传统思维下的行业或领域分工，而更强调共同话题或项目在行业间的相互交错联结。同时，某一特定行业需要的知识，有可能来自行业外，行业内的从业者一开始可能对此完全陌生。如果将个体看作节点，技术溢出方式更像是网络，这也为复杂系统的形成、加速技术扩散奠定了基础。

在无数个迭代的背后，每次经济发展到顶峰后还来不及衰减，便突然以“重构式创新”进入下一个高速增长阶段的通道。这种增长不仅体现为规模，更体现为效率和质量的跃升。这种驱动力、增长力的出现是数字化重构实体经济的结果，是通过持续的数字化科技创新把企业经营综合成本的降低和企业利润的提升推向极致。数字化的实体经济沿着这条“J 曲线”不断向前向上发展的结果是它一直朝着先进领域领先发展，成为全球产业格局的主导。

改革开放 40 多年，全球化技术红利是中国经济持续高速增长的重要动力。面向新征程，新的动力来源于数字创新。数字技术的迭代将不断涌现新的经济增长点，形成持续递增的不竭动力。

三、高质量实体经济的体系

（一）高质量实体经济的框架结构

我们将高质量的实体经济分解为土壤、驱动力、支柱、增长方式、衡量标准 5 个方面（见图 1–3）。

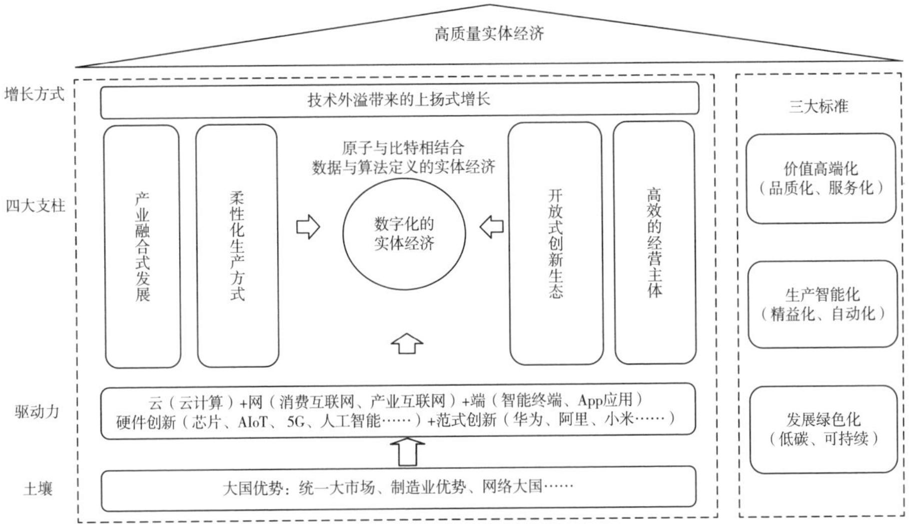

图 1-3 高质量实体经济的框架结构示意图

注：数字化的实体经济，即通过数字化带来生产力的提升与生产关系的重构，推动经济量质增长的实体经济形态。

资料来源：阿里研究院绘制。

高质量实体经济的土壤是我国统一大市场、制造业、网络大国等大国优势。驱动力是数字科技领域的创新，包括芯片、人工智能互联网（AIoT）等的硬件创新以及华为、阿里、小米等企业的范式创新，同时基于“云网端”等数字新基建。产业融合式发展、柔性化生产方式、开放式创新生态以及高效的经营主体成为高质量实体经济发展的四大支柱。经济增长方式从过去依靠高投入、高消耗的粗放型增长，转向依靠技术进步、数据驱动的效率提升型增长。衡量高质量发展的三大标准为以品质化、服务化形成的价值高端化，精益化、自动化形成的生产智能化，低碳、可持续的发展绿色化。这 5 个方面相互作用，共同推动经济实现质的有效提升和量的合理增长。

（二）实体经济的高质量发展路径

陈昌盛等在《数字宏观：数字时代的宏观经济管理变革》中形象刻画了数字化在国民经济各个行业的渗透率，以及对社会影响程度。

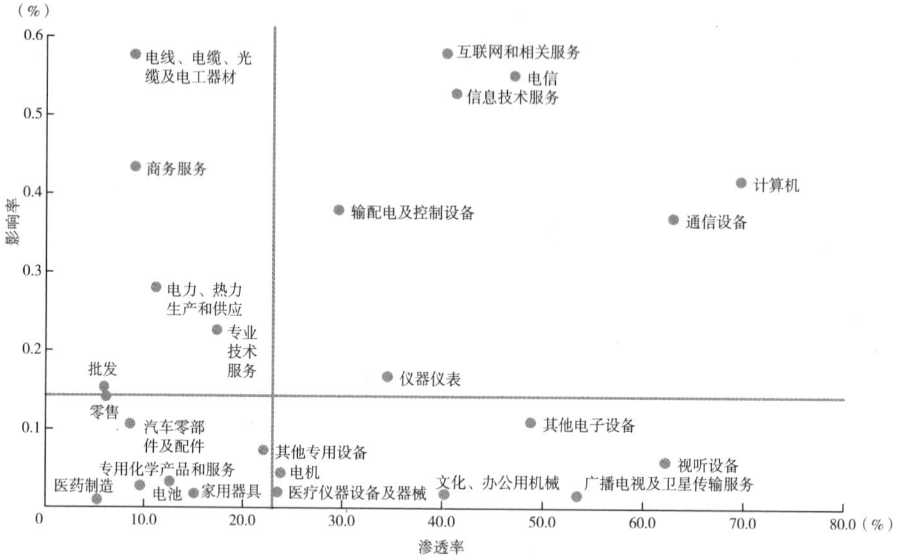

图 1-4　中国重点行业数字渗透率和数字影响率

资料来源：陈昌盛、许伟，《数字宏观：数字时代的宏观经济管理变革》，中信出版集团，2022 年 8 月第 1 版。

图 1–4 的右上角是“高渗透率、高影响率”行业，比如计算机、通信设备、仪器仪表等制造业，以及互联网和相关服务、信息技术服务、电信等服务业，是数字时代的先导行业。左上角是“低渗透率、高影响率”行业，比如商务服务业、专业技术服务业、批发业、零售业等。这些行业的数字渗透程度并不高，但它们的数字份额却对总体经济有巨大影响。右下角是“高渗透率、低影响率”行业，比如视听设备制造业、医疗仪器设备及器械制造业、广播电视及卫星传输

服务业等。这些行业自身数字渗透程度很高，但它们的数字份额对其他行业的影响很小。左下角是“低渗透率、低影响率”行业。它们是比较传统的、对数字化相对不敏感的行业，对其他行业的数字影响也较小。

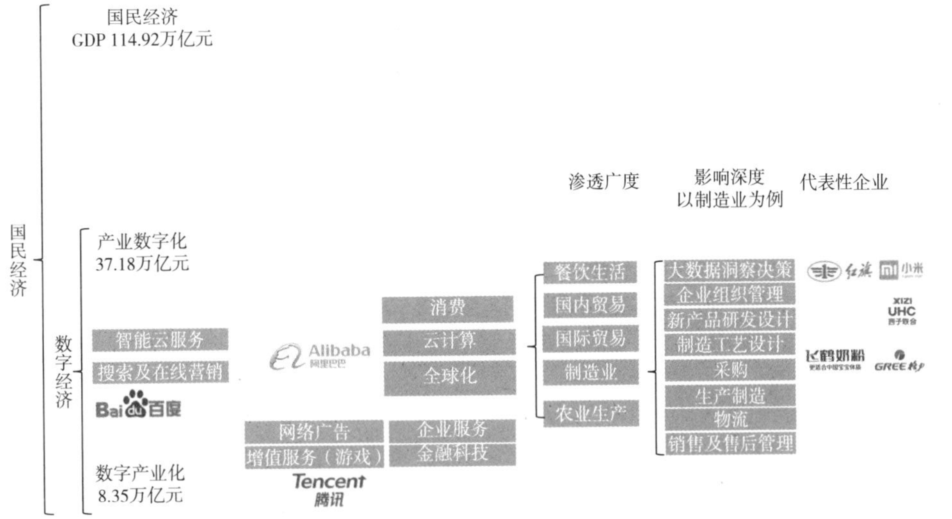

图 1-5　不同平台对于实体经济数字化的作用与影响

资料来源：阿里研究院绘制。

应客观看待产业数字化与数字产业化对实体经济高质量发展的价值与贡献（见图 1–5）。2021 年，我国数字经济规模为 45.53 万亿元，分成两个部分：一部分是数字产业化，即基于数字技术创新和产业化而形成的产业，包括电子信息制造、软件生产、基础电信、互联网等增值服务等，规模是 8.35 万亿元；另一部分是产业数字化，即数字技术融入一、二、三产业而带来的经济增长，此部分的规模为 37.18 万亿元。数字产业化是完全依赖数字技术的经济活动，对实体经济的渗透、覆盖程度相对较低。产业数字化覆盖的细分行业占整个国民经济的绝大部分。产业数字化渗透、覆盖绝大多数的经济行业。以阿里巴巴为例，其消费、云计算、全球化三大业务战略，涵盖农业生产、制造业、国内贸易、国际贸易、餐饮生活等实体经济的绝大部分。以制造业为例，阿里巴巴的数字化业务深入到研发设计、生产制造、物流运输、售前售后等多个环节。

执笔人：高红冰　安筱鹏　李颖　郝建彬

第二章

高质量实体经济的创新驱动

高质量发展是全面建设社会主义现代化国家的首要任务。党的二十大报告强调，坚持把发展经济的着力点放在实体经济上，推进新型工业化，加快建设制造强国、质量强国、航天强国、交通强国、网络强国、数字中国。习近平总书记在《不断做强做优做大我国数字经济》中强调，利用互联网新技术对传统产业进行全方位、全链条的改造，提高全要素生产率，发挥数字技术对经济发展的放大、叠加、倍增作用[①]。创新驱动的新发展方式渗透到产业与行业发展的各个层面，深刻影响着一、二、三产业的发展路径和发展水平。深耕产业基础，从源头端带动传统产业结构升级，这实际上是提高了产出效率和优化了资源的合理配置，进而带动整个产业体系的高质量、协同化发展。从根本上看，技术创新对产业链内的经济体进行连接和赋能，实现产业链经济体关系在线化、闭环化、规模化、低成本、高效率、高收益[②]，并改变传统产业的生产方式、管理方式和供应链架构，促进传统产业结构升级，进而提高整个产业的组织运行效率。与此同时，创新驱动使得不同产业间的边界模糊化，带动各个产业部门协同发展，构筑现代化产业生态体系。

---

① 习近平：《不断做强做优做大我国数字经济》，求是网，2022 年 1 月 15 日。

② 产业互联网研究中心：《2021 产业互联网白皮书》，2021 年 9 月。

一、发挥大国优势与创新驱动

（一）中国具备超大规模市场优势

中国是全球最大的消费互联网国、全球最大的社会消费品零售国、全球最大的数字化零售交易国、全球最大的制造业国。近 40 万亿元量级的数字经济体量，为经济高质量发展提供了丰富的场景和肥沃的土壤。4 个大国优势叠加，使中国经济具备了从全球来看局部领先的优势，形成中国式产业数字化之路。2020 年，中国服务业数字化水平大幅领先于制造业和农业（见图 2–1）。这条发展的道路是中国所独有的，是以消费和流通升级为牵引，从产业全局统筹优化角度发展起来的系统性服务能力。

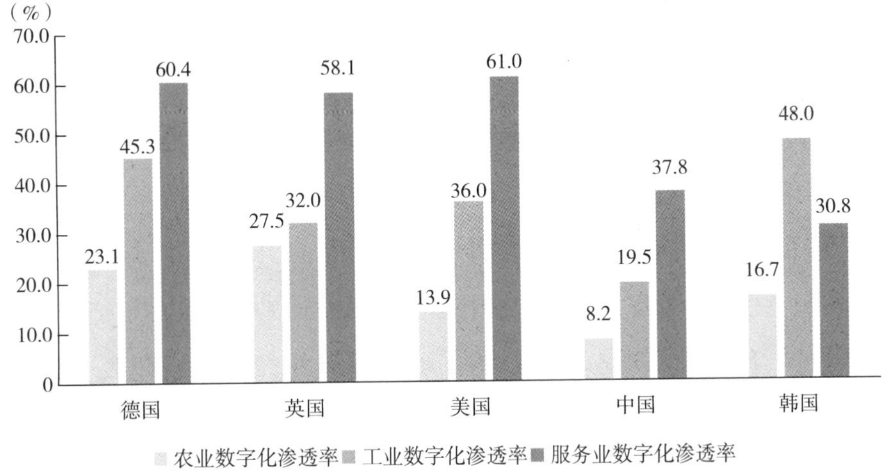

图 2-1　全球主要国家三次产业数字化渗透率

资料来源：中国信息通信研究院，《全球数字经济新图景（2020 年）——大变局下的可持续发展新动能》，2020 年 10 月。

（二）创新塑造发展新优势

1. 双边市场型创新夯实发展底座

让·梯若尔（2014年诺贝尔经济学奖获得者）研究提出双边（或多边）市场模型下的产业组织方式创新。这一创新降低了信息获取和传递的成本，通过有效的双边价格策略对供给和需求的错配进行牵引调整，提高了经济效率。20世纪90年代，全球经济表现平平，但美国实现了连续118个月“两高两低”的增长（高经济增长率、高生产增长率和低失业率、低通货膨胀率）。同期正是双边市场型企业开启商业化进程的年代，美国科技型企业苹果、微软、谷歌、亚马逊先后成立并快速发展。美国前劳工部长罗伯特·赖克曾表示，美国这一轮经济增长中的70%应归功于计算机和互联网。

2. 中国式发展超越双边市场模式带来新动能

近20年来，我国经济蓬勃发展，形成了中美共同引领发展的全球格局。与美国相比，我国双边市场创新的可竞争性更加突出。继腾讯、阿里巴巴、百度之后，京东、字节跳动、美团、拼多多等一大批新兴科技型企业快速崛起，使商户可以跨平台开展经营活动。这些情况说明，让·梯若尔基于对美国经济观察而得到的双边市场模型，在解释我国经济发展时是不充分的。王勇等（2022）的研究表明，商户会根据自己的目标客群，选择最为匹配的服务商作为主体，以其他服务商为辅来分配经营开销。这就要求服务商必须与其他服务商开展差异化竞争[①]。平台经济的价值创造机制不仅是对需求交叉弹性的利用，

① 王勇等：《流量博弈与流量数据的最优定价——基于电子商务平台的视角》，《管理世界》2022年第8期。

更要向更深层次的用户服务和产业服务延伸，这就是平台经济发展的第二阶段。

（三）专业互补性的产业互联网创新

1. 产业互联网是专业互补的生态型产业组织

数据要素具有经济学意义上的非竞争性特征，可以带来规模收益递增。随着数字技术向更多产业部门渗透，数据要素和各行各业的知识相结合，其价值创造的角度更丰富，应用范围也更广。在数字经济时代，相隔越远的行业间能够共享和交流数据，越有利于经济的增长。此时，不同行业的企业相互协作，形成了超越产业链的创新网。天猫“双 11 购物节”就经历了从平台经济第一阶段到第二阶段的演进。如今的“双 11”已经不只是一场营销活动，而是消费品制造业、批发零售业、物流快递业和消费者共同完成的社会化大生产行为，支撑“双 11”成交大盘的主力商品绝大部分是用户直连制造（C2M）预售定制以及厂家专门开发的新品，每年的“双 11”都有不一样的新技术、新产品、新服务诞生。这张创新网络是社会生产的新型组织形式，也是平台经济的第二阶段——产业互联网经济阶段。生态体系中的主体越多样、越丰富，数据要素的规模效应就越大。

田杰棠和闫德利（2020）认为，产业互联网强调数字技术对市场主体、政府、事业单位、社会团体等组织机构的服务和赋能，并提出了产业互联网的三种递进形态：信息型产业互联网、管理型产业互联网、制造型产业互联网。从数字技术应用的视角看，我国数字经济的商业模式重心经历了从服务个人端（2C）到服务企业端（2B）、从消费者到生产者的转换，但转换的时间界限并不明显，消费和产业将共融共生、长期并存[①]。基于这个判断，本章认为产业互联网是基于数字技术应用，以数据为关键要素，通过打造应用场景和产业生态，优化产业链、重构供应链、打造创新链，实现实体经济高质量发展的新型模式。基于产业升级重构视角，我国产业互联网发展可分为以下 3 个阶段。

（1）产业互联网萌芽阶段（2012—2015年）

在第一阶段，产业互联网概念被引入我国，一般被翻译成“工业互联网”（Industrial Internet），但实际上，工业互联网只是产业互联网的主要组成部分，并不是全部。

产业数字化是漫长的渗透过程。我国产业互联网的雏形可以追溯到 2000 年前后上线的企业对企业（B2B）电商平台，工信部也曾提出工业电子商务的概念。2012 年 11 月，通用电气（GE）发布的白皮书中提出了工业互联网的概念，认为工业互联网是继工业革命、互联网革命之后的第三场革命，在先进产业设备与 IT 融合的基础上，通过互联网将散布在全球的机器和传感器产生的数据（大数据）进行采集和分析，开发技术和开展业务，打造“人与机器融合的世界”[②]。此概念进入我国后，国内学术界一般将其翻译成“工业互联网”，从通用电气白皮书的具体内容和涉及的行业看，其就是产业互联网。

2014 年以后，我国数字技术应用从侧重消费转向产业供给侧结构性改革。2014 年召开的首届中国产业互联网高峰论坛提出，下一个 20 年我国将进入产业互联网时代。2015 年，我国《政府工作报告》提出

---

① 田杰棠、闫德利：《新基建和产业互联网：疫情后数字经济加速的“路与车”》，《山东大学学报（哲学社会科学版）》2020 年第 3 期。

② Evanas P C,Annunziata M .,2022，“IndustriaI Internet: Pushing the Boundaries of Mindsand Machines”.

推动移动互联网、云计算、大数据、物联网等与现代制造业结合，促进电子商务、工业互联网和互联网金融健康发展。2015 年开始，我国政府积极推进“互联网 +”行动，鼓励传统产业与互联网相结合，重点推动互联网与制造业、农业、能源、环保等产业融合。“互联网 +”是一个动态概念，强调互联网在各领域深入数字化渗透和创新发展，“+”的范围既包括农业、工业、服务业等产业，也包括技术、创新、制造、渠道等价值链的不同环节，重塑整个经济的生产模式、产业业态和商业模式[①]。此后，不仅互联网加速构建数字化的实体经济，而且大数据、人工智能、云计算、区块链等技术加速渗透到企业的研发设计、生产制造、供应链管理、客户服务等各个环节，企业基于数字技术对生产、流通、消费进行全面“再造”。

（2）产业互联网兴起阶段（2016—2019年）

在第二阶段，我国大力推动工业互联网发展，也认可了产业互联网的概念。政策利好驱动平台企业积极发展产业互联网，将产业互联网作为助推数字经济发展的重要方向，推动平台企业实体化、传统企业数字化转型，培育新型实体企业。

学术界广泛认可的数字经济概念是由朗玛娜·伯克特（Rumana Bukht）和理查德·希克斯（Richard Heeks）[②]界定的，他们将数字经济分为核心、狭义和广义 3 个层次，核心的数字经济相当于数字产业化，狭义和广义的数字经济相当于产业数字化。2016 年 9 月 G20 杭州峰会以后，我国加速推动数字产业化和产业数字化。产业数字化就是数字技术支撑重构的实体经济。产业界敏感地捕捉到了数字经济的发展趋势，如

① 李晓华：《“互联网 +”改造传统产业的理论基础》，《经济纵横》2016 年第 3 期。

② Bukht R,Heeks R. Defining,2018，“Conceptualising and Measuring the Digital Economy”,International Organisations Research Journal，2.

在 2016 中国“互联网 +”峰会上，美团 CEO 王兴提出互联网下半场的概念，认为“互联网 +”要做的是各个行业从上游到下游的产业互联网化。

在政策层面，我国将工业互联网作为产业数字化的重要抓手。2016 年以后，我国出台了一系列政策推动工业互联网发展。2018 年中国工业互联网研究院成立，其官网中提出，“工业互联网是新一代网络信息技术与制造业深度融合的产物，是实现产业数字化、网络化、智能化发展的重要基础设施”，“是一、二、三产业，大中小企业融通发展的重要支撑，是促进数字经济和实体经济深度融合的关键依托”，“是经济转型升级的关键依托、重要途径、全新生态”[①]。可见，工业互联网并不仅仅服务于工业制造领域，而且涵盖了三次产业、数字产业化和产业数字化，实际上是产业互联网。2020 年 4 月，国家发展改革委和中央网信办发布的《关于推进“上云用数赋智”行动培育新经济发展实施方案》提出构建多层联动的产业互联网平台。政府在政策文件中接受了“产业互联网”的概念。

（3）产业互联网开始重塑模式和打造生态阶段（2020年至今）

在消费互联网完成人与人连接的基础上，产业互联网进一步在企业间扩展连接的广度，纵深到企业内部，重新定义商业模式和商业生态。

2020 年我国经济社会数字化转型进程加速，5G、云计算、大数据、人工智能、区块链进入各行各业打造应用场景。中国工业互联网研究院、浙江清华长三角研究院、亿邦智库、清华大学社会科学院经济学研究所等机构发布的报告均显示，2020 年我国互联网发展的主战场已转向消费互联网与产业互联网双轮驱动、融合发展。其主要标志是，各大互联网企业完成云化，数据中台入场，形成了智能制造、数字供应链、双能力品牌（个性化定制和柔性快速反应能力）加上数据智能为企

---

① 《工业互联网是什么？》，中国工业互联网研究院。

业植入新的增长基因的“3+1”产业互联网范式，已经“看见数字化价值”[①]。中国工业互联网研究院测算，2017—2021年，我国工业互联网产业增加值规模从2.36万亿元增长到4.14万亿元，占当年国内生产总值的比重分别为2.83%、3.03%、3.24%、3.51%、3.67%[②]，呈现增长趋势。[③]

2. 产业互联网时代，平台型企业生态成为新的组织形态

历次科技产业革命都带来了生产力和生产关系的创新升级，平台型企业生态正是本轮产业革命对产业组织形式的又一次创新升级。当前，数字技术进步的“摩尔速度”以及飞速下降的“技术价格”共同作用，在很多行业中表现为产品更新换代越来越快。黄益平等（2022）研究指出，随着数字技术在更多产业领域的渗透，市场的竞争会进一步加剧，行业间在技术、效率、成本上的差异会加大，微观层面企业间的优胜劣汰不可避免，宏观层面必须要让资源更快、更自由地流动。一方面让这种竞争性的资源配置通过“创造性破坏”成就创新，另一方面也要借此加强宏观经济的整体稳定性，“东方不亮西方亮”。构建于数字技术之上的平台型企业生态是数字时代最优的产业组织方式，是加快资源流动和竞争性配置的必然选择[④]。

产业互联网经济发展的动能，根植于繁荣、多样、密切协同的生态系统。产业生态和自然环境生态很相似，生态系统越复杂、越多样，各种市场主体的生存空间越大，创新活动越活跃。

---

① 亿邦智库、清华大学电子商务交易技术国家工程实验室、长三角产业数字化创新中心：《看见数字化价值：2021产业互联网发展报告》，2021年12月。

② 中国工业互联网研究院：《中国工业互联网产业经济发展白皮书（2021）》，2021年10月。

③ 以上部分内容来自本章执笔人欧阳日辉：《数实融合的理论机理、典型事实与政策建议》，《改革与战略》2022年第5期。

④ 黄益平主编，北京大学平台经济创新与治理课题组著：《平台经济创新、治理与繁荣》，中信出版集团，2022。

二、扩大内需与供给侧改革

（一）消费创新创造内需新增量

2021 年，国务院发展研究中心课题组“高水平消费和供给动态平衡的研究”课题发现，我国每 100 元网络实物商品零售额中，有 36 元是纯新增消费。这个增量主要来自供需结构性错配问题的解决，是消费创新带动供给侧产能更有效利用而释放出的增量价值。从更微观的层面看，在过去的几年里，淘宝平台和天猫平台新增了 2100 多个实物商品叶子类目，超过 100 条过亿新赛道，国潮消费、银发消费、数字生活服务消费、城乡协调消费等消费创新和产业升级的案例层出不穷。截至 2022 年 7 月底，过去一年里淘宝平台日均在线的首发新品有 1.8 亿个，超过 1500 家消费品头部品牌企业基于天猫平台开发了超过 10 万款新品，平均研发周期从两年缩短到 6 个月，新品成功率达到 60%。

（二）电子商务改善了零售供给体系

在我国，每千人零售营业面积仅为美国的 1/60，53% 的线下零售渠道皆为分散独立的传统零售渠道，营运效率普遍偏低，无法满足消费者需求。2003 年，淘宝等本土电商公司崛起，为消费者提供多样化的商品，支付宝等新型支付工具将担保交易从企业级服务转为消费者服务，物流快递延伸了零售服务半径、时长。电子商务发展极大地弥补了零售业供给不足，特别是为低线城市及农村偏远消费者带来巨大便利。

（三）电商配套服务业带动流通体系升级

以物流快递业为例，电商企业依托大市场轻松触达全国消费者，全境配送打破了区域流通壁垒，物流技术和装备技术的不断创新，使得流通时效大大提升，售后服务日益完善。国家邮政局数据显示，2020年全国重点地区快递服务全程时限已缩短为58.23小时。履约成本从“十一五”末期的24.57元/件持续下降至“十二五”末期的约为13.41元/件，到2017年降低至12.37元/件。物流业的现代化精细化水平不断提高，城际配送高速发展，优于同等教育水平用工的薪资待遇、共享用工等灵活方式，为社会保障体系发展提供了借鉴意义。至此，我国横跨流通领域与消费领域的商品流通、商业技术、服务水平呈现全面发展态势。

（四）催生新型现代流通组织

海量的消费者和服务商是生态系统的主体，通过互联网完成连接、信息交换、需求匹配、资金收付、货物交收等经济活动，和互联网企业一起构成了平台型生态组织。平台型生态组织在我国流通体系中扮演着重要角色，它们通常是任务导向的（如每年的“双11”“618”电商购物节），整个组织呈网状结构，组织内的企业能够“以消费者为中心”相互影响、相互合作、协同服务，进而为创造更大的价值提供可能性。以阿里巴巴电商平台为例，近10亿消费者，约1000万在线商家，不同门类的生态服务商，共同构成了全球最活跃的平台型现代流通组织。

三、增强内生动力与动能转换

（一）“四流”推动专业服务激活内生动力

电子商务发展后期，数字技术独立于信息技术发展，信息流升级为数据流，数据成为新型生产要素。数据流与信息流最大的差异在于信息流仅具备信息携带功能，通常作用于组织或行业内部的提效，是传统工业经济的产物；而数据流除了颗粒度更细以外，由于数据要素的高流动性和非竞争性，还额外增加了对低流动性要素的配置功能，这是数字经济的特征。数据流的增值过程是通过与其他“三流”的“化学反应”得以实现的，以有形产品或无形服务为载体。这时，我国企业在全球范围率先开始走出电子商务的渠道商业模式，转向技术密集型与知识密集型的企业专业服务领域（即从第一阶段进入第二阶段）。当前电商领域的代表性企业均已推出专门的企业服务。比如，阿里巴巴的企业数字化转型一站式服务（天猫新品牌孵化服务、1688 数字化产业带服务、瓴羊智能化企业运营服务、阿里云信创级别企业服务）、京东平台的数字化供应链服务等。

（二）专业服务提升市场主体能力

互联网企业在各种业务运营过程中，无时无刻不展现出与产业供应链、消费者、专业服务伙伴之间的共生关系。清华大学经济管理学院动态竞争与创新战略研究中心和阿里研究院研究发现，在长尾市场中，淘宝提供的市场洞察、供应链托管等服务显著提升了中小主体创新创业活动发生的概率，更加分层的专业服务又在品质消费的市场中提高了创新活动的成功率。在二者的共同作用下，部分行业产业集中度有序提升[①]。中国市场学会观察了阿里1688内贸平台上100多万家企业（40%是制造业工厂，60%是贸易商，99%是线上年营业额在1000万元以内的中小企业）的情况后发现，近5年来，在线上新开展数字化经营的企业数量平均增速为5%，而线上销售额平均增速为27.5%，这表明通过扩大市场，中小企业获得了转型、生存和发展的空间。进一步观察其中制造企业在2021年的表现，发现这一年里有一部分新的工厂上线，也有一部分工厂退出，全年线上年经营额在1000万元以内的工厂制造企业数量微降1.2%，但交易规模增长了14.7%。这表明以市场为牵引，在总量稳步提升的前提下，制造业部分行业达成了更有效率的资源重组和更高的集中度，实现了转型再平衡。新冠疫情对全球产业链和供应链造成一定冲击，从一些案例中也能观察到平台型企业在产业链上不同企业间调度资源的作用，一定程度上提升了供应链的韧性。

（三）技术—数据—生态驱动六大发展效应

1. 技术驱动的融合效应与网络协同效应

从技术维度而言，专业服务助力产业重组主要是基于基础架构即服务（IaaS）层面的各类技术，在平台即服务（PaaS）层面搭建具备各类数字能力的平台，并通过这些平台使用软件即服务（SaaS）辅助各行业中不同产业链上的企业实现数字化升级。

数字技术驱动消费互联网与产业互联网融合发展。产业互联网需

① 清华大学经济管理学院动态竞争与创新战略研究中心、阿里研究院：《从“造物节”看平台驱动下的敏捷创新》，2022年8月。

要依托消费互联网，数字平台实现消费者的需求与生产者的供给精准匹配，产生融合效应。融合效应包括 3 个方面。一是指数字技术广泛运用于传统产业实现数字化改造，高度集成的智能网络实现横向端和纵向端的高度融合，生产、流通和消费全环节实现融合和互动。如智能制造、个性化定制、网络化协同、服务型制造等模式提高了工业生产部门的整体效率。二是数字平台将大量用户集聚形成聚集效应，平台上的生产者、商家、消费者互动融合发展，不断扩大产业边界形成新产业，打造应用场景和企业创新生态。三是技术集成推动数字技术创新，区块链是技术底座和桥梁纽带，云计算平台是催生新模式、新业态的重要切入点。

数字技术驱动产业链和供应链双向协同产生网络协同效应。协同就是互动、连接、沟通，网络协同效应的本质是基于数字技术重构产业链和供应链，实现多角色、大规模、实时的社会化协同，创造新的价值[①]。消费互联网基于网络效应产生巨大价值，产业互联网采用社会化协同模式，用更高的效率在更大的范围进行更深入、更有效的合作。比如，工厂的数智化可以分为两个层面：第一个层面是车间、生产线的自动化、无人化，并通过数据对生产流程和工艺进行优化，以实现降本增效；第二个层面是通过数据和系统集成，增强外部协同能力，包括采购协同、产销协同以及工厂之间的协同。

2. 数据驱动的“飞轮效应”和“滚雪球效应”

只有打通产业链上的关键系统链接、数据链接，才能实现协同和智能决策。技术进步并不是中立的，而是在方向上表现出明显的要素偏向性，分为劳动偏向性技术进步和资本偏向性技术进步。互联网、大数

---

① 亿邦智库、清华大学电子商务交易技术国家工程实验室：《新范式：2020 产业互联网发展报告》，2020 年 11 月。

据、人工智能、云计算、物联网等技术改进围绕数据要素的大规模、高效率处理和应用进行，数据要素的大规模使用产生规模报酬递增效应，表现出显著的数据偏向性技术进步特征[①]。实践中，在消费互联网中数字技术是重要的生产要素，产业互联网中数据要素成为新的引擎。

数据要素具有虚拟替代性、多元共享性、跨界融合性、智能即时性等特征，促使企业模式创新、产业融合关联和智能决策[②]。一方面，数据要素与数字技术相互赋能，与其他要素协同联动支撑价值创造。数据要素是推动技术创新的重要动力，数据要素与数字技术、劳动等生产要素结合形成现实的生产要素，通过“数据 + 算力 + 算法”的模式嵌入物理世界，进入复杂的经济系统。若缺乏良好的技术基础，即使数据与劳动相结合，也不会直接成为现实的生产要素[③]。另一方面，数据要素在生产、流通、消费全环节进入生产函数和成本函数里发挥作用。数字技术将正确的数据（所承载的知识）在正确的时间传递给正确的人和机器，数据流带动技术流、资金流、人才流和物资流重构生产组织，科斯定义的企业和市场的边界范围日趋模糊，跨界发展和产业融合的“破圈效应”越来越普遍。数字孪生是将数据要素重新编织在一起的重要载体。

数据要素驱动下，实体经济高质量发展产生“飞轮效应”。数据要素进入经济系统之后，其在需求侧的影响可以总结为两大效应：一是通过人货场融合、全链路数字化来减少信息不对称、提高供需匹配效率和增强交易产生“匹配效应”，二是直接提升需求水平产生“扩张效应”[④]。

---

① 李海舰、赵丽：《数据成为生产要素：特征、机制与价值形态演进》，《上海经济研究》2021 年第 8 期。

② 谢康、夏正豪、肖静华：《大数据成为现实生产要素的企业实现机制：产品创新视角》，《中国工业经济》2020 年第 5 期。

③ 吴绪亮：《数据要素如何进入经济系统》，《清华管理评论》2021 年第 11 期。

④ 安筱鹏：《数据生产力的崛起》，载于李纪珍、钟宏等编著：《数据要素领导干部读本》，国家行政管理出版社，2021。

数据要素在供给侧可以提高生产效率和配置效率，既可以通过优化生产流程、丰富应用场景等提高生产效率，又可以带来劳动、资本、技术等单一要素的倍增效应，提高劳动、资本、技术、土地这些传统要素的资源配置效率。数据要素对需求侧和供给侧的影响主要通过数字平台实现，推动了数据应用迭代与价值创造，实现数据自动流动。“数据飞轮”打通了企业的内外部资源，生产制造全过程、全产业链、产品全生命周期的数据自动流动，不断提高资源的配置效率，化解复杂系统的不确定性，带来数据驱动的生产方式创新、管理创新、商业模式创新。数据要素成为企业业务的关键要素，构建了要素之间的动力传递体系，这就是数据的“飞轮效应”。

数据要素进入经济系统后将推动传统生产要素发生革命性聚变与裂变，提高整个经济的资源配置效率，促使产生“滚雪球效应”。一方面，数据在使用过程中不存在互斥性，并且同一组数据由更多市场主体使用的额外成本很低，在一定条件下额外成本甚至可以为零，在增加使用价值的同时不会给数据提供方带来实质损失，所以数据要素具有多重非竞争性。数据使用的频率越高，使用的范围越大，其创造的价值就越高。数字资源的可供性和自生长性，数据要素的正外部性、非竞争性和低成本复制等技术—经济特征，微观层面的“飞轮效应”在更大范围内和更多场景下同时生效。另一方面，互联网平台拥有的用户越多，市场规模越大，越能降低平均服务成本，对用户越具有吸引力。王建冬和童楠楠[①]提出了数据要素与人才、资金、技术、产业等其他要素联动的三层次模型，围绕产业链、整合数据链、连接创新链、激活资金链、培育人才链构建“五链协同”机制，可以更好地发挥数据要素与其他生产要

① 王建冬、童楠楠：《数字经济背景下数据与其他生产要素的协同联动机制研究》，《电子政务》2020年第3期。

素的协同作用。平台经济在宏观层面上体现为全要素生产率的提升和价值创造能力的倍增，形成了规模报酬递增的发展模式和范围经济，培育了新的经济增长极。

3. 生态驱动的“头雁效应”和“蒲公英效应”

数字技术随着发展从服务企业的工具层面上升为构建新产业生态的新引擎、新动能。技术的发展与扩散必须依赖现象或场景，场景为技术扩散提供了最大规模的需求动力和更为具体的切入点[①]。电子商务发展呈现出较为明显的生态特征，在新的商业生态规则作用下，金融、物流、厂商、消费者等共同参与和推进生态系统演进。越来越多的实体经济融入电子商务生态以后，整个产业环境需要更浓厚的开放协作的氛围、更丰富的市场数据和更大范围的资源优化配置，新型基础设施在产业发展中扮演着越来越重要的角色。平台生态有望做好企业内部数据与上下游数据的畅通互联，从企业数据链向产业数据链跃升。企业上下游互联包括与上游企业之间的互联、企业内部的互联，以及与下游企业或用户之间的互联 3 个领域。未来的企业成为产业互联网上的节点，只有构建起产业数据链，积累足够的产业数据，才能更好地推动产业互联网发展[②]。

数字生态共同体是新型商业模式。在消费互联网中，开放策略形成了生态系统，通过销售和采购的数字化形成实体经济全链条数字化的强大驱动力。产业互联网生态是政府、行业协会、供应商、主要生产商、竞争对手、客户等一系列相互交叉的利益相关者共同支撑的经济共同体、产业有机组织和产业命运共同体[③]。企业内部、跨行业跨领域的生

---

① 周乐：《产业互联网进阶之道：从企业数据链到产业数据链》，《财经》2021 年第 6 期。

② 清华大学社会科学学院经济学研究所：《中国产业互联网生态发展报告》，2022 年 4 月。

③ 彭毫、罗珉：《平台生态：价值创造与价值获取》，北京燕山出版社，2020。

产协同更为复杂，需要基于 IssS、PaaS、SaaS 等数字技术将上下游的研发、制造、销售、流通等流程连接起来。企业之间的竞争已转化为生态系统之间的竞争。

平台型企业可以发挥数据和应用场景引领实体经济转型的“头雁效应”。平台生态既是一种新型的企业组织形式，也是一种商业模式、创新体系。生态参与者与互补者之间的合作程度，取决于生态系统嵌入的外部环境、生态系统参与者之间的竞争性互动，以及单个厂商组织的战略选择所形成的协调或对齐程度[①]，易于聚焦各行各业高度细分、场景化的需求。近年来，我国工业互联网建设逐步“走深向实”，跨行业跨领域的双跨平台作为“头雁”，引领行业发展的效应开始显现。2020 年我国工业互联网带动第一产业、第二产业、第三产业的增加值规模分别为 0.056 万亿元、1.817 万亿元、1.697 万亿元[②]。

数字生态和应用场景具有“蒲公英效应”。李晓华（2019）[③] 认为，平台型企业成长为行业领先者后，形成数字经济生态，产生多重结果，实现新旧动能转换。平台构筑的“硬—软—云—边”垂直一体化生态体系，对促进创新、优化产业生态、实现共同富裕产生“蒲公英效应”。一是创新生态为利益相关者价值共创提供了应用场景。产业互联网生态中的价值共创由消费者主导，上下游企业必须与消费者共创价值，利用区块链等技术建立新型信任机制，在价值创造中形成共荣共生的创新生态系统。比如，腾讯云启是腾讯产业的创新生态孵化平台，包括产业生态投资、产业加速器、产业共创营、云启基地四大业务方向，生态内各主体形成了价值共赢的良性循环。二是促进生态内实现共同愿景。产业

① 中国工业互联网研究院：《中国工业互联网产业经济发展白皮书（2021）》，2021 年 10 月。
② 曾鸣：《互联网的下半场，拼的是协同效应》，2018 年 6 月 5 日。
③ 李晓华：《数字经济新特征与数字经济新动能的形成机制》，《改革》2019 年第 11 期。

互联网生态的核心企业提出愿景及战略，在整个过程中起到关键的主导、协调和促进作用。在生态系统中，利益相关者互为生态伙伴，实现人的互动、信息交流、资源互动，提升整个生态的认知价值，核心企业通过协调好价值共创和价值获取来不断寻求新的消费市场，实现整个生态共同演化和分享愿景。三是连接红利和跨界协同促进产业生态优化。以生态系统中参与者的价值主张为核心，追求连接红利，属于超额利润或经济租金。[①] 数字生态打破生产与消费相互割裂的状态，将设计、生产、流通、营销、消费、售后服务有机结合。比如，海尔打造的卡奥斯工业互联网平台已经连接用户 3.4 亿户、企业 50 多万家、开发者 10 多万人、生态资源方 390 多万家，培育出建筑陶瓷、房车、农业等 15 个行业生态，在全国建立七大中心，并在 20 个国家复制推广[②]。

（四）传统产业转型与培育数字原生产业

基于数字原生技术的专业服务释放出巨大的产业提质动能。传统企业获得了客户的需求信息，可以变成企业内部的一种数据，不断被加工处理执行，在产品设计、工艺设计、生产制造、过程控制、产品测试、产品维护乃至经营管理的每个环节流动，支撑企业做出最优的决策，从而推动企业从需求端“单轮驱动”模式向需求端、供给端“双轮驱动”螺旋式增长模式跃升。一批新的中小企业同时从云上，依托原生技术直接生长出来，天生就拥有数字化基因，形成数字原生产业。它会用互联网、数字化的理念和方法构建自己的组织模式、业务模式、商业模式、

① 以上部分内容来自本章执笔人欧阳日辉：《数实融合的理论机理、典型事实与政策建议》，《改革与战略》2022 年第 5 期。

② 海尔：《工业互联网巨擘的进击》，2020 年 5 月 26 日。

技术路线，通过线上线下一体化驱动机制进行各种决策。

新发展方式最重要的一个产业价值是用数字逻辑重构物理世界。时至今日，无论是传统产业转型升级还是数字原生产业的自发生长，都需要开启一场无止境的数字化能力进化之旅。因为，在数据流动的各个环节，只要有人参与，就意味着效率衰减。而最重要的一个价值是把物理世界的现象数字化，数字化之后能实现数据在每个环节的自动流动，能在正确的时间以正确的方式传递给正确的人和机器，从过去基于文档的流动转化为基于模型的流动。这个模型可以是产品模型、生产模型、性能模型、工艺模型、流程模型、管理模型。

综上，创新驱动是实体经济高质量发展的原动力。新发展阶段，中国消费创新与产业升级双轮驱动，对于扩大内需与优化供给侧结构发挥了积极作用。产业体系向网络化、平台化、生态化转变，促进了千行百业各市场主体融合发展，并加速了各产业间的融合发展和企业内外部产业链供应链协同。

执笔人：安琳　欧阳日辉　李颖

第三章

高质量实体经济的组织形式

建设现代化产业体系需要有现代化的产业组织形态作为载体和依托。数字化专业服务使生产网络平台以强大的聚合能力支撑构建繁荣、多样、密切协同的生态系统，成为新一轮数字技术产业革命对产业组织形式的创新与升级。产业组织形式正从跨国公司主导向生产网络平台主导转变。平台生态系统聚合产业链供应链上各参与主体，包括原材料供应商、研发设计企业、制造工厂、物流服务企业、贸易商、经销商、中介机构、零售商、创业者、消费者等。这些主体因平台生态吸附而聚合，协同共生形成紧密一体的网络化组织，千行百业的市场主体与海量丰富的生产性服务者之间产生强大的互补配套效应，从链式生产协同迈向网络生产协同，形成全新而高效的产业组织形式，从而构成新的发展格局，从根本上提升实体经济发展质量。

一、技术进步推动产业组织形式升级

（一）构建新型的产业生态体系

1. 四链融合：平台汇聚千行百业的互补性技术、产业资源

在传统经济发展模式下，多数产业部门是相互独立的，各自的边

界较为明显，而数字化可以打通不同产业部门之间的壁垒，推动产业链上各个经济主体的整合，促进多产业融合[①]，打造优秀的产业集群。产业融合是指同一产业或不同产业中不同行业之间彼此渗透、相互融合，逐步形成新产业的动态发展过程，其主要特征是产业边界模糊化。研究表明，技术创新是产业融合的重要驱动力，技术水平提高会对原有生产函数和成本产生较大影响，为产业融合提供推动力[②]。数字化的载体互联网平台在推动技术创新方面发挥着重要作用，Dutta 等（2020）认为互联网平台通过驱动资源重新编排，促进平台参与主体间技术资源能力整合，实现技术融合，在面临终端市场时进一步整合大量客户资源、商品需求等信息，为原先关系并不密切的两个产业或行业的技术融合创造机会，进而推动产业融合发展[③]。由此可见，数字化以互联网平台作为必要载体，一方面推动上游供应商、中游渠道商和下游经销商等经济主体整合，另一方面促进各个产业部门在平台上公平竞争，不断完善自身产业结构。在此过程中，各个产业部门又利用互联网平台打破边界约束，不断向其他行业和产业部门延伸产业链，实现产业间的沟通交流，辐射带动其他产业发展，实现多产业融合创新发展，形成良好的产业生态体系。

随着大数据、云计算、5G 等新一代数字技术的不断变革，互联网深度融入三大产业（见图 3–1），不断向制造业、仓储物流、医疗卫生、金融、教育、农村电商等各个行业领域延伸，驱动产业链、价值链、供应链和创新链四链融合，推动我国实体经济转型升级。当互联网平台集

① 高京平、孙丽娜：《数字经济发展促进我国产业结构升级的机理与路径》，《企业经济》2022 年第 2 期。

② 石璋：《工业互联网平台对产业融合影响的实证研究》，《科技进步与对策》2022 年第 19 期。

③ Dutta G,Kumar R,Sindhwani R,et al.，2020，“Digital Transformation Priorities of India’s Discrete Manufacturing SMEs–a Conceptual Study in Perspective of Industry 4.0”,Competitiveness Review: An International Business Journal.

聚了海量生产环节及生产性服务业等生产要素资源，重构生产关系、产业链、供应链时，我们就将其称为“生产网络平台”，它充分发挥产业互联网的功能，与消费互联网形成双轮驱动发展。

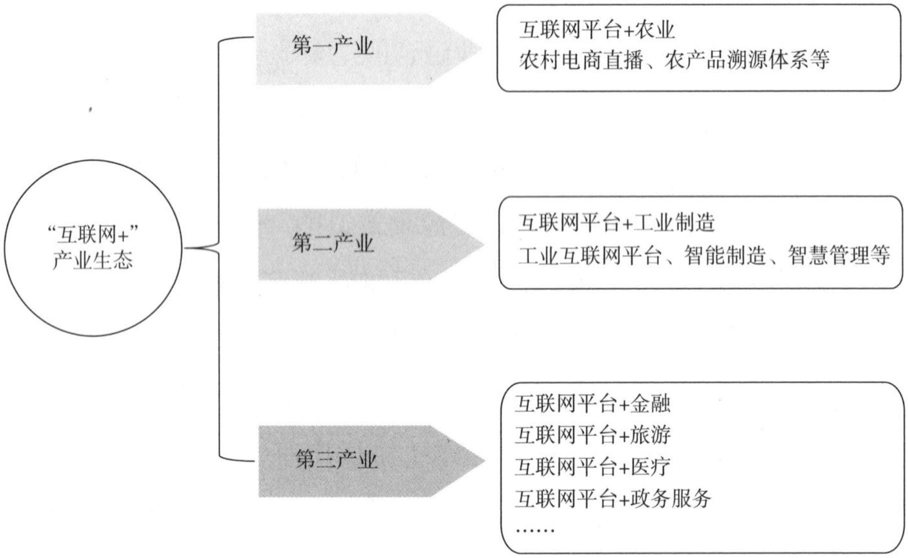

图 3-1　生产网络平台是数字化重构的生产要素平台

资料来源：作者自绘。

生产性网络平台生态系统汇聚产业梯次升级的各种互补性技术和战略资源。生态系统越复杂、越多样，各种主体的生存空间越大，创新活动越活跃。平台型企业与供应链、消费者、专业服务伙伴之间形成共生关系。生产网络平台向上支持平台化设计、个性化定制、柔性化生产，向下通过大数据等数字技术实现智能化推送、创新性营销、数字化运输，汇聚更多产业链上下游企业，显著提升上下游全产业链的协同创新能力，打造联系紧密、互通互联、动力强劲的产业链，释放产业集群效应，促使产业间融合发展，推动产业组织形态转型升级，实现产业集群专业化、协同化、智能化发展，培育高质量产业集群，形成高质量的产业生态体系。

生产性要素资源、产业链环节集聚形成数字化的产业集群，或称为“数字化产业带”。这些产业集群助力传统的产业地理集聚向线上集聚转变，推动全产业链集中、集聚、集约发展，并逐步形成稳定的产业生态。2022 年 9 月，工业和信息化部发布《促进中小企业特色产业集群发展暂行办法》，强调加强集群新型信息基础设施建设，搭建资源共享和管理平台，推进集群数字化升级。

2. 生产性服务业生态孕育商业流通模式创新

（1）生产网络平台为商业创新精准匹配生产性服务能力

随着新一代科技革命和产业革命的蓬勃兴起，技术变革正不断影响着企业的商业模式创新。Garzoni 等（2020）[①] 认为要在数字时代实现战略目标并保持竞争优势，企业必须不断开发和实现与其现有技术相对应的数字组件，并随着技术进步定期更新其数字基础设施和数字平台。在此过程中，生产网络平台聚合各种生产性服务业态、模式、环节，包括数据洞察、产品研发、物流、诊断、代工、品牌打造、一件代发等多元化的服务，使企业能更有效地管理信息和整合资源，改变获取竞争优势的方式，轻松定制、模块化搭接、高效便捷开发新的数字化商业模式。大企业可以通过协调内部丰富的资源、发展关键能力来开发和部署自己的数字平台，中小企业则可以依赖于第三方平台（如阿里巴巴）开展业务[②]。从组

① Garzoni A,De Turi I,Secundo G,et al.，2020，“Fostering Digital Transformation of SMEs: a Four Levels Approach”，Management Decision.

② 吴江、陈婷、龚艺巍、杨亚璇：《企业数字化转型理论框架和研究展望》，《管理学报》2021 年第 12 期。

织内部看[①]，互联网平台基于其特定功能，围绕企业的核心产品生产与服务提供，整合、精准匹配各种生产性服务资源，促进企业的智能决策和灵活调度，优化现有流程，推动企业结构和组织变化，实现生产模式、运营模式、商业模式创新。从组织外部看，企业利用互联网平台跨越组织边界，在模块化、海量的生产性服务能力的支撑下，探索新的价值增长点，根据消费者需求实现智能化生产，构建经营新场景，创新数字化商业模式，使过去的传统商业模式由商家独有的价值增值转变为由企业和消费者共同享有，使企业和消费者的福利水平都得到提高。

生产网络平台汇聚第三方服务商，将经营管理场景与工具相对应，中小微企业可以根据自己在经营管理中的每一个环节及场景、数字化转型阶段以及所处的行业特性的不同需求对这些技术工具进行排列组合。这些技术工具都在平台上以小程序方式呈现，能够与业务场景、平台流量等进行深度整合，大幅度地提高企业特别是中小企业数字化转型的成功率。2022 年 1 月，国务院发布《"十四五"数字经济发展规划》，指出加强资源共享和数据开放，推动线上线下相结合的创新协同、产能共享、供应链互通。互联网平台与传统产业将更加深度融合，以生产性服务业态服务千行百业企业创新商业模式，不断提升核心竞争力。

（2）生产网络平台助力商业模式向"平台型生产"升级

生产网络平台正逐步成为推动我国深化供给侧结构性改革的重要手段。一方面，新冠疫情期间，平台助力数字经济快速发展，催生在线办

① 张振刚、张君秋、叶宝升、陈一华：《企业数字化转型对商业模式创新的影响》，《科技进步与对策》2022 年第 11 期。

公、在线教育、远程医疗、无人配送、新零售等新模式新业态，促使线上消费需求不断释放，并与线下消费进一步融合，有效提升中小企业供给能力，解锁消费新场景，满足消费者多元化、便利化、悦己化的消费需求，助力我国经济快速复苏。例如，平台为中小企业开拓网络直播的互动型消费模式，实现对传统销售模式的迭代。与此同时，平台的深度运用将实体经济的线下与线上服务联系起来。随着各种线下新场景的解锁，越来越多的企业开始探索线上线下融合的消费场景，打造“线上+线下”的创新商业模式。数据显示，2022 年 1—7 月，我国网上零售额达到 7.32 万亿元，同比增长 3.2%[①]。

另一方面，生产网络平台汇聚流量、数据要素，推动企业生产端数字化改造，以适应新消费时代快速变化的消费者需求。通过运用“平台型”生产研发模式，中小企业可以进一步缩短研发周期，切实提高研发效率和质量。与此同时，互联网平台助力中小企业建立生产端与消费端的数据链路，以“大设计、小试验、数字模拟仿真”的研发模式替代传统的线下试错研发，实现从“以产定销”到“以销定产”的转变，形成以消费者为中心的商业模式，促进产业快速升级，丰富产品品类。同时，通过新模式的平台化、共享化，实现个性化定制、柔性化生产、按需生产，提高企业的灵活性和快速响应能力，逐步实现标准化、品质化服务。例如，我国新兴国产品牌运用 C2M 模式（见图 3-2），依托互联网平台，以柔性化、定制化的生产线，将消费者的需求与供应商直连，实现按需生产，从而打破经济循环的惯性轨道，带来重构式创新。

① 数据来自国家发展和改革委员会网站。

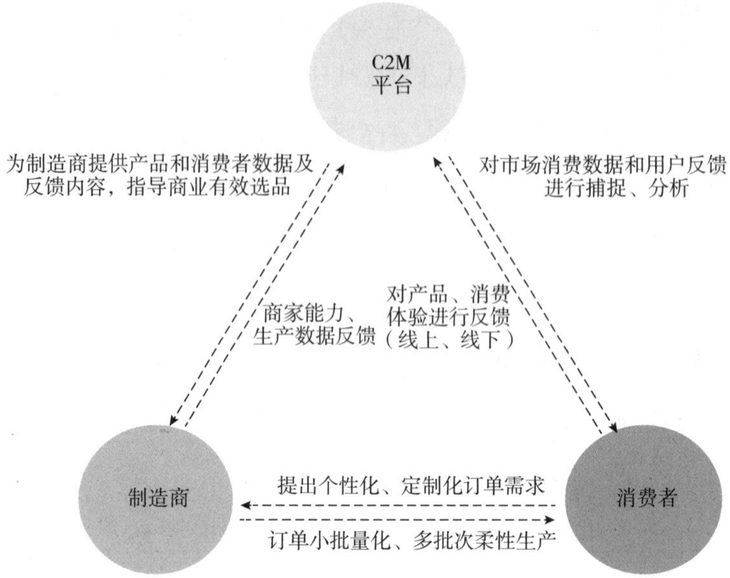

图 3-2　C2M 模式

资料来源：毕马威，《新消费时代引领国货崛起》，2021 年。

3. 融合战略性资源，推动企业快速健康成长

企业在生产网络平台能够轻松便捷地获得所需的关键资源，将企业经营的综合成本降至最低。生产网络平台融合了技术研发、算法算力、人才、市场、资金等企业快速成长所需的战略资源。“互联网 + 医疗”“互联网 + 物流”“互联网 + 金融”“互联网 + 旅游”“互联网 + 政务服务”等场景涌现，实现人才流、技术流、资本流、数据流、产业链的高效聚合，促进企业精准匹配各种战略所需。农村物流行业通过建设“互联网 + 电商 + 农村物流服务”的新型体系，搭建综合性农村物流服务平台，动态跟踪快递配送进程，确保农村群众能够实时查询到快递物流信息，并享受快递到货短信提醒、送货上门等服务，推动农村一、二、三产业融合发展。截至 2021 年 12 月，我国在线医疗用户规模达

2.98 亿，同比增长 8308 万，占网民整体的 28.9%[①]。互联网应用深度融入医疗行业，促使行业业务升级，优化医疗资源配置，为大众提供高质量、高效率、高层次的医疗服务。

（二）产业组织形式从跨国公司主导向生产网络平台主导转变

1. 数字化改变了全球产业升级中跨国公司主导的格局

以往我们看全球产业转移和分工，一般用雁阵理论来分析。数字经济的到来使产业要素结构发生了巨大改变，产业对劳动力、资源要素的依赖程度大幅降低，使产业链突破空间约束，就地化完成全链条升级成为可能，形成了新的产业组织形式，雁阵理论已局部失灵。美国战略与国际问题研究中心 2020 年 9 月发布的报告《2030 全球经济关键趋势》指出，美国制造业就业的大幅下降不会导致制造业产出下降，反而预计在未来 10 年增长更快，根本原因是人工智能、机器对劳动力的替代。2030 年后，预测美国经济将在全球经济中占比更小，但价值更高。美国新经济思想研究所 2021 年 2 月发布的《人工智能，全球化与经济发展战略》也指出，人工智能和自动化技术的进步威胁到发展中国家和新兴市场半个世纪以来融入世界经济中获得的收益，加剧了贫困和不平等。新技术可以节省劳动力、节省资源，形成有利于发达国家的赢家通吃的局面。数字经济的平台化发展组织结构使企业所需的各种生产要素被高效地整合到一起，并且削弱了企业对传统型要素的依赖，这种效率对企业产生了极大的黏性。现实中我们常常可以看到，线下对接不到市场和终端客户的企业搬到线上后匹配到了合适的买家；苦于产品远销海

① 中国互联网络信息中心：《中国互联网络发展状况统计报告》（第 49 次），2022 年 2 月。

外的高成本，本来准备把工厂迁移到国外的企业通过一站式服务成功实现产品低成本出海，打消了外迁的念头。生产网络平台加速了新技术的应用和各类资源的聚合、集散、调配，重构新的产业组织形式。新的产业组织形式从由跨国公司主导转变为由网络平台主导。全球产业升级中跨国公司的主导作用正在被数字化力量取代，表现为生产网络平台的新型产业组织形式的精准匹配、实时高效、降低成本、消纳风险。

2. 平台作为“头雁”突破空间和区域依赖，牵引产业实现升级

生产网络平台作为“头雁”，代表了现代服务业中的先进部分，带动传统产业升级与新产业新业态新模式培育，助力实体经济升级，服务于现代产业体系构建。如果照搬美国的产业梯次发展模式，中国无法实现“跨越式发展”。美国一、二、三产业按照市场化机制依次支撑内生发展已有 240 多年，其中从开始发展电子产业至今经历了 76 年，从互联网的原型——1969 年提出的阿帕网（APARNET）至今已有 54 年，实现了较为成熟的产业数字化（见图 3–3）。

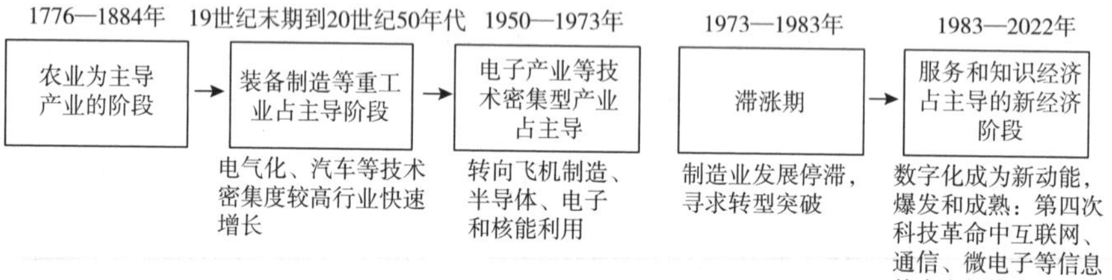

图 3-3　美国产业发展阶段划分

资料来源：阿里研究院根据相关资料整理。

在全球竞争格局中，从战略上看中国产业内生升级要依托超大规模市场的比较优势，该优势已迅速在互联网平台领域充分彰显，并且这一优势已在全球处于局部领先地位。我国合适的产业升级路径应当是以生

产网络平台为“头雁”，依托聚合形成的产业生态，带动服务业、制造业、农业进行数字化改造提升，实现产业不依赖物理空间上转移的升级。

生产网络平台代表新产业组织形式的重要“头雁”力量。带动产业升级过程中，表现为分层推进、深度渗透、全域拉通。从全局、全方位转型。宏观层面，稳经济扩消费促发展，以数字化产业集群助力区域产业升级、协同发展，增强产业韧性与活力，促进生态优先绿色发展和共同富裕；中观层面，以具体行业切入，助力供应链、产业链、价值链及产业运营流程改造，实现降本增效；微观层面，助推中小企业转型，保主体保就业，复工复产复商，提升人的能力，创造更多灵活就业。从纵向、全链条转型。以消费互联网与产业互联网的深度渗透融合贯穿研发设计、采购、生产、流通、消费全产业链，并延伸到新创造的循环利用与回收环节，各环节供需精准匹配，推动产业从底层支撑到发展方式全方位解构和重塑。从横向、全领域数字化转型。全面重构各产业领域的产业发展方式、模式，提质增效。全局、纵向、横向路径构成生产网络平台助推产业高质量发展的立体化完整生态。

3. 高质量发展必须掌握产业标准制定权、定价权

面对刘易斯拐点和国际产业竞争格局，劳动力成本上涨效应、技术对劳动力的替代效应从两个方面影响了传统的全球产业分工格局，已不足以支撑中国获得并保持产业领先优势，必须依托超大规模市场等自身优势，通过数字技术渗透、数据要素应用推动传统产业改造，构建新的产业组织形式。这种新的产业组织形式不需要大规模地在物理空间进行产业资源、要素的移动，减小了对全球不同地域的不同要素禀赋如资源、劳动力的依赖程度，采用数字技术应用实现的标准化、智能化，将“数据要素”这一第五类生产要素的价值充分释放，实现对原有传统

要素的高效替代，带动产业向更高层次升级。简言之，在新雁阵模型下，产业对传统产业要素如土地、资源、劳动力的依赖程度大为降低，产业价值链和商业模式被技术重构，形成数字原生全产业链闭环和产业生态。生产网络平台对这些产业资源、产业链环节的聚合能力、调配能力、协同能力，将形成强大的黏性，主导产业标准与话语权，这足以支撑中国在全球形成产业上的领先优势和核心竞争力。

4. 生产网络平台助力企业融入全球市场

摆脱了对物理空间的依赖，通过生产网络平台，企业出海变得高效便捷。一方面，国内企业能以低廉的成本、高时效的物流将产品销往海外目标市场，根植于生产网络平台的生态、中国的超大规模市场形成强有力的黏性。企业无须外迁到海外设厂就能充分将自身产品触达国际市场，综合成本远低于到海外建厂成本。这样就给很多国内企业创造了融入全球市场的机会。另一方面，部分行业如消费电子、服装等劳动力密集型产业链环节的部分企业因需要极为低廉的劳动力成本转出，如外迁到越南、印度等地，它们仍然离不开对中国的生产网络平台的依赖，各种资源的协同、上下游的衔接还需要通过国内的生产网络平台依托中国的大市场和配套的生产性服务业资源保持可持续发展。应该鼓励企业主动进行海外布局，走出一条像日本、韩国、德国那样的路径，通过掌握海外供应链的主导权，让本土企业处在价值链更高的位置上，向海外企业提供更高质量、更高价值、更高技术含量的材料、设备和零部件。通过平台生产网络实现了国内企业与国外企业在产业链、供应链上下游之间的跨地域、跨时空衔接与协同，发挥了我国大国经济与平台企业组合优势稳链强链作用。

二、平台化加速产业间融合发展

（一）动能传导延伸产业链，加速市场主体融合

平台大数据推动供给侧更好地理解消费者，从而更新工艺流程，推出更符合消费者需求的产品，反向牵引制造业、农业等传统产业转型升级，进而实现消费与产业的双轮驱动发展。

1. 供需精准咬合匹配的“飞轮效应”

生产网络平台的齿轮启动后，紧密咬合，拉动研发、生产、物流、配送、营销每一个齿轮，整个精密的体系高速运转，将需求不确定性转化为供给的确定性。齿轮带动效应一是提升了精准定义“痛点”的能力。当消费端高度数字化，创新能力将会不断向后端传递，推动需求对供给的精准定义与匹配；当供给呈现碎片化，无法满足需求的多样性时，动力迁移受阻，部分齿轮就不能紧密咬合转动，暴露生产端的问题。二是增强了数据原生思维能力。通过“数字 + 算法”提高精准、高效、科学决策能力。三是提升了企业组织变革能力。与持续变化的需求完好咬合倒逼带动企业组织管理模式迭代重构。

2. 双轮驱动螺旋升级效应

生产网络平台作为“头雁”带动传统产业改造提升，消费与产业形成 DNA 的双螺旋演进结构。两条演进路径一条是“消费定义供给”，另一条是“供给定义需求”。大力推动创新能力向互联网全面迁移，需

要形成紧密咬合的“齿轮组”，组装一架运转更加精密、动力更加强劲的发动机，为中国产业全面提质增效源源不断注入高质量发展动力。同时，产业端在升级中持续改造优化，提供高品质、全面化的供给，为消费升级注入新动力。

（二）平台加速农业、制造业、服务业融合发展

1. 平台加速服务业与制造业融合

当前我国“综合性 + 特色性 + 专业性”的工业互联网平台体系不断完善，有全国影响力的工业互联网平台已经超过 150 个，接入设备总量超过 7600 万台（套）[①]。2020 年，我国工业互联网产业增加值规模达到 3.57 万亿元[②]。工业互联网平台融合现代信息技术，提供智能制造立体解决方案，通过大数据、云计算等赋能企业实现智能决策、智慧管理，不断形成平台化设计、智能化制造、网络化协同、个性化定制、服务化延伸、数字化管理等新模式新业态，有力推动制造业高端化、智能化、绿色化发展。

2. 平台化加速服务业与农业融合

农村产业数字化，通过信息集成、交易撮合、支付集成、线下仓储物流等服务，实现农业信息化、数字化、网络化。农村电商直播大火，带动农产品线上销售，助力农产品品类升级，拓宽农产品销售渠道，提高农民收入水平。同时，企业利用互联网平台建立产品溯源体系、标准体系、信用体系，实现农业产业的智能化升级、工业化生产、智慧化管

① 中国互联网络信息中心：《中国互联网络发展状况统计报告》（第 49 次），2022 年 2 月。
② 中国工业互联网研究院：《中国工业互联网产业经济发展白皮书（2021）》，2021 年 10 月。

理、市场化运作，实现农产品品质化、标准化、多样化。

3. 平台化加速制造业与农业融合

新零售等模式创新，打通农业生产到农产品流通的完整产业链，以优质供给精准匹配定制化需求，实现订单式生产。平台能够极大提高农产品从种植延伸到精深加工制造的效率，以算力作为基础，平台提前6个月就能将终端消费者的精准需求传递给农业种植、养殖部门，并且对农产品的精深加工程度、包装形式给予精准定义。这一传导过程带动了农产品的品类集约化种植、养殖，培育了农产品深加工工厂，按照订单式需求进行制造，进而形成食品饮料产业。一方面，通过向制造业延伸，提高了农产品的附加值，促进农民增收。另一方面，制造业的标准化生产方式带动了农业的标准化、现代化，通过规模化种植、养殖使农业的效率获得极大提升。先进制造业与现代农业的融合是农业向现代化生产方向发展的必由之路。

三、网络化加速内外部产业链供应链协同

网络化的产业组织形式充分打通了企业从内到外的各个环节，实现高效协同。平台通过聚合资源来促进企业转型。转型的底座是数据通畅，数据通畅使企业能够突破企业的边界，针对转型企业内部资源有限的痛点，帮助企业打破资源限制，就像打破企业的围墙。打破墙的工具就是数据流动，将企业的流程、业务、客户都数据化，从而使资源在数字空间里、企业内外部自由流动，形成高效的市场化配置。

（一）打破内部的墙：企业内部各环节的协同

一个企业数字化转型不仅仅是转型的问题，还需要进一步提升互补性资源和互补性要素，这个过程的最佳实践是依托生产网络平台。随着消费互联网逐步向产业互联网转移，互联网平台深入产业最前端，从生产制造端开始促进企业价值创造水平的提升，为企业实现生产、销售、流通、管理等各个环节的数字化升级与融合奠定了强有力的基础。

1. 生产的数字化协同

在初始阶段，生产网络平台助力需求端实现个性化定制，供给端实现柔性化生产。传统生产模式中，个性化与大规模生产之间的矛盾一直存在，个性化定制需要以用户为中心，满足市场多样化需求，这就要求企业具有多元化的生产结构和商品供给，而传统工业时代，企业更加注重生产效率和收益最大化，因此往往更偏向于选择依赖固定生产工艺的大规模生产模式。在数字化时代，互联网平台有效地缓解了这一矛盾，匹配供需双方，提升传统企业订单数量和用户体验，将传统企业的工厂设备、员工、生产过程等生产要素在线化，节约双方搜寻和沟通成本[①]。

2. 业务及流通的协同

企业利用大数据平台对需求端的个性化定制订单进行可视化分析，科学制订生产计划，变革传统企业的生产组织模式，完善数智化生产体系，实现柔性化生产，客户也可以对生产过程实时掌控，强化生产规范性，提升用户满足感。经过改造升级后的生产环节，产成品移交仓库，企业利用平台进行智能化的仓储管理，实时监控产品质量和发货信息，并利用

① 杨大鹏、王节祥：《平台赋能企业数字化转型的机制研究》，《当代财经》2022 年第 9 期。

物流网络服务平台处理订单进度，确保产品安全、快速地送达消费者。

3. 营销的协同

在营销阶段，企业也在互联网平台的驱动下逐步转向以消费者为核心、线上线下一体化的营销模式。传统的营销模式以线下为主，受众群体较小，用户黏性不足，所需人力成本较大，其竞争力正在不断下降。

在互联网背景下，多渠道协同营销模式应运而生，企业可以利用平台深度分析已有消费者和潜在消费者的偏好、需求、习惯等内容，进行精准推送，挖掘用户的消费潜力，并根据用户的线上反馈及时改进现有产品体系，所需要的营销人力资本也大幅减少。

同时，多渠道营销模式基于线下线上渠道间的优势互补效应，将线上营销不受时空限制、受众面广的特点与线下营销和消费者面对面交流的优势相结合，为企业带来更多收益[①]。

4. 组织管理的协同

企业内外部全流程的高效拉通管理，提升整体发展质量。当数据要素充分流动，与业务紧密融合，企业就能不断优化产业链、价值链上的各个节点，实现核心流程（生产、仓储、销售、流通等）协同，并加强各个环节的紧密联系，提高全链路协同化和数智化运营水平，推动产业链可持续发展，为企业创造更多价值。企业供应链管理需要连接外部，供应链管理不单纯是企业的事情，未来 10 年数字化工具要打破企业资源的围墙。供应链管理不是简单的工具就可以解决的，而要做到在供应链里更快速地契合。中国产业和社会的数字化程度正在不断加深，从最

① 徐远彬、卢福财：《互联网对制造企业价值创造的影响研究——基于价值创造环节的视角》，《当代财经》2021 年第 1 期。

初的组织数字化，到业务数字化、设备数据化和在线化，以及生产线和内部各部门的互联，再到企业与上下游、合作方之间互联互通，使整个产业链实现数字化大协同。2015 年诞生的钉钉，已经发展成中国最大的企业数字化服务平台，有超过 2000 万家企业和组织入驻，每天超过 1.5 亿人登录。在这个大生态中，钉钉自身专心做 PaaS，做基础平台，数千家 SaaS 企业提供各种应用服务，企业和组织也可以通过低代码工具满足个性化的开发需求。

5. 最小化摩擦成本的生态融通

从以上 4 个方面，生产网络平台助力企业打破内部的围墙，帮助企业减少摩擦成本，通过提供大量的数据、研发工具，帮助企业快速进步。依托平台，企业可以做到开放合作，获取创新资源；通过反向研发，更好满足消费者需求。随着整个研发路径、研发工具、研发组织形式发生变化，中小企业与大企业站在同一个起点，使转型成本更低、效益更高。生产网络平台所聚合的资源生态，以海量算力、数据共享、精准匹配、智能决策，满足企业产供销数字化链接的需求，实现设计端、产品端、营销端、渠道端、管理端等各维度的智能化贯通。促进信息流引领技术流、资金流、人才流和物资流，推动产业质量变革、效率变革、动力变革，重构企业传统产业链模式，不断提高产业链、供应链在业务全流程的耦合与协同能力，持续提升产业链、供应链的价值和创新能力，进而建设全新的技术生态体系，提高生产质量和生产效率。

2022 年，工业和信息化部联合五部门印发《数字化助力消费品工业“三品”行动方案（2022—2025 年）》，强调推动企业建设可视化、移动化、智能化供应链管理体系，通过信息集成、移动互联等方式，实现从交易撮合、下单、生产到产品入库、发货、物流追踪等供应链业务流程线上化，提高产能利用率。生产的网络平台作为数字化时代的新兴形式，正逐步驱动企业供应链、产业链转型重构，成为企业高质量发展转型的重要力量。

（二）打破外部的围墙：企业外部供应链的协同

企业、产业融入全球范围的产业协同需要大量的战略资源，包括算力、算法、数据等。这些战略资源靠传统方式很难获取，有了生产网络平台，加上关键要素资金，就能实现产业链供应链全球范围协同，打开企业“黑箱”，助力企业、产业依托全球资源和市场获得成功。

1. 构建产业生态服务圈

生产网络平台具备的开放性特征使其能够汇聚一批专业数据处理、软件开发、解决方案集成等方面的企业，为企业提供数字化转型的专业服务，形成软件、硬件、数据、开发、测试、安全、应用等诸多方面协同的数字化生态圈，进而推动企业全产业链数字化。在需求端，通过大数据、云计算等数字技术精准分析消费者偏好，深度挖掘消费者需求，进而利用柔性化生产线按需生产，满足消费者个性化定制需求；在供给端，利用互联网平台构筑产业服务生态圈，通过平台共享为企业发展赋能[①]，形成多元主体共生的生态系统，实现数字技术与生产制造交叉融合，提升全产业链智能化、敏捷化水平，以更富弹性的生产系统满足消费者多样化需求，实现供需智能匹配、产品全生命周期可视跟踪、全链条质量协同管控、集采集销等服务，提高供应链协同效率和质量。

依托产业生态圈，能更好地推动产业链转型，实现产业链、供应

---

① 产业互联网研究中心：《2021 产业互联网白皮书》，2021 年 9 月。

链、价值链智能化链接，实现生产链、供应链、销售链全链路数智化。千行百业的产业链供应链环节交织聚合，不仅汇聚生产性服务业全面配套，也增强了对中间环节、高附加值环节的黏度，提高中国国内产业的附加值、产业链黏性及稳定性；并通过全球数字化供应链实现国内外的供应链环节协同，打造完整、稳定的产业循环。

2. 突破时空限制实现国内到国外完整链条的双向协同

Ferro（2011）认为在互联网时代，信息成为改变交易模式和降低交易成本的关键要素，互联网能够跨越时空和距离限制实现及时沟通，降低信息交流的成本，从而有助于更多的企业实现跨境交易[①]。

从交易流程来看，平台可在交易前、交易中、交易后 3 个阶段降低中小企业跨境交易的成本，由此推动企业进一步拓展国际市场[②]。第三方支付平台的出现为发展跨境交易提供了便捷、快速、安全的支付功能，有效降低了交易过程中的支付成本和资金风险。与此同时，跨境电商平台打破了组织边界的约束，与不同类型的参与者在平台上进行互动、交流，使得企业在虚拟市场不断扩大自己的市场空间，以往只能在国内和本地生产和消费的服务（如零售、旅游、医疗、教育等）都可以通过互联网平台进行远程交易。

从产业链来看，平台集合营销、议价、交易、支付结算、物流等活动于一体，赋能企业以较低的贸易成本，跨越时间和空间范围与其他终端用户进行跨境连接，降低了中小企业进入国际市场的门槛和风险，可以进行高效率、低成本、大范围的跨境交易，帮助企业融入全球市场，

---

① World Bank Policy Research Working Paper,2011，Ferro E. Signaling and technological marketing tools for exporters，5547.

② 石良平、王素云：《互联网促进我国对外贸易发展的机理分析：基于 31 个省市的面板数据实证》，《世界经济研究》2018 年第 12 期。

实现全球产业链协同。2022 年 5 月，工业和信息化部、国家发展和改革委员会、科学技术部等十一部门联合印发《关于开展“携手行动”促进大中小企业融通创新（2022—2025 年）的通知》，强调搭建中小企业跨境撮合平台，依托大企业打造中小企业海外服务体系，带动中小企业共同出海，提高跨国经营能力和水平，融入全球产业链供应链。

从供应链来看，平台将国内产业环节与国外产业环节拉通，形成上下游的畅通衔接，并且通过极强的吸附能力将附加值相对较高的产业环节，比如研发设计、中间生产环节、关键零部件制造等上中游环节稳定在国内，与国外的上游原材料、下游加工组装环节形成完整供应链。生产网络平台的数字化供应链将国内产地到边境段、跨国干线段、国外终端配送段融合起来，为企业提供一站式出海服务，通过智能集单等创新模式，极大降低了产品出海的综合成本，同时依托数字化供应链提供各种辅助决策分析工具，吸引国际品牌企业到中国投资设厂，将库存降到最低，实现柔性、弹性生产，助力融入中国市场。

当前，我国产业组织形态正在从工业时代的跨国公司主导，向信息时代数字化的生产网络平台转变。组织的数字化升级、供应链上下游的打通，背后离不开数据要素价值的释放、企业主体创新活力的发挥，最终形成实体经济的叠加倍增效应。

执笔人：李颖　李勇坚

第四章

高质量实体经济的关键要素

随着大数据的兴起，“万物不离数据”逐渐成为我们这个时代的显著特征。数据对经济发展的倍增式赋能愈发突出，以不可阻挡之势掀起了一场波及世界的数字大潮。早在2020年，《中共中央 国务院关于构建更加完善的要素市场化配置体制机制的意见》就明确将数据与土地、劳动、资本、技术共同纳入生产要素范畴，强调了数据要素在有效拉动我国经济高质量发展中的核心地位。数据作为新型生产要素，对传统生产方式变革具有重大影响。近年来，围绕数据资源的流通应用，共享经济、智能经济、网络经济等新技术、新产业、新业态、新模式不断涌现，实体经济高质量发展获得了持续的新动力和新引擎。

一、对数据作为关键要素的认识和理解

以数据为关键要素，以推动数字技术与实体经济深度融合为主线，以协同推进数字产业化和产业数字化、赋能传统产业转型升级为重点，以加强数字基础设施建设为基础，以完善数字经济治理体系为保障，是不断做强做优做大我国数字经济的战略选择。那么，在五大生产要素之中，为何只有数据才是数字经济的关键生产要素？我们可以从要素层、

产业层、制度层三方面来理解。

（一）要素层：转型奠定生产要素新框架的基础

“土地是财富之母，劳动是财富之父。”人们对关键生产要素的认知随时代变化而不断变迁，从农业经济到工业经济，土地、资本与技术都曾被看作重要生产要素，要素层面的框架与组成也在生产力跃迁的过程中不断演变[①]。20 世纪 50 年代以来，计算机、互联网等数字技术极大地提高了人类获取、传递、处理信息的能力，也催生了数字经济这种新型经济形态。以数据为关键要素的数字经济为改造实体经济运行机理提供了一种新的视角，即以数据集成和分析的方法对产业发展、业务环节进行糅合、优化和重构。在此过程中，数字经济的生产函数，传统生产要素体系的理论框架也面临巨大改变。

我们先审视一下各要素在生产要素框架中的定位与作用，主要探讨土地、劳动、资本、技术四大生产要素。土地与劳动明显与其他要素的所属层次有所不同，与资本、技术相比，它们似乎没那么特别，但又的确不可或缺。在农业经济中，土地和劳动是维持生产所必需，直接影响生产活动的最基本生产要素，也是财富的根本源泉。而在工业经济中，资本与技术就如同放大镜或是催化剂，虽然不是生产的最基本构成，但能从效能、产能等方面大幅促进生产力提升，也可称之为催化要素。

那么，数据要素属于哪一类呢？数据并非经济生产的基础构成，也不能直截了当地产生催化作用。它常以一种非独立的形态嵌入实体经济

---

① 王建冬、童楠楠：《数字经济背景下数据与其他生产要素的协同联动机制研究》，《电子政务》2020 年第 3 期。

运行中、嵌入各种基础设施之中，通过数据中心、网络、终端等硬件基础平台及数据库、数据服务等软件基础平台，与劳动、资本、技术等要素一同构筑实体经济，并在此过程中创造基础环境。数据要素更像是生产要素系统中的处理器或黏合剂，主要发挥着运转联通的作用。

实践中，数据要素是要素层数字化运转整合的关键，为生产要素的流动联通提供了桥梁，资本推动技术突破、技术反哺资本利润，数据则是要素间的传输纽带，具备优化基础要素配置、放大催化要素增力的职能。具体而言，数据是一种特殊的运转要素，通过数字化运转整合以协调整个生产要素框架内的资源配置，是要素层的绝对核心，如图 4–1 所示。

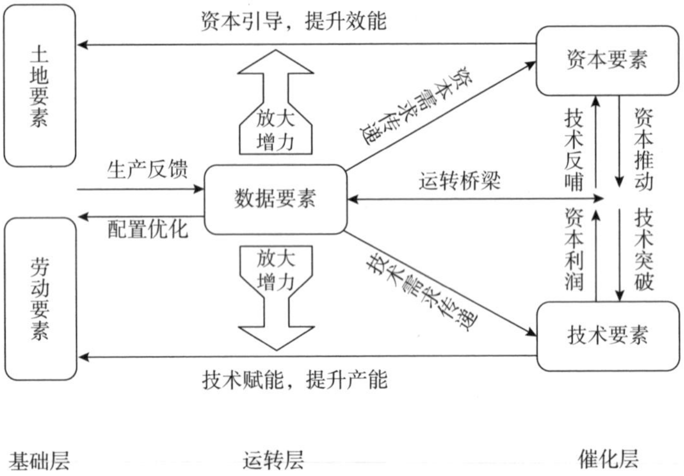

图 4-1　新生产要素结构框架示意图

资料来源：作者自绘。

（二）产业层：数据要素重构产业业态和模式

在产业层，数据要素是与实体经济各环节正常运行息息相关的重要因素，对行业间的资源调节、运转联通、配置优化都有着显著的促进作用，能为企业提供优化的生产和管理流程，实现效能与产能的提升。数据要素具有技术—经济特征，在实体经济的运行过程中，逐步完成了对产业链上下游全要素、全流程的数字化升级、跃迁和再造。这是产业层数字化转型驱动的核心力量，也是数据成为关键要素的前提，可将它分为基础特征、核心特征和关键特征三类。

首先，数据要素具备低成本和大规模可得的基础特征①，主要体现在要素原始的产出与累积过程。消费、社交、生产的各个环节都有大量、广泛且易复制的数据，虽然实现数据的搜集、处理、分析与运用需要一定程度的基础软硬件支持，但由于“规模效应”“范围经济效应”等的存在，在成熟的数字技术推动下，数据要素运作的边际成本会相应降低，也为其进一步的运转与推广提供了基础。

其次，数据要素具有运转性，是区别于其他生产要素的核心特征。数据要素和其他生产要素不同，不能直接参与生产，但数据要素能在融入的过程中调整其他资源的协调配置，使生产中的要素配置逐渐趋向帕累托最优。这实质上是一种“更优化”的过程，通过调节，让要素配置在给定条件下达到一种“无法继续变好”的状态。

此外，运转性的另一层含义在于运转流通。劳动、资本、技术等生产要素本身无法直接流通传递，而数据要素则是实现生产要素互联互通的桥梁，也是这个过程的核心。不过这里并非指传统意义上的“中心”，而是一种“去中心化”的核心。数据要素将其他要素包络联结，在不同的业务场景中同步调节资源分配，土地、劳动、资本、技术等要素在特定环节都有可能成为驱动生产的关键，这种发现并协调配置、辅

① 蔡跃洲、马文君：《数据要素对高质量发展影响与数据流动制约》，《数量经济技术经济研究》2021 年第 3 期。

助决策的过程就是运转性的核心。

再次，数据要素的关键特征包括即时性和预测性。数据要素在数字技术与信息设备的辅助下能以比特的形式实现高速的跨地域传递，具有即时性。“数据＋算力＋算法”三者环环相扣，为信息的实时处理、分析及深度运转等提供了客观条件。例如，农业生产中智能灌溉、精准防治等模式的出现，都是数据要素即时性带来的便利。预测性是数据要素独有的调节属性，具有重要的导向意义与战略价值。主要因为经过多层提炼分析后的数据能在有效决策观念的驱动下，对未来的经济生产做出富有前瞻性的披露，包括产业结构变化、生产环境冲击等机会与风险的应对和运营目标、生产策略等计划方案的调整，这也是实体经济实现长期高效发展的必备条件。

最后，数据要素的关键特征还包括负竞争性和外部性。多数情况下，给定的数据不会因使用而减少，相反，数据的质量与数量可能会因此而提升，出现“越用越好用”的现象，即负竞争性。比如，企业之间合作的研发数据共享，同步供给数据分析使用的行为不但不会导致数据可使用性的损减，数据价值反而因此提升，极大程度促进了行业的交互与联通，为良性合作循环的形成奠定了基础。同时，在实体产业运行过程中，数据要素始终服务于产业链的优化与资源适配的调整，使用者通过运用经特定匹配、分析、处理后提炼出的有效信息往往可以决定外部性的最终方向。再借助数字技术与网络平台的推动，数据要素的运转效应将呈现几何式的爆炸增长，给正外部性的发挥提供了充足的空间。

聚焦于实际生产，信息不对称问题积压已久，数据要素成为当下破局的一剂良药。数据要素介入实体产业运作的实质就是能即时地生产、处理、传输、分析，继而挖掘出一批新的、带有预知性的有效信息后作用于其他要素，这一系列过程也正是“信息不对称”难题瓦解的前奏。可以断言，工业经济时代的沉疴积弊在数字技术的冲击下会节节败退，数字经济的大环境中数据要素的兴起成为必然，新业态、新模式的重构与产业数字化将成为不可避免的时代大势。

专栏4-1 农业数字化：智慧农场探索乡村振兴①

天津市西青区位于天津市西南部，是国家级现代农业示范区和全国休闲农业与乡村旅游示范区。近年来，西青区以数据要素赋能产业数字化转型为主线，大力发展智慧农业，涉及农业的产前、产中和产后，着力打造特色鲜明、优势突出的智慧农场系统，将其作为智慧农业的“大脑”，助推乡村振兴。

（一）数据要素助力移栽准备

充分利用数据要素的基本特征，在数字技术的辅助下完成高效、精准、即时的移栽准备工作。其一，以自动取土车为设备载体，通过线下的地块信息绑定、取土车自动取土、土样二维码标记，检测中心的任务分配、土样检测，线上系统的结果反馈，形成了完备的数字化测土解决方案；其二，在插秧过程中，无人插秧机搭载了自动驾驶系统，并接入了高精度的定位基站，作业精度可达厘米级，可使插秧精度更高，插秧更平直，交接行更匀称。

（二）数据要素辅助作物生长

发展数字技术优势，放大数据要素的运转性、预测性、即时性等技术—经济特征，促进作物健康生长。其一，引进5G无人机巡田系统，在5G网络的覆盖下，只需在云平台上向无人机下发针对

① 资料参考《关于印发〈数字乡村建设指南1.0〉的通知》。

长势异常区域进行巡查的指令，即可较为直观地观察地块不同区域的长势情况；其二，通过在水稻灌溉渠道上部署智能灌水、排水阀门、水位传感器，同时结合远程监控系统，实现稻田水位监测、自动灌水、自动排水等功能；其三，利用水稻控氮技术动态监测及分析水稻冠层氮素含量，调节以地块为单位的水稻氮素含量均匀度，达到控氮、节肥、提质的目的；其四，建立病虫害预测模型，结合气象、地理、作物、物候期、病虫害性质等数据对特定区域的特定作物进行动态病虫害预测，并结合安装在田间的虫情测报仪、孢子捕捉仪对田间虫害、病害进行在线监测。

（三）数据要素调整生产方案

活用数据要素开展多维分析，逐步优化最佳生产方案选择。其一，利用高分辨率遥感卫星的数据，基于“光谱信息—植被指数—长势信息—估产模型—产量信息”的估产模式，建立水稻产量信息与遥感光谱信息的定量关系，对水稻进行时序性的动态估产与产量预估，为农业保险、农产品收储规划等提供依据。其二，发展数据共享互研模式推广，对收集的有限数据进行多方分析共讨，在深层次的数据剖析与科学比对中选择最优的生产方案。

（四）数据要素催生产业重构

深化数据要素运用，将数据贯穿产业链全段，陆续推动智慧农场全面数字化转型。

目前取得的成效有：其一，农业记录得到完善。农民可获取一整年完整的种植数据以及相关的环境数据，包括天气、遥感等数据。完整的种植数据将辅助农民在后续的种植过程中完善决策分析与种植方案。其二，农业生产效率显著提高。无人插秧机配备了测深施肥装置，插秧、施肥一次完成，使工作效率提高50%。其三，方案优化与评估的准确率上升。利用卫星和无人机遥感技术，进行产量评估，准确率可达到90%。在形成的产量地图上，综合分析农事记录、土壤测土数据、施肥数据，可对下一个种植季的种植方案进行优化，持续提升种植效益。

（三）制度层：数据要素构建现代化产业的生产关系

在制度层，数据要素深刻改变了生产方式、生活方式和社会治理方式，正潜移默化地促进社会经济制度的改变。随着互联网、云计算、人工智能等数字技术扩散，农业、工业、服务业三大产业数字化转型加速，新一轮的产业革命与制度变迁正加速推进。

建立健全数据要素制度体系，引导各类要素协同向先进生产力聚集，对加快完善社会主义市场经济体制具有重大而深远的意义。

2017年，习近平总书记在十九届中央政治局第二次集体学习时，提出要构建以数据为关键要素的数字经济。2022年，习近平总书记在《不断做强做优做大我国数字经济》中强调数据作为新型生产要素，对传统生产方式变革具有重大影响[①]。将数据作为生产要素，是一个重大的理论突破。此后，我国加快了数据要素制度建设的步伐。党的十九届四中全会《中共中央关于坚持和完善中国特色社会主义制度 推进国家治理体系和治理能力现代化若干重大问题的决定》增列“数据”作为生产要素。2022年，《关于构建数据基础制度更好发挥数据要素作用的意见》（以下简称《意见》）要求，统筹推进数据产权、流通交易、收益分

① 习近平：《不断做强做优做大我国数字经济》，求是网，2022年1月15日。

配、安全治理，加快构建数据基础制度体系。《意见》为数据要素市场化给出了关键指引，标志着我国数据要素化走向制度化建设阶段，数据要素市场化工作全面启动。

加快构建数据基础制度体系，加快数据要素制度化，促进数据高效流通使用、赋能实体经济，是构建以数据为核心要素的数字经济的制度保障。与传统经济结构下的制度体系相比，数据要素在制度层面又有何特殊之处？一方面，数据的权属结构制度具有更强的包容性，占有权、处理权和收益权等均具容纳多种所有制方式的发展与创新空间。因此，强调人格权的个人数据、强调财产权的企业数据和强调数据主权的国家数据等涵盖广泛的多元制度体系能得到充分发挥，为新生产、新消费、新服务的形成提供了支持。另一方面，数据在要素的分配使用制度上具有更高的利用率。与按劳、资、智、能等传统有限资源的分配不同，弱竞争性的存在可实现数据的重复分配[①]。多人可以同时使用一份数据进行相关的分析运作，这就大幅提高了资源的使用效率，让单位要素创造出更高的价值。此外，数据要素在宏观发展调控上具有深引导性。数据的积累能深化对未知事物的认知与理解，通过循环的搜集、分析、反馈等流程逐步汲取有效信息，借此辅助社会生产与经济决策的进行，进而引导现代化产业体系的建构与发展。

在此基础上，依托数据要素强包容性、高使用性和深引导性的制度特征，逐步促使数据要素市场、数据安全监督、数据权利保护、数据跨境传输管理、数据交易流通、数据开放共享、数据安全认证等基础制度的完善，将引领数字经济发展的全新方向。

---

① Jonesci,Tonettic,2020,“Nonrivalry and the Economics of Data”,American Economic Review,9.

二、数据要素倍增赋能机制

新时代，党中央把数据看作数字经济的关键生产要素，数据对宏观经济高质量发展的影响日渐显著。但数据要素的本质是什么？又是通过何种机制带动实体经济增长？回答这些问题，还需进一步厘清数据要素的效能与机理。

（一）数据要素实质是含有生产效应、具备创造能力的有效信息

在界定数据要素之前，我们先思考一个问题：数据与数据要素是什么关系？两者有何联系？毫无疑问，要探究数据要素的本质内涵，就必须基于二者的概念定义做出明确的辨析。

一般来说，数据直接来自事实，可以通过原始的观察或度量获得，如数字、文字、图像、符号等。数据在信息论中被定义为“可区别和感知的差异”，即能“让人感觉到不同”的内容。但数据本身并没有任何意义或价值，它只是单纯地呈现差异，无法表达差异之外的内涵。信息则是产生差异，是对客观事实的提炼与描述，最大的价值在于能减少经济活动中的不确定性。换言之，在感受差异的基础上，信息能让人理解产生了什么不同，因此信息的接收者才能对这种差异做出相应的反应和倾向。

此外，原始数据经过加工也能转化为信息，这就是我们常说的数据信息化。例如，一份数字密文，它的客观反映就是一种典型的数据。在没有密钥，且不经过任何处理的情况下，这种数据只能表示一串孤立的

字符，对接收者而言毫无意义。而经过相应的解密提炼后，从数据中获取的密文内容就成为信息，数据也借此完成了信息化的转变。

相较之下，数据要素虽是由原始数据要素化而来，但与信息又有所出入。信息包含有效部分与冗余成分，即从差异中获取的内容并不是全部有用的，数据要素作为关键的生产要素，显然不包括无效的冗杂内容。这就清晰地揭示了二者的所属关系：数据要素属于信息，但信息并非都属于数据要素。数据要素是一种有效的信息，是具备生产效应、可描述的、更小范围的、能作用于其他客体，并具创造价值的特殊信息，同时也是信息的子集。

延续上一个例子，假使破译后的密文信息由核心内容和次要内容组成，数据要素特指其中关键的部分，即最具价值的内容。换言之，数据承载信息，但并非所有数据都包含有意义的信息，要素化后的数据才具生产价值（见图 4–2）。

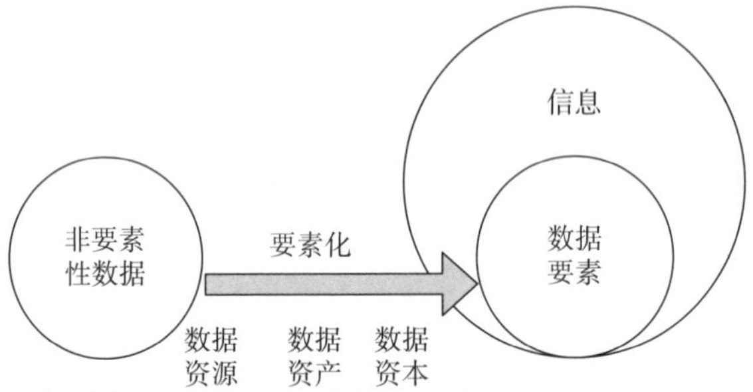

图 4-2　数据与信息的概念界定图

资料来源：作者自绘。

在数字时代，数据较传统而言拥有更为丰富的内涵，可明确地将它划分为非要素性数据与数据要素两类。前者多指原始数据，往往要经过要素化转变才能释放价值。数据要素则是特殊的有效信息集成体，但它并不特指某种形式的有效内容，而是一种更为宽泛的多元涵盖。社会生产中的数据资源、数据资产、数据资本等都属于数据范畴[①]，实质上是非要素性数据经不同层次要素化后的产物。从原始数据到数据要素，这一过程完成了从孤立个体到运转中枢的跨越，数据要素逐渐融入经济系统，一定程度上揭示了创造价值的内在机制。

（二）数据经要素化转变才能实现经济倍增效应

数据无处不在，理论上能为数字经济的发展带来源源不断的动力。然而，并非所有数据都能顺利完成要素化转变，多数情况下数据并未发挥应有价值。

未经要素化处理的数据如同一个没有灵魂的空壳，除了反映事物外在的差异以外不能带来任何表象之外的冲击，更别说将它投入经济生产之中。试问，正在辛勤耕作的你是否会在意头顶有几只飞禽掠过？它们所传递的数据对你而言只停留在非要素性阶段，你无法理解，也不想理会，更不可能思考它对你会产生何种影响。一个残酷的现实是，大量未处理的数据并不能给经济生活带来我们所期望的增长，只有经要素化转变后的数据要素才能实现经济增长的倍增赋能。数据资源虽然丰富，但数据要素并非如此，如何促进数据的要素化转变仍是当前亟须关注的问题。

原始数据相当于“死数据”，要让它“活过来”，就必须“治病”。要用正确的“处方”对症下药：首先通过一系列特殊的压缩、集聚、比对等方式处理原始数据，去除外在的形式冗余。接着细致分析、筛选、提炼剩余部分的信息集合，从中提取能有效减少不确定性差异的内容。最后结合应用场景将它们应用于经济生产之中，在具体场景中释放价值。

① 白永秀、李嘉雯、王泽润：《数据要素：特征、作用机理与高质量发展》，《电子政务》2022 年第 6 期。

事实上，“治病”即是数据要素化的过程，应用场景是其中的关键。数据源于场景，运用于场景，结合实际场景发挥引导、预测、降本等作用，最终才能赋能经济效率的增长。因此，实现数据的要素化必须以应用场景为基础，运用大数据理论、技术探寻解决问题的方案与实践。

具体还有两方面需要注意：一是要充分利用数字平台等数字化设施的“算力”基础，在储存、运算、传输的过程中初步实现数据的要素化转变。“磨刀不误砍柴工”，一些明显的缺漏、偏误内容就应该在首轮去除。二是要着重发挥数字技术的“算法”优势，通过具体化的分析、比对、反馈等操作实现数据与场景的深度融合。运用数字技术，将数据应用于场景、在场景中集聚数据要素，并进一步筛选符合实际情况的方案决策，在决策优化的过程中释放要素的倍增价值。

（三）决策优化是数据要素发挥倍增效应的核心机制

从运转性到要素化数据的演变推进，决策优化始终贯穿数据要素倍增赋能的全过程。那么，为什么数据要素能通过决策优化实现价值的倍增呢？

一方面，数据要素能深化认知，使人类对世界的感知、理解、预测、控制能力得到强化，有利于推动价值的发现与创造。这个过程相当于“变聪明了”，经济人有更好的头脑去寻找事半功倍的优化决策，自然而然就实现了数据要素的价值倍增。

另一方面，数据要素能通过促进决策优化的方式提高经济行为效率。从广义上看，不同生产要素投入方案、资源配置模式、生产技术方式的实质都是“策”，决策就是最优“策”的确定与落实，是经济行为的根本。简化的决策是一个选择，小到一日三餐，如今天吃什么，大到对重大方案的复杂思考，我们从未停止决策。每一项决策都能影响事物原本的运行轨迹，决策优化则是帮助我们在给定的条件下做出最优的选择。

运用数据要素可以完成已有方案的比对思考，或对尚未投入实践的创新组合分析探索。已知“策”的适配让经济行为趋向帕累托最优，未知“策”的创新能扩展更高水平的效率边界，决策优化即是经济效率提高的本质所在。因此，通过寻找优“策”、辅助决“策”，最后落实决策，借决策效率的优化完成价值的释放与增值，这就是数据要素发挥倍增效应的核心机制。

三、数据要素释放倍增效应的路径

数据成为关键生产要素是实现倍增的开端，数据要素化则是驱动决策优化以发挥倍增效应的前提。基于此，为深化产业的数字化转型，释放数据要素对经济高质量发展的倍增效应，就必须从微观、宏观角度深入探寻数据驱动决策以释放倍增效应的具体路径。

（一）数据要素驱动企业运行决策优化

微观层面，企业是最典型的从事生产经营活动的集合体，也是数据要素发挥倍增效应的关键载体。企业的经济活动产生数据，数据要素融入企业运行后又作用于生产，在数字时代的背景下二者的关联更加紧密。

数据首先借助算力优势参与到企业运作过程，并依此形成一个智能化的闭环，即时展开生产、处理、传输、分析等一系列可度量、可追溯、可预测、可传承的算法活动。继而凭借“数据 + 算力 + 算法”的有机结合，在信息挖掘与积累的过程中逐步降低生产活动的不确定性。最终推动企业决策的智能化与效率化，发挥倍增效应的同时驱动实体经济的数字化转型。

简言之，数据要素主要通过驱动企业运行决策的优化以实现倍增效应。这里的决策指广义决策，是一个包含决策前准备、决策中分析、决策后反馈的复合式流程，是一种综合性的链式逻辑结构。

首先是数据的要素化，从原始数据中汲取决策所需的内容，有了深化的认知才能具体到实际场景的选择。算力的提升恰好让目标数据的针对性摄取成为可能。充分发挥算力优势，大量、多样、高效地搜集、挖掘、分析、处理可得数据则是促使决策流程优化的开端。

随后，当数据要素影响到具体情景中的应用决策时，“数据 + 算法”是推动决策行为落实的关键。其中决策分析相当于对可供选择的生产函数进行比对与判断，意味着需要情景与数据要素的深度结合。以信息、网络技术为基础的智能算法本身就具有运算强、传输快、全时工作、决策一致性高、失误率低等特点[①]。在数据要素的驱动下，利用不断优化的算法持续挖掘数据，能逐步形成一种针对应用场景的靶向选择方案，大幅提高决策的可实施性与合理性。一个简单的运用就是“网络搜索”，这种低门槛的初步筛选也能对决策的优化起显著作用。

此外，决策后结果的反馈是实现价值增值的必要手段。具体来说，决策执行伴随着新数据的产生与积累，算力算法在新一轮的决策中将再次推动数据的要素化与价值化。当决策满足预期时，决策反馈

① 于霄：《算法辅助决策中意思自治的重构》，《东方法学》2022 年第 3 期。

为正，表明该“策”执行成功的案例与数据增加，该场景下决策效率将直接优化。反之，执行失败的案例与数据得到补充，将促进新的决策诉求产生。在现有“策”的选择无法满足实际情况所需时，负反馈会进一步催生新生产函数（“策”）的设计，激发创新欲求以拓宽决策的可选择性，在循环往复中螺旋式上升，最终通过决策的优化实现倍增赋能。

总之，从数据要素到决策分析，再从决策落实到决策反馈，数据要素的存在推动了企业运行流程的作业、管理、战略等各方面的决策优化。企业运行的经济效率也因此提升到新的高度，这就是微观层面数据要素发挥倍增效应的运作机理。

（二）数据要素提高要素配置效率

微观层面“数据＋算力＋算法”能有效提升决策的精度与效度，实现企业的高效运转，但仍无法回答实体产业宏观的资源利用问题。数据要素在宏观层面是如何实现倍增赋能的呢？

经济学家们把宏观经济增长的主要途径归纳为生产要素优化与生产率的提升。索洛在这个基础上把技术、资本与劳动看作影响宏观经济增长的主要生产要素，为此构建了一个经典模型[①]：

$$Y = A\mathrm{F}(K,L) \tag{4-1}$$

受时代所限，他并没有将数据要素考虑在内，而在如今的数字时代，数据作为关键的生产要素在经济增长中具有难以替代的价值，理应将数据要素纳入经济增长模型中综合考虑。那么该以何种形式引入数据

① 在模型（4-1）中，一般情况下 A 指技术要素、K 指资本要素、L 指劳动要素，F( ) 是涉及括号内生产要素的一种生产函数，Y 是经济产出。

要素呢？直接将数据与 K、L 一同置于函数 F 内？或是与索洛引入技术要素的方法一致，将它与 A 置于函数 F 外倍乘？都不妥当，别忘了数据要素的特征内涵！数据要素的核心在于协调和运转，而不是简单的量化投入。考虑到数据要素在生产中常与其他要素结合，它所创造的价值应该是“因生产要素而异”的。数据要素作用于其他生产要素的效应强度决定了它的价值，这其实就是倍增效应的体现。

由此我们可以将新的经济增长模型设置为如下形式：

$$Y' = [A^{\partial}\mathrm{F}(K^{\beta}, L^{\chi})]^{\delta} \tag{4-2}$$

该模型没有把数据要素量化投入，而选择用 ∂、β、χ、δ 各参数的组合表示数据在经济系统中的真实效果。不难发现，索洛模型在形式上是新生产函数的特殊形式，当 $\partial=\beta=\chi=\delta=1$ 时，两者完全相等，此时经济模型中的数据要素无实质效果（或指忽略经济系统中的数据要素）；反之，不同的参数组合反映了不同量数据要素投入经济系统后所产生的真实影响差异。

在这个模型中，∂、β、χ、δ 的值受数据要素的质量与数量影响，∂、β、χ 的变化能直接影响到 A、K、L 的投入。当值大于 1 时，反映了数据要素对单一要素的倍增效应，或者说是生产要素的优化程度，也可以称之为单维倍增效应。当值小于 1 时，表明因数据要素的匮乏而产生了一定的负面效果，比如，数字鸿沟、信息壁垒等问题。而 δ 则是数据要素对多种生产要素的整体作用，可表示通过优化生产要素整体的配置决策以促进全要素生产率提升的程度，即多维倍增效应。

换个角度来看，数据要素对其他各要素的倍增效果相当于影响了原要素的初始投入，这意味着伴随 ∂、β、χ、δ 的变化，生产要素的配置也相应地发生了改变。数据要素通过提高要素配置效率以发挥倍增效应的逻辑显而易见。数据融入资本、劳动、技术等生产要素后，凭借算力平台与算法技术的辅助可以促进资源配置趋向新的优化选择。再者，通过改变要素比例或技术配置的方式能使相同投入下的产能与效能水平提高。继而在生产率提升的同时完成生产力侧的跃迁，最终实现生产要素在整个生产周期中创造的价值增值。这就是宏观层面倍增效应的深层逻辑。

事实上，包含各种生产要素的经济模型本就是一种“策”，要素配置就是一种特殊形式的决策优化。数据要素在微观层面、宏观层面发挥倍增效应皆通过优化决策得以实现，企业运行决策优化保证了实体产业的持续增长，要素配置决策优化则推动了宏观经济的稳固增长。总之，数据要素贯穿链式决策的全流程，在促进决策改进的同时能使资源得到充分利用，逐步实现要素价值由“最优化”向“更优化”的跃迁，数据要素已经成为社会经济高质量发展的重要支柱。

（三）数据生产力是国家竞争力

时代的潮流滚滚向前，生产力的变革永不停歇。人类发展至今历经了数次划时代的生产力革命，我们的社会从“刀耕火种”发展到“铁犁牛耕”，再从“钢铁机械”到“人工智能”。多少风雨都在历史的长河中被掩盖，留下的都是契合时代发展的瑰宝与精华。

在数据要素的冲击下，生产力的三要素，即劳动者、劳动资料和劳动对象都将面临巨大的改变。

一是劳动者的转型，旧时代的普通机械劳动被淘汰，能活用数据要素的数字劳动力将成为时代的主流。在农业社会，人类通过繁重的体力劳动对土地资源进行有限开发以解决温饱和生存问题。进入工业社会，机器的出现把劳动者从繁重的体力劳动中解放出来。而数字社会，数据要素的融入运转将取缔以往重复性、机械性的脑力劳动，让人们在更少的时间内得以创造出更大的价值，实现经济生产的倍增赋能。

二是劳动资料的智能化普及，数字技术作为新生劳动工具颠覆传统生产方式，成为社会形态的重要标志。马克思曾指出“各种经济时代的区别，不在于生产什么，而在于怎样生产，用什么劳动资料生产”。围绕数据要素的运转性、即时性、预测性等以技术—经济特征为核心的智能技术以无可比拟的优势成为最具竞争力的典型工具，将掀起智能生产的变革热潮。

三是劳动对象的多元化延展，劳动对象与劳动工具（资料）的界限模糊化，二者的有机结合让数据生产的研发与创新能力进一步扩充，为激发人类智力与创造力的新一轮跃迁提供了全新路径。

回溯过往社会的发展演变，不同的社会形态往往对应着不同的生产力水平以及与之相适应的生产要素，旧生产力因竞争力的不足逐渐退出时代舞台，生产要素的转换成为社会更迭的重要标志。随着数字经济的发展，数据在生产要素中的重要地位愈发显著，数据生产力以更强有力的优势走向了数字时代的舞台中心，逐渐成为经济发展最强劲的竞争力。如今，掌握数据就是拥抱时代。把握数据生产力，强化数字竞争力也成为迎接现代化新征程、实现实体经济高质量发展的必由之路。

以上从要素层、产业层、制度层阐明了数据要素对重塑产业业态、构建现代化产业生产关系的作用，剖析了数据要素对决策优化的作用机制。释放数据要素价值离不开创新主体——企业的实践，数据与企业生产、运营各环节充分打通，数字化的叠加、倍增效用才会得到充分发挥。

执笔人：欧阳日辉　刘昱宏

第五章

高质量实体经济的创新主体

经济发展的根本是市场主体的创新与活力。中小微企业占据了我国企业数量的九成以上，其创新与活力对经济高质量发展具有基础性作用。党的二十大报告指出，要“支持中小微企业发展”“营造有利于科技型中小微企业成长的良好环境”。在数字化浪潮中，中小微企业通过数字化转型，将使其创新实力和活力大幅度提升。国际上的数据表明，已经使用或加速采用数字工具的中小微企业有能力更有效地应对新冠疫情带来的冲击。总体来看，数字科技平台作为新型基础设施通过提供低成本的数字化工具、聚合需求，推动在线研发、实现供需融合等机制，为提升市场主体的创新实力和活力提供了非常大的支撑和助力。

一、数字赋能提升中小微企业竞争力

通过构建创新平台，中小微企业可以减少信息不对称、增强客户与供应商基础，并拓展市场、外包物流，从而降低运营成本，获得商业智能服务，产生规模经济（利用网络效应）和范围经济，提升其生产率。平台创造了中小微企业与大企业竞争的环境，这有利于企业核心竞争力的提升。在理论逻辑上，平台推动企业尤其是中小微企业核心竞争力的提升，可以从下面 5 个维度来解释。

（一）聚合与颠覆创新理论

现有的研究一般将数字科技实体企业打造的创新平台分为两类[①]，一类是聚合平台，另一类是颠覆平台。聚合平台通过聚合现有需求与供给，从而提高交易的匹配效率，如天猫、淘宝等。这些平台不但能够降低交易成本，而且能够利用评价、评级等系统，引导更多的资源向优质供应商集聚，有利于社会整体生产力和企业创新能力的提升。实证研究表明，这种聚合平台通过推动企业数字化转型，从而提升企业的生产率。颠覆平台是通过平台聚合新的供应商，形成新的供应体制，如打车平台优步、民宿平台爱彼迎，这些平台具有全新的商业模式，给原有的市场供应体系带来了颠覆，对现有的供应商的生产率提升并不明显，但是，可能会影响现有供应商的价格、就业和工资（Bailin Rivares，A. et al.，2019）。例如，研究发现，优步进入美国新城市会使该城市当地出租车的收入平均减少约10%[②]。

根据聚合创新理论，这些平台能够在更大范围内匹配供给和需求，从而提高中小微企业的产能利用率，这对生产率的提升具有重要意义。聚合平台通过各种数字化手段，提高了交易效率和服务质量，这些可能并没有体现在生产率数据之中[③]。例如，网络购物为消费者节省了购物成本，如时间成本、搜寻成本、交通成本等，而这些并没有完全体现在现有的生产率统计数据中。

对中小微企业而言，聚合创新也降低了其进入全国乃至全球市场

---

① Sorbe,et al.,2019, “An Introduction to Online Platforms and Their Role in the Digital Transformation” ,OECD Publishing,Paris.

② Frey C B,Chen C,Berger T.,2018, “Industrial Revolutions Are Political Wrecking Balls” .

③ Klein,T.,C. Lambertz and K. Stahl,2016, “Market Transparency,Adverse Selection,and Moral Hazard” , Journal of Political Economy,Vol. 124/6.

的门槛。例如，对一家新开的餐厅而言，利用平台可以使其更快地被潜在消费者发现；一个新的品牌，也可以通过平台将商品销售到全国或者全球。而平台独有的评价评级系统，可以使中小微企业快速积累信用资本，增加交易的可信任度。平台上的第三方支付系统和买家保护计划，可以增加消费者的信心，从而使新供应商能够快速融入市场之中。

与其他数字化改造相比，使用平台在技能方面的要求较低，许多较大的平台提供专门针对中小微企业的免费在线课程和教程，使中小微企业能够以较低的门槛参与数字化转型过程中。当然，为了充分发挥平台的作用，使平台更好地服务于中小微企业数字化转型，中小微企业还是需要学习基本的数字化技能，并对其组织架构进行适应性改造（OECD，2021）。

因此，从整体上看，聚合平台作为需求和供给的聚合者，对中小微企业数字化转型发挥了巨大的作用。正是数字科技实体企业的这些优势，吸引了越来越多的中小微企业利用聚合创新推动转型。

（二）数据化理论

在数字化浪潮下，中小微企业保持创新实力和活力的重要前提是拥有数据。数据化使数字技术能够融入从产品设计、生产制造到营销、售后服务的整个过程，给整个实体经济体系带来了革命性影响。例如，中小微企业可以通过数字化平台，与知名设计机构、设计师协同，采用“大设计、小试验”的研发模式替代传统的试错研发，促进产业快速升级，丰富产品品类。通过创新模式的平台化、共享化，使用户实现个性化定制，生产者实现柔性化生产、按需生产，提高了企业的灵活性和快速响应能力，从而获得高水平的产品设计。数字技术也能够推动企业将内部的行政、会计、财务等职能部门外包，对企业的组织方式产生巨大的影响。

数据化能够超越物理世界的局限。利用数字技术，通过对物理过程的模拟，能够对制造过程进行更多维度的探索，从而使工厂、车间和生产线找到最优的智能转型升级路线和方案，而不会对物理世界的资源造成浪费。数据使用还具有一定范围的规模经济的特点，通过网络化的产业生态，能够汇聚更多同行业的数据、上下游产业链的数据、海量用户的数据等，将这些数据与单一企业的数据相匹配，从中获得洞察①，为中小微企业发展提供更多支持。

数据能够在网络空间内无障碍流动，其点对点运输成本极低，甚至接近于零成本。从本质上看，数据传输与空间距离或物理地理、国家边界或其他自然障碍无关，它是反空间的，或者说是无重力的。这决定了数据的转移与物质资本的转移有着本质的区别。而且，数据在格式统一等方面，较物理产品更为容易。数据的这些性质，能够有效地降低中小微企业融入产业链的成本，从而使中小微企业与产业链供应链能够实现快速耦合。②

（三）网络效应

网络效应在本质上是一种“正反馈效应”，随着网络变得更大，所提供的服务也会得到加强。而随着公司发展规模的扩大，其价值主张更具吸引力，进而带动更多的用户接受并认可它。根据 NFX（2020）

① Atluri,V.,Dietz,M.,Henke,N.,2017,“Competing in a world of sectors without borders”.

② 以上部分内容来自本章执笔人李勇坚：《中小企业数字化转型：理论逻辑、现实困境和国际经验》，《人民论坛·学术前沿》2022 年第 18 期。

的研究，自1994年互联网大规模应用以来，科技公司价值的70%来源于网络效应。很多平台都是双边市场，一个重要特征是在平台上，从彼此获得价值或收入的客户之间的效应具有相互依赖性[①]。平台还能够将中小微企业与其他互补体联系起来，从而提高中小微企业的创新速度[②]。

对中小微企业而言，在平台上运营最直接的网络效应是能够通过平台连接到超出其当前物理和地理范围的更多客户（积极的间接网络效应）。然而，正如OECD（2021）所指出的，在平台上进行销售的大量中小微企业的存在所带来的直接网络效应可能是正面的，也可能是负面的。平台上的经营者越多，就越可以吸引更多的潜在客户（因为经营者增加了消费者的积极间接网络效应，使他们可以在平台上获得更广泛和更多样化的产品），从而增加中小微企业的积极间接网络效应，并开始良性循环。另外，平台上更多中小微企业的存在也增强了与其他中小微企业的竞争水平，这可能会降低利润率并最终使平台对经营者缺乏吸引力。

总之，在网络效应的支持下，平台能够作为触及全球的在线市场、作为评价和评级系统的中心，提供购买、退换货、交货时间和物流等服务，这大大增加了消费者的信任，使中小微企业更有可能通过平台而不是通过自己的应用程序或网站进行销售[③]。

---

① Hovenkamp,H.,2019,“Platforms and The Rule of Reason: The American Express Case”,Columbia Business Law Review,35,35–92.

② Wu,A.,Song,D.,Liu,Y.,2022,“Platform Synergy and Innovation Speed of SMEs: The Roles of Organizational Design and Regional Environment”,Journal of Business Research,Volume 149,Pages 38-53.

③ OECD/WTO，2017,“Aid for Trade at a Glance 2017: Promoting Trade,Inclusiveness and Connectivity for Sustainable Development”,World Trade Organization,Geneva/OECD Publishing,Paris.

（四）技术互补性

中小微企业创新实力的提升和活力的保持是一个系统工程，涉及多种技术的采用。这些技术具有一定的互补性，能够相互促进，并提高生产率。例如，数据收集需要使用网络技术、人工智能技术、物联网技术，而数据处理则需要大数据、云计算、人工智能等方面的技术。技术的广泛渗透应用存在一个阈值。实体科技平台在提供互补性技术、突破应用阈值等方面具有较大的优势。Costa H 等（2020）认为，在原有的信息化方案框架下，企业数字化需要大量的互补性资源投入，如数字化的基础设备、熟悉数字化的员工等，这些成本很高，导致在很多中小微企业都无法实现。这使数字化转型本身面临着巨大的风险。

实体科技平台能够汇聚各类服务商，为中小微企业数字化提供不同的技术，使中小微企业能够有序地推动数字化。平台上具有大量相同的用户，这些用户在数字化技术应用过程中的经验和教训，能够减少后采用者的成本。Wu, A., Song, D., Liu,Y（2022）则指出，平台能够协同其他互补体的信息与知识，从而形成两种平台协同效应（即与平台所有者的协同效应，以及与其他互补体的协同效应），加快中小微企业创新的速度。

（五）创新生态理论

市场主体的创新活动需要一个生态系统。平台在发展过程中，已形成了将众多主体联结起来的平台创新生态系统[1]。平台生态系统是由

① Jacobides,M. G.,Lianos,I.,2021,“Ecosystems and competition law in theory and practice”. Industrial and Corporate Change.

一个平台及其利益相关者（用户、互补品开发商、供应商）组成的类似于生物界生态系统的经济体系，平台生态系统内所有主体都有一定程度的相互依赖关系，并能够提供互补资源[①]。从类型上看，大型实体科技公司和其他公司使用两种不同类型的平台：多产品生态系统，它结合了许多不同的产品和服务以提供（新颖的）解决方案；多参与者生态系统，这是一种新的组织方式。在多产品生态系统情形下，实体科技平台企业可以开发更多的产品，以适应消费者的需求，从而在新的相关市场建立优势。在多参与者生态系统情况下，平台更多是组织者的角色，平台以及生态系统的众多企业形成一种新的组织形式，构建整体竞争优势。中小微企业在全面融入平台后，将要为适应生态系统进行非通用互补投资，平台的生态系统将为其发展提供源源不断的资源，包括硬件、设备、软件、应用程序、网站和各种互补服务。

实体科技平台创新生态系统的发展，使中小微企业能够通过平台为用户提供服务，而用户能够通过平台获得多样化的服务，通过单一访问网关享受各种产品和服务的端到端体验。生态系统还包括提供数字访问的多行业解决方案的不同参与者。中小微企业在生态系统内能获取数字化的资源，而平台建立的生态系统是一种新的结构，其结构模式并非集中控制，而是通过相关系统主体之间的交互实现平台生态系统价值最大化。因此，平台生态系统内汇聚的相关实体越多，对中小微企业数字化越有利。

---

① Rietveld,J.,Schilling,M. A.,2021,“Platform Competition: A Systematic and Interdisciplinary Review of the Literature”. Journal of Management,47(6),1528–1563.

二、中小微企业转型的机制和路径

企业是科技创新的主体，科技型平台企业通过海量的需求聚合、提供普惠技术服务和工具推动中小微企业数字化能力建设。

（一）广泛触达扩大市场需求边界

企业科技创新要建立在市场需求基础上。中小微企业作为创新主体，不但要投入力量进行研发，融入创新生态之中，更重要的是要有相应的新产品、新服务的营销能力。中小微企业缺乏大企业的营销能力，在广告、营销、分销体系等方面投入的资源较少，无法建立起一个遍布全国乃至全球的物理营销网络，这使得中小微企业无法获得规模经济的效益，在推动创新成果快速变现方面需要进一步强化。数字平台企业利用数字化手段，使中小微企业能够开展电子商务和跨境电子商务，有效地接触其潜在客户，从而提高营销效率。以阿里巴巴为例，平台拥有高质量消费群体，以及满足客户不同需求的多元化业务。截至 2022 年 3 月底，阿里巴巴全球活跃消费者约 13.1 亿，中国市场消费者突破 10 亿，同比新增 1.13 亿，新增用户来自低线城市占比超过 70%，高于上年同期。截至 2022 年 6 月底，过去一年超过 1.23 亿消费者在淘宝、天猫年度消费额超过 1 万元，跨年活跃率约 98%。这意味着很多中小微企业可以通过在平台上经营，直接面对数以十亿计的消费者或者用户，而相关的投入并不会同比例增加。平台使得中小微企业像大企业一样，直接面对全球不同地区、不同偏好的消费者，这为中小微企业快速拓展市场带来了极大的机遇，使中小微企业的创新成果能够快速进入需求市场。

从理论上讲，企业可以通过建立自己的网站、应用程序或者利用平台来在线销售其产品或服务，对于许多决定建立自己的电子商务网站、应用程序的中小微企业来说，成本可能很高，因为它们不一定拥有具备必要技能的员工，且缺乏对自己的网站、应用程序进行推广的能力。因此，电子商务是实体科技平台为中小微企业数字化提供的核心及基础功能。在欧盟 28 国中，进行在线销售的小企业的比例（35%）比中型（29%）和大公司（23%）更高。这是因为很多平台具有聚合需求的功能，使中小微企业在付出更少营销成本的基础上，能够接触到更为广泛的用户。

从发展趋势来看，数字技术的飞速发展让很多线下购物搬到了线上。随着直播电商、用户直连制造（C2M）、直接面向消费者营销（DTC）、社区营销、线上线下融合（O2O）、到家服务、共享经济等新模式的不断成长，人工智能、大数据、移动互联网等技术提高了线下购物的体验感、娱乐性，与线上购物之间不断融合，线下线上的边界也日益模糊。这些使中小微企业一方面能够更快地响应消费者的新需求，大力发展新兴领域；另一方面能够利用数字技术促进传统产业转型升级，保持较快的增长速度。

从平台的角度，看到了中小微企业对电子商务的需求，建立了帮助这些中小微企业从事电子商务的服务体系，从而降低了中小微企业从事电子商务的门槛。例如，阿里巴巴在卖家比较集中的一些特色产业带，设立了天猫淘宝商家运营中心，提供贴身一站式服务。截至 2022 年，全国已有 22 座城市设有天猫淘宝商家运营中心，助力中小微企业数字化转型，包括进行电商化营销、全面融入阿里巴巴生态、组织线上线下联动的营销模式。

平台能够为中小微企业跨国家和地区进行贸易提供空间，并提供广泛的补充服务（例如物流、数据分析、客户服务）。据估计，2017年约有30万家在美国亚马逊注册的中小微企业出口产品到其他国家（OECD，2019）。因为平台降低了运输和跨国运营相关的成本，提高了许多中小微企业所提供的服务的可贸易性，并降低了中小微企业融入全球价值链带来的一些隐性成本（额外的管理、物流和运营成本）。从整体上看，平台上的中小微企业从事跨国业务仍有较大的潜力，OECD（2021）的数据表明，在欧盟平均有20%以上的小企业从事电子商务业务，基本都会做国内业务（很少有企业只做跨国业务），不到8%的企业在其他欧盟国家销售，而在欧盟以外销售的只有4%。

平台企业还能够提供翻译等服务，为中小微企业从事跨境贸易扫清语言障碍。例如，Brynjolfsson、Hui & Liu（2019）发现，平台提供人工智能机器翻译，使得平台上的国际贸易（包括个人和公司的用户）增加了10.9%。在国内，2012年阿里巴巴国际站（ICBU）就上线了“商品信息机器翻译”，帮助买家与卖家跨越语言鸿沟，为卖家获取更多商机。

（二）供需打通推动中小微企业高效转型

中小微企业在数字技术的加持下，能够更好地响应需求，将新技术应用到生产过程中，这背后是产业互联网与消费互联网深度融合发展的结果。数字技术全面渗透各个中小微企业，推动企业对生产设备和工艺流程进行数字化、网络化、智能化改造。具有产业互联网元素的企业将进行更深度的转型，采取更加智能化的生产方式，这既能减少生产对人工的依赖，又能提高生产的柔性化程度，将更多的新产品、新技术、新工艺快速应用到企业中，可以更快速地适应需求变化、更低成本地调整产能。在平台的推动下，消费互联网与产业互联网之间相互促进、相互渗透的正反馈循环正在形成。

产业互联网是从1.0的资讯及信息撮合到2.0的电商交易及运营，再到3.0的打通闭环供应链（金融、物流、仓储），提升行业效率及黏性服务，终将迎来4.0以信息数据中心为基础的（产业数字化、供应链数字化）行业整合及高效应匹配阶段[①]。平台是推动消费互联网与产业互联网融合的重要力量，可以利用其技术能力、数据沉淀、连接能力、汇聚能力等优势，推动数字技术应用从侧重消费环节转向更加侧重生产环节以及生产消费的整合环节。在需求端，利用大数据等前沿技术，深度挖掘消费者需求，满足个性化定制需求；在供给端，构筑产业服务生态圈，通过共享为企业发展赋能，形成多元主体共生生态系统，实现数字技术与生产制造交叉融合，提升全产业链智能化、敏捷化水平，以更富弹性的生产系统满足消费者多样化需求，实现供需动态平衡，为产业互联网的进一步应用和融合创造了条件。例如，江苏省南通市人民政府联手天猫启动家纺产业带数字化转型之路，从打造品牌入手，为产业带商家（包括上游生产商、设计工作室）提供数字化服务，推动家纺产业带全链路数字化，激发新供给，为产业带创造新的价值。

（三）线上线下融合推动中小微企业全面协同

基于E集群（E-Cluster）[②]等新产业集群理论，诸如淘宝等线上平台利用其完善的线上产业生态与创新能力，与线下集群深度融合、相互促进，推动产业集群实现由线下基于物理空间的集聚，全面转变为基于

---

① 产业互联网研究中心：《2021产业互联网白皮书》，2021年9月。

② Davidovi,S.,2013, “Systemic Erythropoietin and its Role in Diabetic Retinopathy” ,Investigative Ophthamology& Visual Science,54(15) : 35-67.

线下产业链、联动线上产业生态的线上线下融合式集聚形态。这种基于数字化的集聚，对传统的产业集聚理论也是一种深化，对提升中小微企业作为创新主体的活力具有重要意义和价值。

数字化集聚构建了基于互联网的新生产关系和异地协同制造新模式，数字化产业集群内的生产方式、组织形态、商业模式持续创新，供应链、产业链、价值链不断深度重组，技术创新实力不断壮大，企业活力得以提升。这种以数字化为基础的集聚模式中，实体科技平台的地位和作用正在发生着巨大的变革。因为数字化的集聚要求集聚范围内的企业有更高效的协同，形成基于数字技术的产业生态。随着互联网、大数据、人工智能等前沿技术的应用，产业链向上游延伸到技术研发、生产制造环节，向下游拓展到销售流通环节，实现采购、生产、销售、流通贯通的一体化供应链模式，显著提升了上下游全产业链的协同创新能力，形成更为智慧和敏捷的产业生态，企业作为创新主体的活力进一步迸发。

例如，南康家具产业带深度整合原有工厂、物流、电商服务商，与阿里巴巴进行战略合作推动产地大店建设，实现一站式线上销售。从2016年到2020年，南康家具产业带产值实现从1000亿元到2000亿元的突破①。

（四）新技术加持的供应链帮助中小微企业降本增效

新技术的应用，需要高效智慧的供应链作为后盾。客户关系管理（CRM）和供应链管理（SCM）软件有助于增强前台集成和供应链运营，从而使企业能够将新技术加快应用到实践中。CRM和SCM软件用于管理公司与其客户、潜在客户、员工和供应商的互动，对提高企业的运营

① 数据来自中国江西网及《江南都市报》。

效率与市场开拓具有重要意义。然而，现有的主流供应链管理软件功能复杂、费用高昂、使用门槛较高，在中小微企业中难以普及应用。对中小微企业而言，使用上手容易、价格低廉的供应链管理解决方案，对强化其创新主体地位具有重要意义。

平台通过其自身的技术优势，能够建立起更适合中小微企业的柔性供应链管理模式，以网络聚集带动广大中小微企业供应链优化，以超高性价比提供品质产品和最佳消费体验，从而以数字化智慧化供应链为中小微企业降本增效，使中小微企业的创新能力得到提升。

例如，为满足中小微企业对供应链管理的需求，菜鸟物流对供应链数字化进行了优化。菜鸟新一代数字供应链管理系统在传统仓储管理系统（WMS）管理职能的基础上强化了 WMS 运营能力，形成订单管理系统（WOMS），并重点建设了运输管理系统（TMS）在运输链路上的管控能力，形成 TMCS。同时该系统还将传统的订单管理系统（OMS）与费用管理系统（BMS）融合，并对其运营管理能力进行升级，最终形成有菜鸟特色的数字供应链产品。菜鸟数字供应链控制塔则具备全景可视、异常告警、智能诊断、辅助决策、业务协同五大核心能力，覆盖了计划、采购、生产、仓储、物流全链路等 15 个供应链场景，帮助供应链运营和优化团队实现智能化运营、精益管理和落地，从而提高供应链运营效率。数字化系统提升线下物流的整合能力，使菜鸟供应链织就了两张“大网”：仓配网络与城配网络。前者主要提供 B2C 服务，后者主要提供 B2B 服务。

通过这些新型基础设施，菜鸟物流能够实现产业带工厂和中小卖家物流供应链全托管，把商品从工厂直送消费者，助力各行业客户平均销售额增长 5%~30%，缺货率降至 5%~10%，周转率提升 20%~60%。以这些供应链管理系统为底座，菜鸟物流在全国各地的数字化产业带建立了 C2M 原产地仓。截至 2021 年底，菜鸟物流在 30 个产业带建设了 70 多个菜鸟原产地仓，为工厂提供物流全托管服务。通过包裹预包、延长揽收等，保证物流高峰期发货时效，80% 的订单 48 小时内签收。原产地仓可实现一仓发全国，物流成本下降 15% 左右。为推动中小微企业数字化系统与供应链产业链内其他企业无缝对接，菜鸟推出“菜鸟桥”，提供标准接口，对接市场上主流企业资源计划（ERP），为商家一站式打通线上线下平台繁杂的管理需求，提供广泛的物流场景解决方案。“菜鸟桥”打通了不同的电商平台和线下门店，一边连接企业 ERP 系统，一边连接各个物流体系，使中小微企业能够全方位融入数字化供应链产业链中。

钉钉为各类 SaaS 平台提供数字化底层支撑，钉钉低代码开发平台把常用功能控件进行组件化封装，业务人员使用可视化操作界面，通过简单的拖、拉、拽即可快速创建、迭代和发布应用程序，完成大部分基础开发。这样，中小微企业在上游供应链管理方面可以利用低代码自主开发 SaaS。这些数字化工具，能够适合中小微企业灵活多变的供应链场景，不但能够更好地解决中小微企业供应链管理中的痛点，而且具有操作简单、成本低、场景应用灵活等优势，十分适合中小微企业供应链数字化转型应用。

（五）中小微企业技术的获取和应用

中小微企业成为创新主体不是单纯地靠引入某一种技术或者工艺，而是需要将一系列战略性技术和互补性技术进行封装，使新技术的效能更好地发挥出来。平台助力中小微企业将过去以渠道运营和流量运营为核心的方法论，进化成以用户和品牌经营为核心的经营模式。这种转型需要有大量的战略性技术和互补性技术，如人工智能、物联网、大数据、云计算等，而中小微企业很难拥有这些技术，甚至无法从可靠的来源获得这些技术。即使有一些技术供给方有这些技术，也可能因为缺乏应用的场景，无法对技术进行迭代，从而打造出更适应中小微企业的互补性技术。在平台经济背景下，一方面中小微企业能够通过实体科技平台与供给方进行互动，从而加快互补性技术的引入和应用；另一方面，对于互补性技术供给方，通过平台接触到更多的中小微企业，能够将其技术推广到更大的范围，从而实现技术的快速变现。

平台可汇聚相关技术和数据，使这些技术在中小微企业创新过程中匹配合适的应用场景，中小微企业能够根据明确的应用场景需求选择相应的技术。例如，利用相关数字技术与相关互补性技术，在空间维度上，用更细的维度去开展市场场景与序列化的触达，更好更精准地做好品类市场的定位；在时间维度上，平台利用其沉淀的消费者运营模型，可以围绕消费者生命周期与需求周期，与企业合作开展以消费者为中心的产品创新。例如，依托标准化的数据可视化分析平台 Quick BI，企业得以更快速地实时处理海量业务数据，通过使用包括交叉表、指标看板、饼状图等在内的 40 多种数据可视化组件，即便是一线业务运营人员也能够轻松用数、看数，并利用数据进行技术、管理、营销等方面的创新。

三、政策引导推动中小微企业转型

（一）需求与供给政策相结合突破最小临界规模

从现实来看，虽然平台能够提供大量的基础资源，包括相应的技术解决方案，但平台的核心功能是聚合与连接，平台聚合了大量与创新相关的资源。对平台而言，需要在其上聚合大量的中小微企业作为需求方，才能使这些平台的资源更好地发挥作用，从而提升中小微企业的创新能力与活力。对中小微企业而言，其在行业、规模与发展方面的差异，转型的需求是多样化的，创新能力提升需要有更精准的数字化转型方案。因此，平台要通过聚合大量的供给方，为中小微企业提供更有针对性的解决方案，从而提高创新和转型的效率。站在平台的角度，为了使供需能够更好地匹配，从而为中小微企业提供更为丰富与精准的转型解决方案，为中小微企业创新提供更加精准和丰富的资源。平台上的需求方（中小微企业）与供给方（各类资源提供商）要达到一定的临界规模，其匹配效率与精准程度才会有质的突破。

为了使平台突破最小临界规模，需要在需求政策和供给政策方面同时发力。一方面，要对中小微企业的科技创新、数字化转型给予必要的资金、培训等方面的支持，满足中小微企业实施转型升级的需求；另一方面，对提供相关服务的供给者，也要给予一定的政策扶持。在技术、人才、资金等方面给予扶助，扩大供给者队伍的规模，从而使供需双方突破最小临界规模，进入良性增长的正反馈循环。

（二）“政府引导＋市场主导”推动中小微企业转型

中小微企业转型过程中，汇聚多种资源、能够提供各类解决方案的实体科技平台将发挥较大的作用。因此，政府在制定政策时，需要优先考虑与科技实体企业的合作机制，从而将平台在中小微企业数字化转型，进而推动创新能力提升过程中的作用更好地发挥出来。鼓励平台企业深入行业、企业实践，依据各行业数字原生程度高低差异、创新能力和水平高低差异，针对不同行业、不同规模、不同工艺的企业，提供更富有针对性的解决方案。鼓励开发者找准中小微企业的痛点，积极面向中小微企业的需求，开发生产流程数据化、订单在线管理、生产能力共享、设计能力服务化等解决中小微企业行业共性问题的轻量级应用，实现从“大建设大投入”到“小应用大推广”的转型。在这个方面，政府部门要通过标准制定、数据采集、数据开放、数据共享等措施，为数字科技实体企业技术创新提供支持。同时，还要组织企业、行业协会、科研院所通过试点示范、经验交流、理论研究、学术研讨等方式，对行业内转型成功企业的经验进行总结和分享交流，提高中小微企业对创新升级的认识和积极性。

在国外，为推动中小微企业转型和创新能力提升，很多国家的政府部门也开始与平台企业进行深度合作（OECD，2021）。法国政府呼吁在线平台供应商免费或以优惠价格为法国小企业提供服务。政府列出了一部分提供解决方案的平台，以帮助中小微企业开发商业网站、浏览电子商务网站、使用支付解决方案、建立通信平台以及提供物流和交付解决方案。2018 年，法国政府推出了一个支持中小微企业数字化的公共在线平台——FranceNum，将愿意进行数字化转型的中小微企业与全国的专业顾问（公共和私人）通过网络联系起来。韩国中小微企业和初创企业部与乐天、亚马逊和淘宝等在线平台合作，推动电子商务和数字营销“Brank K”计划，以帮助中小微企业进入全球价值链。[①]

（三）建立人力资源与算力相关要素支持政策体系

企业作为创新主体，需要相应的人力资源、资金等关键要素，也需要算法算力等基础要素。对人力资源而言，中小微企业创新对人力资源的需求，并非一般认知上的 IT 专家，而是能够更好地利用平台能力和平台资源的人员。OECD（2021）的研究表明，对中小微企业数字化转型而言，培训的重点要放在数字化认知、平台使用等方面，其培训对象也要放在非信息与通信技术（ICT）专业工作人员身上。实证数据表明，一个国家提供内部 ICT 培训的中小微企业的比例越高，使用社交媒体的比例就越高，有证据表明这种趋势对小公司的影响更大。这说明在人力资源政策方面，要将培训支持政策的重点放在中小微企业的非 ICT 专业工作人员身上。要鼓励具有转型实践经验的企业，与数字科技实体企业合作，针对具体行业与具体流程环节，开发一些具有实用性的微课程，从而减少培训的负担。推动高等院校、职业学校与服务商、企业合作，培育一批既懂生产工艺又熟悉信息网络技术的专业人才。

在资金方面，要充分发挥政府资金的种子作用，以税收优惠、专项基金、扶持资金池为牵引，建立政府资金效应评价和追踪问责机制，使资金投入和使用效率最大化。要建立起转型的财务核算体系，使其成本和收益更为清晰，明确创新投资的预算和风险，科学计算数字化投资回报周期和效果，从而使企业有决心投入更多的资金到转型进程中。同

① 以上部分内容来自本章执笔人李勇坚：《中小企业数字化转型：理论逻辑、现实困境和国际经验》，《人民论坛·学术前沿》2022 年第 18 期。

时，通过清晰的数据推动金融机构为转型提供更多的资金支持。鼓励金融机构创新中小微企业转型专项金融产品。

在算法算力等方面，要关注企业对这些新型基础资源的创新应用，通过数字科技实体企业与政府合作发放定向消费券、优惠券、专属券等方式，鼓励中小微企业加大对这些基础资源要素的使用频率，从而提升中小微企业创新水平和能力。

综上，本章从聚合与颠覆、数据化、网络效应、技术互补性、创新生态等维度，总结了小企业数字化发展的机制和路径。后续章节将通过量化方式对实体经济创新发展的效果进行评价。

执笔人：李勇坚

第六章

高质量实体经济的量质齐升

近年来，数字技术直接介入实体经济的趋势逐渐凸显，以数字技术为依托，以知识和数据为关键生产要素的实体经济创新形态蓬勃发展，优化了供应链布局，显著提高了生产力。在供给侧结构性改革的大背景下，需要基于时代特征和当前的产业发展态势，对实体经济创新发展的质和量的效应进行科学评估。

一、实体经济新形态的现状及特征

实体经济新形态的最大特征是数据的使用。云计算的使用情况，可以在一定程度上反映各区域、各行业、各企业层面数字技术、数据要素的应用情况。本节与第二节基于 2016—2020 年阿里云的云采购和用云量数据，从规模、共创度、应用程度、创新性和速度五方面构建指标体系，度量各区域实体经济进行数字化重构后成长的总体水平并描画基本特点。在此基础上，笔者应用企业和组织层面钉钉使用数据，刻画各行业数字化成长的亮点和特征。

（一）区域特征

为准确把握各地以云服务表征的实体经济数字化成长的具体状况，

这里按照科学性、系统性、导向性、可操作性的原则，针对各省区市设计了一个评价指标体系。指标体系的设计着重考虑了城市以云计算为度量的实体经济数字化成长的质量和潜力，从消费、使用、访问、覆盖、行业、产品、企业、增速等多个维度解释城市实体经济数字化成长的水平，特别是将实体经济用云的广度和深度等纳入指标体系进行统一考核。综合评价体系将城市的实体经济数字化成长程度分解为规模、共创度、应用程度、创新性和速度五类一级指标，并在一级指标框架基础上细化出 9 个二级指标、19 个三级指标（见表 6–1）。

表 6-1　实体经济数字化成长评价指标体系

一级指标	二级指标	三级指标
规模	数据要素资源规模	市场化主体云消费额
		市场化主体采购云产品数
		采购云服务的市场化主体数
	数据要素使用规模	计算资源使用量
		存储资源使用量
		带宽使用量
		流量
	主体活跃度	市场化主体访问次数
		服务市场化主体用户数
共创度	政务环境数字化	政府云消费额
		政府采购云产品数
		采购云产品政府单位数
	数字政务使用	服务政府次数
		服务政府单位用户数
应用程度	应用广度	采购云服务的行业数
	应用深度	采购云服务的产品种类
创新性	创新功能使用	采购大数据产品数占比
		采购人工智能产品数占比
速度	融合增长速度	市场化主体云消费额增速

资料来源：作者自制。

此处选取各省份和地级以上城市作为研究样本，数据均来自阿里云。研究采用主成分分析法（PCA），即利用降维的思想将多个变量通过线性变换以选出较少个数重要变量的多元统计分析方法，通过少数几个主成分来揭示多个变量间的内部结构，设法将原来众多具有一定相关性的指标，重新组合成一组新的互相无关的综合指标来代替原来的指标。该方法遵循数据驱动的理念，同层次分析法等其他常用方法相比，具有主观因素影响较小、横向可比性强等特点。应用上述指标体系，采用主成分分析法，对 2019 年全国 31 个省（区、市）和 337 个地级及以上城市进行实体经济数字化成长水平分析。根据 Kaiser-Harris 准则，保留特征值大于 1 的主成分，共提取出 5 个主成分，分别解释了省级所有原始指标 95.01% 和城市所有原始指标 89.6% 的信息，符合主成分分析法的要求。

旋转后的因子载荷矩阵显示，第一个主成分为“规模”，在市场化主体云消费额、市场化主体采购云产品数、采购云服务的市场化主体数、计算资源使用量、存储资源使用量、带宽使用量、流量，以及市场化主体访问次数、服务市场化主体用户数等绝大多数指标上均具有较高的载荷；第二个主成分为“共创度”，在政府云消费额、政府采购云产品数、采购云产品政府单位数、服务政府次数、服务政府单位用户数等指标上具有较高的载荷；第三个主成分是“应用程度”，在采购云服务的行业数、采购云服务的产品种类等指标上具有较高的载荷；第四个主成分为“创新性”，在采购大数据产品数占比、采购人工智能产品数占比等指标上具有较高的载荷；第五个主成分为“速度”，在市场化主体云消费额增速上具有较高的载荷。

通过对我国各区域实体经济数字化成长评价结果的分析，可以归纳出 4 个事实。

一是从空间格局看，中国实体经济数字化成长整体呈现东高西低、南强北弱的态势，存在区域发展不平衡的问题（见表6–2）。从东西向看，2019年实体经济数字化成长的一线和二线共18个城市中，仅有成都和西安位于西部；从南北向看，2019年实体经济转型发展的一线和二线城市中，分别有3个和10个位于南方，北方城市数量同南方有较大差距。

表6-2　2019年各省级行政区实体经济数字化成长水平

分级	实体经济数字化成长水平	省级行政区名称
第一档	高	广东
第二档	次高	北京、江苏、浙江
第三档	中	上海、河北、山东、湖北、湖南、四川、福建
第四档	次低	天津、重庆、内蒙古、辽宁、山西、陕西、河南、安徽、江西、贵州、云南、广西
第五档	低	黑龙江、吉林、甘肃、宁夏、青海、海南、新疆、西藏

资料来源：指标模型测算结果。

二是从区域内部格局看，实体经济数字化成长的集聚现象明显。实体经济数字化成长一线和二线城市绝大多数位于长三角、珠三角及环渤海地区，其中长三角都市连绵区、珠三角都市连绵区分别占据18强中的5席和4席，综合发展水平位于全国前列。首位城市和次位城市对整个区域辐射带动作用显著，都市圈内的低等级城市基本也都在三线城市行列，中心城市引领都市圈数字化成长水平整体提升的格局正在形成。各线城市实体经济数字化成长水平分化明显，从评价分值看，一线城市实体经济数字化成长水平遥遥领先，一、二线城市成长水平同三线及以下城市明显拉开了差距（见图6–1）。

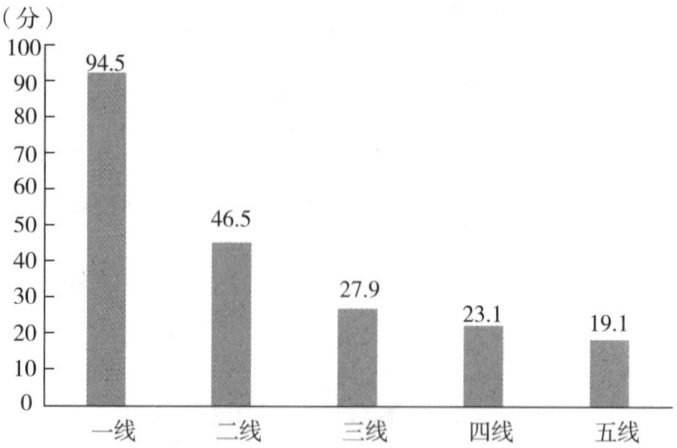

图 6-1　2019 年不同线城市实体经济数字化转型发展评估平均得分情况

资料来源：指标模型测算结果。

三是从城市实体经济数字化成长的内驱力看，经济发展是城市实体经济数字化成长的基石。城市间要素禀赋的差异导致经济发展起点不平衡，而经济发展水平在空间上的差异又导致城市实体经济转型发展过程的不平衡。总的来说，城市实体经济数字化成长同经济发展水平呈正相关，显示城市间实体经济数字化成长的不平衡具有必然性和相对性（见图 6–2）。同自身经济规模相比，一些城市的实体经济数字化成长水平呈

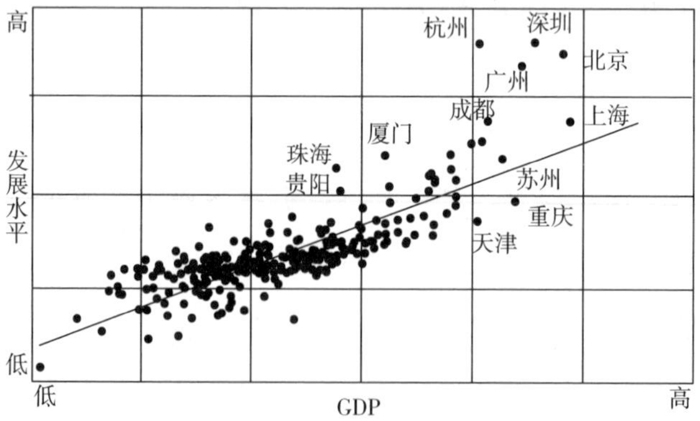

图 6-2　2019 年各城市实体经济数字化成长水平与 GDP 关系

注：城市数据均采用对数化处理。

资料来源：指标模型测算结果。

现出超前发展的态势，另一些城市的实体经济数字化成长水平则同其经济发展水平不相称。

四是从城市实体经济数字化成长的外部驱动力看，政府对实体经济转型发展起到了显著的引领与推动作用。政策差异是导致城市间实体经济转型发展不平衡的重要因素。在实践中，各地政府从应用驱动、政策驱动、技术驱动、市场驱动四方面着手，通过政府率先使用、制定应用指导、鼓励技术创新、培育市场等方式，为地方实体经济数字化成长创造了较好外部环境的同时，提升了数据要素对经济增长的拉动作用。

（二）行业特征

1. 分行业特征分析

为了准确衡量各行业的数字化水平，我们基于钉钉微观加总数据，设计了一个包含 2 个一级指标（组织数字化、业务数字化）、5 个二级指标（组织敏捷度、沟通实时性、协同高效性、业务智能化和自主创新度）、113 个三级指标组成的企业数字化水平度量框架（见图 6–3），并将其运用到全国 20 个行业共计上千万家企业中。指标分数越高，说明行业企业的数字化发展成熟度越高，企业组织内部更高质量地实现数字化管理、员工更高效沟通和协同，并通过智能化的手段更好地实现产业链全生态网络化协同，加速创新型业务发展和突破。

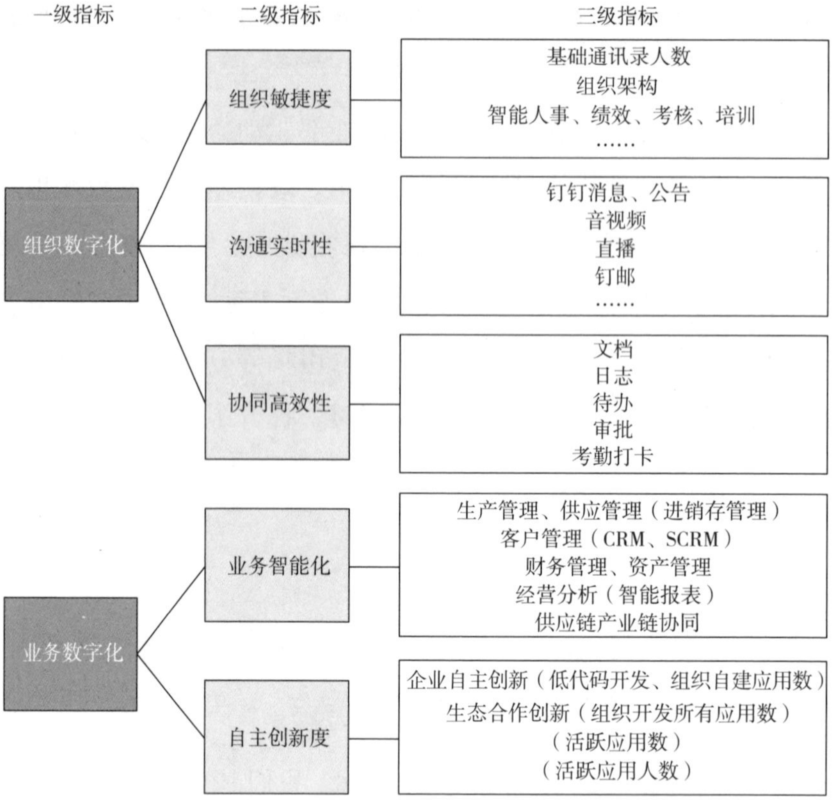

图 6-3　企业数字化水平分析指标框架

资料来源：指标模型测算结果。

计算结果显示，数字化程度排名领先的行业主要为教育、互联网、零售和制造业（见图 6–4），数字化在行业侧主要呈现出两个显著的特点。

一方面，新型产业与传统产业在数字化发展上显示出同频共振的趋势。互联网行业在整体企业组织和业务数字化程度上均显著保持领先地位，通过积极打造以客户为中心、场景驱动流程的管理理念，互联网行业已经具备智慧、敏捷、高效和柔性的组织能力，支撑日益复杂多样的企业日常业务运营管理环境。与此同时，实体经济通过新技术创新进行转型的趋势也非常明显。制造业、批发贸易与零售、服务业、建筑业等行业正积极推进数字化转型进程，传统行业近年来数字化水平明显提升，高于平均水平。

另一方面，教育、政务、医疗等行业的数字化水平大幅提高，推动共享数字发展红利。教育系统的线上办公、教师在线办公与备课、云上家长会与家校群、音视频会议等，促进了局、校、家的在线实时高效沟通，教育行业的数字化发展极大提升。随着各地政府大力推动数字政府的建设，让数据多跑路，政府、事业单位、医疗医药等公共事业行业数字化发展从公共服务、行政办公等领域持续深化数字化转型。新冠疫情进一步促进互联网 + 医疗模式的升温，云医疗、在线挂号、远程问诊等应用率极大提高。

总体上看，居民服务，公共、环境，开采业等传统依赖于线下沟通和工作方式的行业数字化水平相对较低，但在线服务、在线沟通协作、生鲜电商等新的数字生活方式和商业模式有望在未来带动行业的数字化发展水平提升。

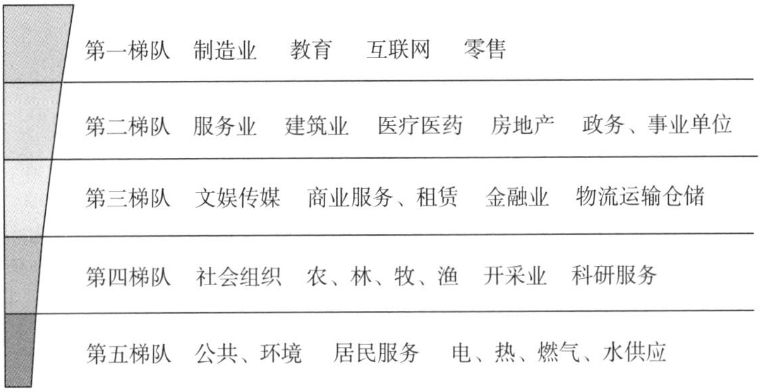

图 6-4　各行业数字化水平分析

资料来源：指标模型测算结果。

从增速看，新冠疫情推动教育、政务、医疗等行业数字化进程大幅提速，2019 年 5 月—2020 年 5 月，这些行业数字化水平提升了 1 倍以上。其中，因在疫情期间响应教育部“停课不停学”号召，教育行业的线上办公、行政管理、智慧校园等安排，促进了局、校、家的在线实时高效沟通，推动了教育行业的数字化发展，数字化水平提升了1858%。疫情期间，各地政府快速搭建防控指挥与公共服务平台以及数字防疫系统，实现数字化疫情防控，同时也大力推动了数字政府的建设进程，使得政府、事业单位的数字化水平在此期间提升了207%。与此同时，宅经济、无接触经济需求被催化，生鲜电商、外卖送餐、到家服务等模式新增大批用户，新的数字生活方式和商业模式持续改变消费者使用行为和习惯，使得居民服务业数字化水平大幅提升了165%。医疗行业数字化水平也随着云医疗、在线挂号问诊和医药电商等应用的普及得到极大提高，互联网医疗模式的升温也使得医疗行业数字化水平在此期间增长幅度超过135%。此外，仓储物流、制造业通过持续深化数字化转型，布局云ERP、制造执行系统（MES）、无人工厂、无接触配送、智能化物流园区，建设机器人及自动化生产线、改进供应链及库存模式等，有效提升了本行业的数字化水平，提升幅度分别达到126%和120%。

2. 各行业分区域亮点分析

从行业和区域交叉视角看，全国各省份在产业数字化上呈现出差异化的亮点及产业布局（见表6–3）。在数字政务方面，浙江大力推进政府数字化转型，加快建设数字政府，推广应用“浙里办”“浙政钉”，让数据多跑路，办事人从“最多跑一次”到“一次都不用跑”。山东、河北、江苏作为传统制造大省，大力发展工业互联网、智能制造、车联网等新产业新业态新模式，重点布局全网协同赋能的工业互联网，在推动制造业数字化方面表现较为突出。作为服务业高地，广东、上海等地在推动数字化同现代服务业深度融合方面表现得较为抢眼。通过培育一批新零售企业，以全渠道、全链路、全域数字化，提升了用户体验，优化了产业布局。

表 6-3 部分省（区、市）产业数字化亮点行业分布

省（区、市）名称	产业数字化亮点行业
北京	互联网、服务业
上海	互联网、零售
河北	制造业
河南	农业
湖北	建筑
山东	制造业、农业
江苏	制造业、服务业
浙江	政务、服务业
广东	互联网、零售
甘肃	政务
四川	农业
重庆	建筑
贵州	政务
云南	建筑、零售

资料来源：指标模型测算结果。

二、经济增长的效应评估

（一）实体经济质的提升与量的增长：效应分析

考虑到第一节分析的数据要素使用同云计算使用之间的密切联系，本部分仍基于 2016—2020 年阿里云的云采购和用云量数据，定量估算以数据要素驱动对于实体经济质的提升和量的增长的确切影响。需要指出的是，此处仅使用了阿里云 IaaS 和 PaaS 产品的采购规模数据，若将 SaaS 产品纳入考虑，对实体经济增长的影响将更为可观。

1. 数据要素使用对 GDP 的带动作用

互联网时代，企业创造新业务、进入新市场的主要障碍一方面是

高昂的前期投入成本，特别是ICT资本支出。数据要素的使用和云计算的引入将大大降低企业进入和生产的固定成本，有助于企业更早更好地享受信息通信技术带来的生产力提升；另一方面，云计算、大数据、人工智能等数据技术的普及也将强化企业间的竞争，提高产量并降低加价幅度，从而对消费产生积极影响。回归分析显示，在云计算方面的花费有助于促进我国的经济增长。云消费额每增加1%，带动名义GDP增长0.0809%，带动实际GDP增长0.0646%。

数据要素使用在企业中的普及，也会通过企业间的协同效应对经济增长产生显著的带动作用。以采购云企业数为自变量的回归分析表明，采购云的企业数平均每增加1%，名义GDP增加0.139%，实际GDP增加0.0952%。也就是说，如果使用数据要素的企业数翻倍，可带动实际GDP增加9.52%。

专栏6-1 研究方法说明

回归方程是通过回归分析得到的反映一个变量（因变量）对另一个或一组变量（自变量）回归关系的数学表达式。这里我们用回归方程定量地刻画云消费这个自变量与经济增长这个因变量间的线性依存关系。构建的基准回归模型如下：

$$\ln Y_{i,t}=\beta_0+\beta_1 \ln Cloud_{i,t}+\beta_C CV_{i,t}+\mu_i+\lambda_t+\varepsilon_{i,t} \qquad (6\text{-}1)$$

其中$Y_{i,t}$为被解释变量，此处为中国31个省级行政区各个季度的名义GDP（lgdp）和实际GDP（lrgdp），$Cloud_{i,t}$为核心解释变量即各省份每季度云消费额（yunexp），β_1为云消费额的产出弹性。$CV_{i,t}$为控制变量，μ_i为个体固定效应，λ_t为时间固定效应，$\varepsilon_{i,t}$为随机误差项。根据已有考察经济增长影响因素的相关研究，这里选取的控制变量包括城镇化（urban）、政府财政支出规模占比（gov）、教育投入占比（edu）、居民人均消费（lpconsume）。

2. 数据要素使用带动经济增长的网络效应

由于网络效应的存在，随着新用户的不断加入及其与经济体中其他产业的深度融合，数据的价值不断提升，在用户达到临界规模后（Rohlfs，1974），数据要素对经济系统的作用会在瞬间被放大。考虑到使用者的心理预期问题和平台转换成本，要实现网络效应，也需要跨越一个临界规模。这就意味着数据要素的使用同通信网络类似，对经济的作用可能是非线性的（Röller and Waverman，2001），即存在计量经济学意义上的门槛效应。

模型结果显示，云消费对实际 GDP 的拉动具有门槛效应：当数据积累达到一定规模后，云计算对经济增长的拉动作用会升级，即实现从量变到质变的过程。当省份季度数据存储量对数值不足 4.7283 时，云消费额每增加 1%，实际 GDP 增加 0.045%；当省份季度数据存储量对数值超过 4.7283 时，云消费额每增加 1%，实际 GDP 增加 0.078%。也就是说，当云上数据积累达到 4.7283 这个规模后，数据使用对 GDP 的带动作用可额外再提升 73%（见图 6–5）。根据该标准，已经有北京、上海、浙江、广东等省份跨过门槛，江苏即将跨过门槛。

数据要素对实体经济增长的积极影响与其应用的普及速度呈正相关。当省份季度数据存储量对数值不足 5.2174 时，采购云的企业数每增加 1%，实际 GDP 增加 0.10%；当省份季度数据存储量对数值超过 5.2174 时，采购云的企业数每增加 1%，实际 GDP 增加 0.131%。根据该标准，中国已经有北京、上海、浙江、广东等省市跨过门槛，江苏即将跨过门槛，而福建、四川、天津、湖北、山东、湖南、安徽、河北、重庆、贵州、河南、陕西、云南、江西、辽宁、新疆、海南、广西、宁夏、吉林、黑龙江、甘肃、内蒙古、西藏、青海等省份距离门槛仍有一定距离。

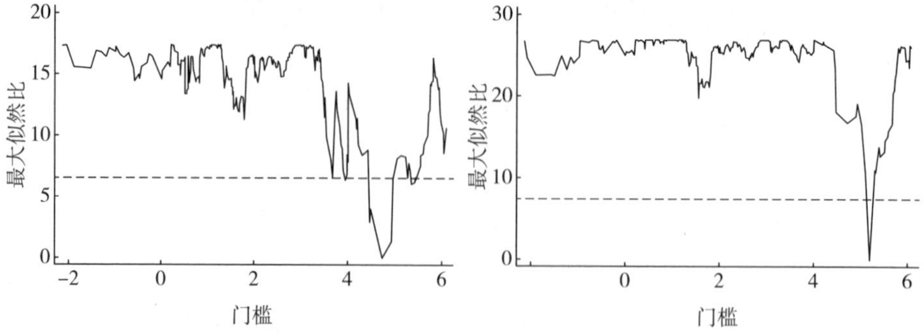

图 6-5　数据要素使用及普及度拉动实际 GDP 增长的门槛效应

资料来源：指标模型测算结果。

专栏6-2　门槛回归方法

门槛效应，是指当一个经济参数达到特定的数值后，引起另外一个经济参数发生突然转向其他发展形式的现象（结构突变）。作为原因现象的临界值称为门槛值。为了避免人为划分样本区间带来的主观判断偏误，此处使用（6-2）式构造的门槛回归模型（Hansen，1999）对云计算的网络效应进行实证分析。

$$\ln Y_{i,t}=\beta_0+\beta_1\ln Cloud_{i,t}\mathrm{I}(q_{i,t}\leqslant\gamma)+\beta_2\ln Cloud_{i,t}\mathrm{I}(q_{i,t}>\gamma)+\beta_C CV_{i,t}+\mu_i+\lambda_t+\varepsilon_{i,t} \quad (6\text{–}2)$$

其中，I( )为指示函数，当括号内的条件满足时取 1，否则取 0；$q_{i,t}$为门槛变量；γ为特定的门槛值；其他变量的意义同（6-1）式。

3. 数据要素对经济质量的提升作用

早在 1987 年，诺贝尔经济学奖获得者索洛就注意到美国产业界普遍存在一种奇怪现象：尽管美国在信息技术上投入了大量的资源，但是这些投入对生产率的作用甚微。索洛进而提出著名的“索洛悖论”，即除了生产率以外，计算机的作用无处不在（Solow，1987）。中国经济过去的高增长主要源于要素投入，表现为资本高投入和劳动力的无限供给。但2012年底劳动年龄人口的绝对下降预示着“刘易斯拐点”的到来，以往依靠要素驱动的增长模式难以持续，必须寻找经济增长的新动能。经济增长是由要素投入和全要素生产率决定的，数据技术的普及带来的ICT资本和运营支出的减少，使得企业能够以更少的ICT投入来实现相同的产出水平，释放出的资源可以用于其他生产形式，因此带来生产效率的提高，并导致GDP的增长。因此，探讨数据要素对于全要素生产率的影响，对于判断云计算能否成为中国经济增长的新动能具有重要意义。

未来经济增长的关键是提升全要素生产率。回归分析显示，云消费额每增加1%，全要素生产率提升0.149%，技术效率指数增加0.124%，对技术进步指数的影响不显著。在发展初期，新技术带动经济增长并不是必然的，包括新技术对旧技术的淘汰，基于旧技术建立起来的生产设备、组织结构无法适应新技术的生产力等；传统企业运用数据要素的意识和能力还不高，工业互联网平台企业对传统产业的理解也不够深入，供给端和需求端的匹配尚需时间。研究表明，数据要素在企业中的普及会带来积极的生产率贡献，特别是能够提高资源配置效率。回归结果显示，采购云的企业数每增加1%，全要素生产率增加0.395%，技术效率指数增加0.270%，技术进步指数增加0.125%。

（二）全链条融合的增量效应评估

2022年9—10月，课题组对某平台上各类代表性企业的数字化转型情况进行了问卷调查，回收有效问卷299份。从企业区域分布看，被调查企业分布较广，位于我国25个省（区、市）；中小微企业占绝大部分，企业规模结构上年营业收入5亿元以下占97.33%，企业员工人数1000人以下的占93.65%。样本企业涉及电工电气、家装建材、五金工具、原材料、机械设备、包装印刷、食品深加工等制造业，同时也包含教育培训、餐饮、婚庆等服务行业，以及为数不多的互联网、金融保险、检验检测、文体用品、游戏动漫、科技研发、大数据等新兴服务企业。从企业主要的产业链归属看，上游原材料环节占9.36%，中游设计研发及生产制造环节占59.92%，下游销售及服务环节占30.1%，显示研究样本具有一定的代表性。

1. 企业数据要素采集和使用的基本情况分析

问卷调查结果显示，围绕产品打造全生命周期数字化，企业生产全链条的数字化已全面提速，数据要素在各个环节的采集和使用程度越来越高。从生产经营过程关键环节数据采集方式看，大部分企业已实现对数据人工采集与智能采集的结合，数字化水平和效率有较大提升（见图6–6）。人工采集数据并录入电脑进行电子化存储占42.47%，部分数据实现扫码记录、设备或系统自动采集占40.13%。产品数据（50.84%）、研发设计数据（36.45%）、设备数据（34.11%）为数据采集和管理覆盖比例较高的领域，供应链、生产和销售数据覆盖的比例尚不高。企业在生产过程中数据实时监测的实现程度相对较高的环节主要为订单进度（36.45%）、物料齐套情况（35.45%）、设备生产效率（33.44%）等，显示中小企业数字化转型的重心在生产核心流程的数字化上，实时产量、生产工艺数据、生产不良率和生产环境数字化等方面实现实时监测的程度还较低。在实现数据采集并进行综合分析的业务中，数字化指数程度最高的是库存信息（43.48%）和生产信息（43.48%），质量、设备、成本、市场趋势和环境等生产环节数据使用的程度仍不高。

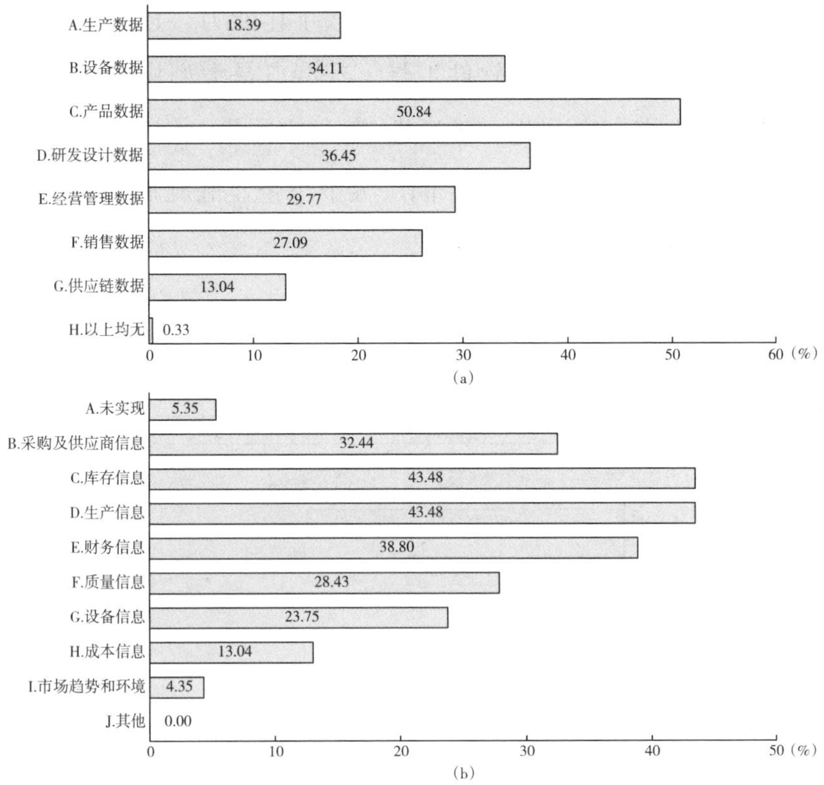

图 6-6　企业各生产环节采集和分析使用数据的情况分析

注：（a）图为数据采集情况，（b）图为实现采集并进行综合分析的业务情况。

资料来源：2022 年 9—10 月课题组对某平台上各类代表性企业的数字化转型情况问卷调查。

2. 企业使用数字化管理系统的情况分析

使用的数字化管理系统方面，产品生命周期管理（PLM）或产品数据管理（PDM）部署使用的程度最高，达 45.82%；其次是供应链管理系统（SCM），达 34.45%；排名第三的为制造执行系统（MES）；企业资源计划（ERP）、客户关系管理（CRM）的普及率不高，仅有 10.37% 的企业自建了工业互联网平台。调研显示，企业内部所有核心系统都实现了互联互通，但与上下游企业相关系统仍然保持相互独立（见图 6-7）。上述结果表明，企业主要在赖以生存的核心环节——

产品制造、生产管理及供应管理上投入数字化能力，且采用的数字化工具属于传统的通用标准化软件工具，其特点是大型规模化生产执行能力强，但成本高，定制化、灵活性差。PLM、PDM 从 10 万到百万，ERP、MES 动辄 20 万到几百万，同广大中小企业低成本运行、灵活定制数字化管理需求的现状不适配。

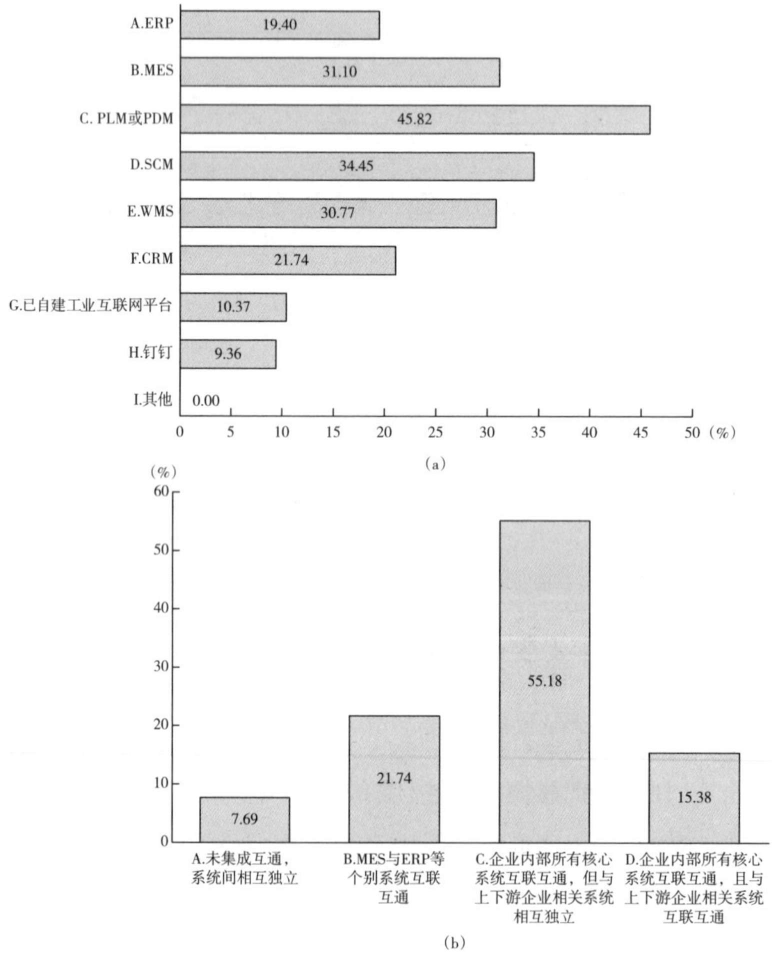

图 6-7 企业信息系统的部署和互联互通情况

注：（a）图为企业信息系统的部署情况，（b）图为信息系统互联互通情况。

资料来源：2022 年 9—10 月课题组对某平台上各类代表性企业的数字化转型情况问卷调查。

3. 企业全链条数字化及协同水平分析

从调查问卷结果看，企业在生产计划方面还无法实现完全的数字化和智能化，虽然不少企业可以根据销售订单，通过信息系统形成主生产计划，但基于经验人工制订排产计划（38.13%）或需要人工调整优化（32.78%）的尚有不少。基于市场信息和销售历史数据，信息系统辅助分析形成销售计划占45.82%，显示销售计划生成的自动化程度也有提升空间。采用先进的系统和工具，结合物联网（IoT）手段自动对物流情况进行监控的普及率已经超过半数；在仓储管理情况方面，基于条形码、射频识别（RFID）等识别技术的出入库管理普及度相对较高（57.19%），其次为安全库存状态预警与分析（34.11%），智能云仓、智能立体仓、库存自动补货分拣和账簿电子化的使用情况并不理想。

相较于物流仓储和生产环节，销售管理方面的数字化程度仍有待提高。通过系统开展销售业务，并进行销售订单、分销商、客户静态信息管理占54.18%，具备基本信息化手段辅助销售业务和管理占32.11%。售后服务方面，根据客户电话、邮件反馈提供被动式服务，系统辅助客户和服务管理的仍有不小比例（占31.77%）。在财务管理数字化方面，资金运作、财务政策、投融资管理等财务分析数字化指数最高，达53.51%，其次是成本核算、成本分析、成本控制等成本管理（50.17%），但财务系统与其他信息化系统的集成性和功能的完整性相对较低。在应用信息化手段开展日常办公和人力资源管理方面，企业整体已具有较高水平。

从全链条协同情况看，企业内部核心生产环节的协同度最高，采购管理系统与生产、仓储管理系统的集成程度较高，实现计划、流水、库存、单据的同步和采购与供应业务协同的企业占到了64.55%。按订单自动排产和动态调度能力看，在发生改判、降级、判废及紧急情况下能够进行动态调度和在订单与产能不匹配时实现在有限产能约束下的优化排产指数分别为66.22%、60.87%。企业内部上下游协同的程度相对最低，采购与销售业务协同指数只有10.37%。在应用信息化手段实现用户订单全过程跟踪情况方面，跟踪生产制造阶段数字化指数达到58.86%，跟踪产品配送阶段达到51.17%，物料采购和研发指数相对较低。

从外部协同看，与重要的供应商数据共享，实现物料协同、储运协同、加工配送协同的比例相对低些，约为48.16%；与协同企业之间的信息交互和共享方式中，企业间建立业务系统之间的信息交换接口的比例较高（78.93%），但企业间信息实时交互的程度还不高。与各地研发中心、科研机构或其他企业实现产品研发协同，利用共享制造平台实现闲置资源合理匹配、产能共享，实现制造协同这两个方面已成为中小企业融通外部资源的主要方式。

4. 全链条协同的增量效应分析

企业内部上下游及与外部的全链条协同，帮助企业实现转型和模式创新。问卷调查结果显示，企业网络化协同的普及程度较高，达到58.53%；个性化定制的普及率为56.19%；服务化延伸的比例为52.84%（见图6–8）。问卷结果表明，基于数字技术的全链条协同在助力企业柔性化生产和供需精准匹配方面已经成为相对成熟的应用，但在实现反向定制、客户画像和需求挖掘等方面的水平仍较低。

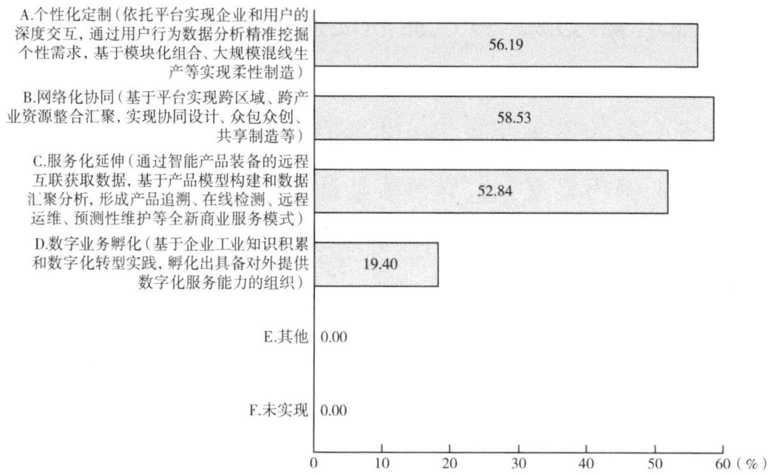

图 6-8 全链条协同模式创新的比例分析

资料来源：2022 年 9—10 月课题组对某平台上各类代表性企业的数字化转型情况问卷调查。

全链条协同帮助企业提升产出效率。基于典型企业协同平台（钉钉）使用的问卷调查显示，全链条协同平台的使用推动大部分企业产品触达客户的周期缩短，从而提升了产出效率。企业采用钉钉后，从产品设计到客户的周期平均由 63.3 天缩短为 37.6 天，周期缩短了 40.6%。28.76% 的企业认为平台的数字化服务为本企业带来的销售收入增量占全部销售收入的比重在 20%~40%，26.09% 的企业认为该增量为 10%~20%，17.6% 的企业认为该增量在 40%~60%。

全链条协同助推企业实现成本降低。全链条协同使企业管理事项的平均处理时间大幅减少，接近 1/4 的企业处理时间降为原来的 20%~40%，另有 22.07% 的企业处理时间降为原来的 10%~20%，有 16.39% 的企业处理时间降为原来的 40%~60%。特别是使用数字化平台上的低代码方式获得相关生产性服务的企业，成本显著低于未使用低代码服务的企业，显示使用拖拉拽方式获得数字化服务，对企业的成本节约效应明显。

（三）服务业增量效应：餐饮业的证据

随着电子商务的飞速发展和深度渗透，越来越多的企业为了增加收入开始使用线上销售渠道，这导致了某种意义上的实体店混合经营，即线上与线下相结合的模式。自 2013 年起，传统的餐饮业在线服务模式，即消费者从餐厅或快餐连锁店网站在线订购食物，已逐渐为聚合式的外卖平台所取代。外卖服务的兴起，推动餐饮业这样的传统服务行业开启数字化转型进程，线上线下融合发展的业务模式越发普及。有研究显示，电子商务为企业收入提升提供了额外渠道（Ward，2001）[①]，提升消费者忠诚度和满意度（Wallace et al.，2004）[②]的同时，可能导致线下业务转为线上，具有蚕食实体店销售的风险（Gensler et al.，2012）[③]。虽然大量的学术文献描述了开辟新的销售渠道所产生的影响，特别是引入在线渠道对传统市场潜在的市场扩张效应和替代效应一类文献，但关于餐饮行业引入在线外卖服务的影响还没有较为深入的研究。而且，现有的少量研究仅从理论层面探讨了餐饮业在线销售带来的增量及其来源，囿于可用数据的限制，几乎没有研究从餐厅层面出发，使用严谨的方法系统评估外卖服务对餐厅经营的影响，也没有研究在清晰区分线上和线下销售的前提下，对外卖之于餐厅销售量的影响进行系统量化。

为了全面评估餐饮商户开通外卖服务对其经营情况的影响，本章选取北京市所有使用某头部平台收银系统的餐饮商户作为研究对象，观

---

① Ward,M. R., 2001,"Will Online Shopping Compete More with Traditional Retailing or Catalog Shopping?", Netnomics, 3(2).

② Wallace,D. W.,Giese,J. L.,and Johnson,J. L.,2004,"Customer Retailer Loyalty in the Context of Multiple Channel Strategies", Journal of Retailing,80(4).

③ Gensler,S.,Leeflang,P.,and Skiera,B., 2012,"Impact of Online Channel Use on Customer Revenues and Costs to Serve: Considering Product Portfolios and Self-selection",International Journal of Research in Marketing，29(2).

察期为 2021 年的第 1 周至第 53 周。在这段时间里，许多餐厅因为政策的推动而开通了外卖业务。需要说明的是，线下到店消费有很多支付渠道，如支付宝、微信、饿了么、美团支付等，考虑到成本因素，一般餐厅只会使用一个收银系统（SaaS 模式），或者即便还有其他支付途径，平台的收银系统在一年内的收银份额也是稳定的。为了更好地反映餐厅线下销售额的全貌，这里只纳入了使用某头部平台收银系统的餐厅作为研究对象。

笔者使用双向固定效应模型，识别和分析外卖开通对于餐厅销售额的影响。具体模型设定如下：

$$Sales_{it} = \beta_0 + \beta_1 gt_{it} + \beta_2 Score_{it} + \mu_i + \lambda_t + \eta_{bt} + \varepsilon_{it} \tag{6-3}$$

模型（6–3）为基准回归模型。其中，店铺周销售额 $Sales_{it}$ 为被解释变量，包括周总销售额 $TotalSales_{it}$、周外卖销售额 $WaimaiSales_{it}$、周堂食销售额 $TangshiSales_{it}$。外卖服务开通 gt_{it} 作为核心解释变量，β_1 为核心估计系数，衡量了外卖开通对于店铺销售额的影响效应。如果 β_1 为正，说明外卖服务的开通提升了店铺销售额，反之则说明降低了店铺销售额。$Score_{it}$ 为影响店铺销售的控制变量，主要是店铺在平台上的得分。μ_i 为店铺固定效应，λ_t 为周固定效应，η_{bt} 为商圈和周的交叉固定效应。

此处利用模型（6–3）评估外卖服务的开通对于餐饮商户周总销售额的影响，并分别报告了外卖开通对周外卖销售额、周堂食销售额影响的实证回归结果（见表 6–4）。实证结果显示，外卖服务开通对于餐厅周总体销售额具有显著的提升作用。对于餐厅的总销售额而言，表 6–4 的第（1）、（2）列结果显示，在不加入和加入商圈—周交叉固定效应的情况下，开通外卖变量的影响系数分别为 0.706 与 0.704，且均在 1% 水平下显著；对于餐厅的外卖销售额来说，表 6–4 的第（3）、（4）

列结果显示，在不引入和引入商圈—周交叉固定效应时，外卖开通变量 gt_{it} 影响系数分别为 6.421 与 6.428，且在 1% 水平下显著；对于餐厅的堂食销售额来说，表 6-4 的第（5）、（6）列结果显示，在不引入和引入商圈—周交叉固定效应时，外卖开通变量 gt_{it} 影响系数分别为 0.0211 与 0.0158，但不显著。上述结果说明，外卖开通对于餐厅的总销售额和外卖销售额具有显著的正向影响，即外卖的开通可以在一定程度上提升餐厅的总销售额，扩大整体市场、做大蛋糕。其中，外卖开通对外卖销售额的提升非常显著，对堂食销售额也有些微的提升作用，但并不显著。

表 6-4　外卖服务开通对于店铺销售额的影响

模型变量	（1）	（2）	（3）	（4）	（5）	（6）
被解释变量	Total Sales	Total Sales	Waimai Sales	Waimai Sales	Tangshi Sales	Tangshi Sales
gt	0.706***	0.704***	6.421***	6.428***	0.0211	0.0158
	（0.0259）	（0.0260）	（0.0582）	（0.0577）	（0.0332）	（0.0336）
score	0.0122***	0.0123***	0.0129***	0.0129***	0.0116***	0.0117***
	（0.000902）	（0.000900）	（0.00141）	（0.00142）	（0.00118）	（0.00116）
常数	8.399***	8.397***	0.00456	−0.00236	7.965***	7.964***
	（0.0594）	（0.0592）	（0.0952）	（0.0959）	（0.0772）	（0.0764）
观测值	836,581	835,799	836,581	835,799	836,581	835,799
R^2	0.786	0.793	0.927	0.928	0.794	0.799
店铺固定效应	Yes	Yes	Yes	Yes	Yes	Yes
周固定效应	Yes	No	Yes	No	Yes	No
商圈—周交叉固定效应	No	Yes	No	Yes	No	Yes

注：*、**、*** 分别表示 10%、5% 和 1% 的显著性水平。

资料来源：量化模型测算结果。

在此基础上，考虑到销售额囊括了订单量和订单价格两方面信息，基于总金额的分析可能无法涵盖外卖开通对餐厅运营情况的整体影响。因此这里从订单数视角出发，将餐厅的周总订单数、周外卖订单数和周堂食订单数分别作为被解释变量，重复基准模型的分析。表6–5第（1）、（2）列的实证结果显示，在不加入和加入商圈—周交叉固定效应的情况下，开通外卖变量对总订单量的影响系数均为0.544，且在1%水平下显著；对于餐厅的外卖订单数来说，表6–5的第（3）、（4）列结果显示，在不引入和引入商圈—周交叉固定效应时，外卖开通变量gt_{it}影响系数分别为2.880与2.884，且在1%水平下显著。值得注意的是，表6–5的第（5）、（6）列结果显示，在不引入和引入商圈—周交叉固定效应时，外卖开通变量gt_{it}对于堂食订单量的影响系数分别为0.0899与0.0894，且均在1%的水平下显著。上述结果说明，外卖开通对于餐厅的总订单量、外卖订单量和堂食订单量均存在显著的提升作用。

表6-5　外卖服务开通对于店铺订单量的影响

模型变量	（1）	（2）	（3）	（4）	（5）	（6）
被解释变量	Total Order	Total Order	Waimai Order	Waimai Order	Tangshi Order	Tangshi Order
gt	0.544***	0.544***	2.880***	2.884***	0.0899***	0.0894***
	（0.0198）	（0.0199）	（0.0346）	（0.0344）	（0.0213）	（0.0215）
score	0.00972***	0.00970***	0.00711***	0.00715***	0.00889***	0.00889***
	（0.000672）	（0.000673）	（0.000751）	（0.000752）	（0.000752）	（0.000752）
常数	4.240***	4.243***	0.180***	0.176***	3.951***	3.953***
	（0.0442）	（0.0442）	（0.0518）	（0.0520）	（0.0494）	（0.0495）
观测值	836,581	835,799	836,581	835,799	836,581	835,799
R^2	0.835	0.841	0.933	0.934	0.822	0.828
店铺固定效应	Yes	Yes	Yes	Yes	Yes	Yes
周固定效应	Yes	No	Yes	No	Yes	No
商圈–周交叉固定效应	No	Yes	No	Yes	No	Yes

注：*、**、*** 分别表示10%、5%和1%的显著性水平。

资料来源：量化模型测算结果。

上述实证结果表明，作为一种网络到家服务，外卖开通从销售额和订单量看，并未对线下的堂食产生显著的挤出效应；相反，外卖服务为餐厅提供了一种新的经营渠道，通过扩展消费者餐饮消费的能力、降低餐厅递送服务的成本，起到有利于餐厅整体运营、做大餐饮业蛋糕的作用。

（四）共性技术分享与高效沟通的增量效应评估

为了度量高效率沟通对实体经济增长和创新起到的增量效果，我们这里使用钉钉的地级以上城市加总数据进行测算。如前所述，平台主要从业务数字化和组织数字化两方面推动企业数字化。在业务数字化方面，平台通过提供自建应用、开发应用和低代码开发工具，满足企业场景化、行业化、个性化的数字化需求，帮助企业打造数据智能驱动的业务模式，加速迈向供应链和产业链高效协同的同时提高创新效率。在组织数字化方面，平台通过帮助线下工作线上化敏捷管理生产、物料、质检、设备等核心制造流程，促进全流程实时高效率沟通，支撑复杂多样的企业日常业务运营管理，实现组织行为透明化和可视化，促进企业降本增效。

1. 共性技术分享的增量效应

为了衡量平台对企业的共性技术分享对实体经济增长和创新的影响，我们这里通过使用校准后的月度夜间灯光数据度量地级市经济增长，对刻画组织自建应用、开发应用、低代码应用等情况的二级指标“自主创新”进行回归分析。结果表明，城市灯光与组织自主创新存在显著的正相关性，自主创新平均增加 1 个单位，城市灯光平均增加

0.0001 个单位（p-value<0.001），显示企业业务数字化水平的提升将有效促进经济增长。进一步，我们使用地级市月度发明专利申请量作为城市创新水平的衡量指标，通过回归分析发现，专利申请量同组织自主创新存在显著的正相关性（见图 6-9），自主创新平均增加 1 个单位，城市发明申请量平均增加 0.5543 个单位（p-value<0.001）。这表明，企业业务数字化水平的提升也将增进城市的整体创新水平。

对表征业务数字化的一些三级指标进一步回归分析发现，数字化系统的采用可以有效拉动增长并提振创新。城市灯光数据与进销存数字化应用（jxc_isv_dau）、客户信息管理类应用（scrm_isv_dau，包括全员裂变通、外贸云管家、领鸟拓客、鹰寻等）之间存在显著的正相关性，进销存数字化应用每增加 1%，城市灯光平均增加 0.001 个单位（p_value<0.01）；客户信息管理类应用每增加 1%，城市灯光平均增加 0.0011 个单位（p_value<0.01）。

对于发明申请量的回归分析同样发现，城市发明申请量与进销存数字化应用（jxc_isv_dau）、ERP 系统的使用（erp_isv_dau，包括慧制造、慧结算、小圈 ERP 等）、智能报表的使用（smartwork_dau）之间亦存在显著的正相关性。进销存数字化应用每增加 1%，城市发明申请量平均增加 1.6365 个单位（p_value<0.01）；ERP 系统的使用每增加 1%，城市发明申请量平均增加 0.5364 个单位（p_value<0.01）；智能报表的使用每增加 1%，城市发明申请量平均增加 0.1388 个单位（p_value<0.01）。城市发明申请量与低代码应用（apaas_dau）、业务智能水平（is_open_publisher，是否开通服务窗）也存在显著的正相关性，低代码应用每增加 1%，城市发明申请量平均增加 0.829 个单位（p_value<0.01）；业务智能水平每提升 1%，城市发明申请量平均增加 0.1488 个单位（p_value<0.1）。

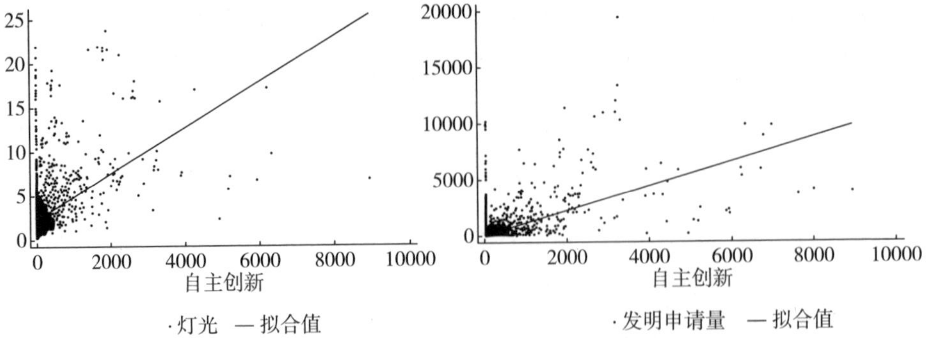

图 6-9　共性技术使用与经济增长和创新之间的相关性

资料来源：量化模型测算结果。

2. 高效率沟通的增量效应

通过考察表征组织协同相关的一些三级指标同增长与创新之间的联系，我们可以观察平台助力企业高效率沟通所产生的增量效应。通过回归分析发现，数字化助力组织沟通协同，同样可以有效提升区域增长和创新水平。实证结果显示，城市灯光与沟通协同数字化水平（sns_core_dau，用企业使用钉钉沟通发信息的数量度量）呈现显著的正相关性（见图 6–10），沟通协同数字化水平每增加 1%，城市灯光平均增加 0.0005 个单位。回归分析进一步显示，城市发明申请量与沟通协同数字

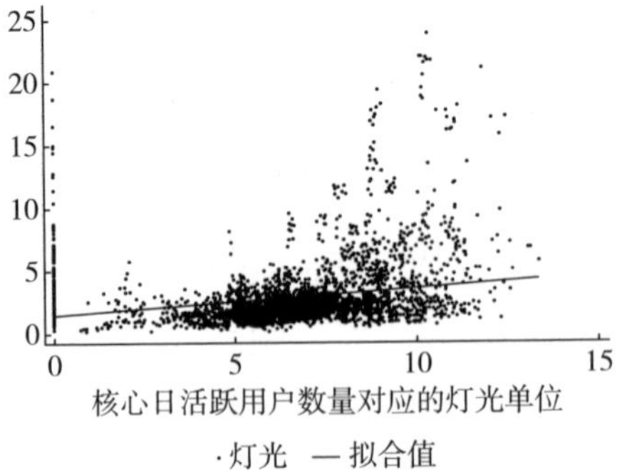

图 6-10　沟通协同数字化水平与经济增长之间的相关性

资料来源：量化模型测算结果。

化水平（sns_core_dau，用企业使用钉钉沟通发信息的数量度量）存在显著的正相关性，沟通协同数字化水平每增加 1%，城市发明申请量平均增加 0.2425 个单位（p_value<0.01）。

三、国际比较研究与政策建议

（一）国际经验的宏观反思

面向未来，我们从全球视角思考另一个问题：美国需要什么样的实体经济？德国需要什么样的实体经济？日本需要什么样的实体经济？如果要向发达国家学习如何搞好实体经济，我们应该向谁学习？很多人膝跳反射式的答案是德国、日本，因为在发达国家中德国和日本是制造业占比比较高的国家，日本制造业占 GDP 比重为 20%、德国为 25%；很多人不太会想到美国，因为美国制造业占 GDP 只有 11%，而且美国以金融为代表的虚拟经济太发达。事实上，当我们要找到一个实体经济风向标时，美国仍是一个需要深入研究和分析的国家，美国先进制造业和现代服务业发展仍有许多可借鉴之处。

在对过去 10 年的宏观反思中，我们看一组宏观数据：从经济总量看，过去 10 年，美国的 GDP 从相当于日本的 2.6 倍扩大到 4.5 倍，从相当于德国的 4.6 倍扩大到 5.4 倍。德日两个全球制造业最发达的国家，经济规模在过去 10 年与美国的差距越来越大。从制造业增加值来看，2011 年美国、德国、日本制造业 GDP 分别是 1.86 万亿美元、7585 亿美元、1.22 万亿美元，2021 年这 3 个国家分别是 2.38 万亿美元、7722

亿美元和 9800 亿美元。从 2011 年到 2021 年，美国制造业 GDP 从相当于日本的 1.5 倍扩大到 2.4 倍，从相当于德国的 2.5 倍扩大到 3.1 倍。德国、日本两个制造业大国与美国的差距仍在扩大[①]。美国在实体经济方面保持全球主导和领先并非偶然，正是其数字技术创新从深度和广度上对实体经济的全面渗透，构筑了高质量的实体经济。

（二）基于实证研究结论的政策建议

近年来，实体经济采用数字技术创新与重塑的趋势逐渐凸显，以知识和数据为关键生产要素的实体经济创新形态蓬勃发展。实体经济数字化成长的创新经济形态着眼于全链条协同，通过推动生产性服务平台化和组织高效率沟通，实现了从松散联结到实体嵌入，代表着现代化产业体系的未来，是中国经济由数量型增长走向高质量发展的核心动力所在。当前，越来越多的实体经济企业正依托数字技术和生态运营获得产业支持和创新动力，着力向高质量发展的创新形态转型成长。

因此，须着力推动实体经济构建数据驱动、平台支撑、高度协同的产业生态。政策上，应加快推进数据要素市场化建设，引导“生态网络主导型企业”及其构建的产业互联网平台发挥跨行业、跨领域的“头雁效应”，并从新型基础设施保障、加强关键核心技术攻关、提供投融资支持、强化示范引领、提供人才保障等多方面，为实体经济转型成长提供软硬件支撑。特别地，应鼓励大型数字科技实体企业打造面向中小企业需求的工业互联网平台，向社会提供成熟行业数字化转型经验，带动产业链供应链上下游中小企业协同开展数字化转型。支持推广应用软件

---

① 安筱鹏：《二十大报告学习：需要什么样的实体经济》，2022 年 10 月。

云服务及低代码产品，鼓励细分行业实体企业转型科技服务企业，研发推广具备行业特性的产品服务，引导持续提升产品的可拓展性，满足即时个性化需求。

以上通过实体经济数字化成长，数字技术对全要素生产率的提升，全链条融合、共性技术、高效沟通创造的增量价值等维度，初步建立了一套评价实体经济创新发展质和量的体系。在总体分析的基础上，根据实体经济不同产业的特点分别研究其创新与重塑的机理，梳理产业强国的逻辑。

执笔人：刘奕

第七章

农业强国：高质量实体经济的根本

中国是农业大国，重农固本是安民之基、治国之要。以中国式现代化全面推进中华民族伟大复兴，是中国共产党领导全国各族人民肩负的光荣使命。作为一项系统工程，建设社会主义现代化强国、实现中华民族伟大复兴最艰巨最繁重的任务依然在“三农”。党中央历来高度重视“三农”问题，在推进“三农”发展和脱贫攻坚等方面取得了历史性成就，正带领全国人民向着社会主义农业强国阔步前进。党的二十大报告强调，加快建设农业强国，扎实推动乡村产业、人才、文化、生态、组织振兴。建设农业强国是全面推进乡村振兴的重要部署，也是中国2035年基本建成社会主义现代化经济体系的重要内容。数字经济时代，数字技术与实体经济加速、深度融合。农业作为实体经济的基础部分，在数字化驱动下实现农业强国目标指日可待。本章将在厘清农业强国衡量指标的基础上，明晰中国农业发展与农业强国之间的差距，从生产、经营、产业三大体系探讨数字化与农业现代化融合互促的机制与路径。

一、农业强国：衡量标准与国际比较

（一）农业强国的衡量标准

2018年，《中共中央 国务院关于实施乡村振兴战略的意见》（以下简称《意见》）明确，必须坚持质量兴农、绿色兴农，以农业供给侧结构性改革为主线，加快构建现代农业产业体系、生产体系、经营体系，提高农业创新力、竞争力和全要素生产率，加快实现由农业大国向农业强国转变。作为新时代全面推进乡村振兴的战略指引，《意见》从发展理念、发展主线、发展目标等方面明确了农业强国的基本标准。

关于农业强国的具体衡量标准，学术界的研究呈现多样化特征。胡鞍钢和鄢一龙（2017）认为农业生产组织不断变革、现代农业要素的不断投入和强化、农业结构从低附加值向高附加值转变、发展模式从自给自足迈向国际市场，是迈向农业强国的主要方式①。魏后凯和崔凯（2021）将农业强国的特征概括为“四强一高”，即“农业供给保障能力强、农业科技创新能力强、农业可持续发展能力强、农业竞争力强和农业发展水平高”②。姜长云（2022）在总结全球农业强国的共性后，认为农业强国具备以下特点：经济社会发展水平和城市化水平高，粮食和重要农产品供给保障能力强；农业劳动生产率或比较劳动生产率高，发展现代农业的物质技术和装备基础强；农业优质化、安全化、绿色化、品牌化发展水平全球领先，农业及其关联产业展现了较强的国际竞争力和品牌影响力；农业专业化、规模化、特色化发展水平居世界前列；涉农产业分工协作、网络联动、优势互补水平高，农业合作社、涉农行业组织和跨国农业企业对现代农业发展起到较强的引领支撑作用；农业科技创新和产业创新水平高③。许竹青（2022）则从产业链创新角度提出产业链条健全高端是农业强国的突出标志④。

通过梳理，可将农业强国的衡量标准概括为以下方面。第一，农业

---

① 胡鞍钢、鄢一龙：《迈向现代农业强国》，《当代贵州》2017 年第 48 期。
② 魏后凯、崔凯：《面向 2035 年的中国农业现代化战略》，《China Economist》2021 年第 1 期。
③ 姜长云：《我国推进农业强国建设的战略思路和现实举措》，《社会科学辑刊》2022 年第 6 期。
④ 许竹青：《加强农业科技创新，走好农业强国之路》，《科技日报》，2022 年 10 月 31 日。

供给保障能力强。粮食安全是“国之大者”，农业强国应当把确保重要农产品特别是粮食供给作为首要任务，形成保障本国农产品供给的能力。第二，农业生产率高。现代要素向农业领域的转移和投入，能够有效提高农业劳动生产率。第三，农业生产经营组织多元化。长期以来，我国农业以小农经济为主体，要发挥规模经济效应，实现规模化生产，需要变革生产经营组织形式，集体化、合作化、企业化、家庭化并存共进。第四，农业具有国际竞争力。无论是农业优质化、安全化、绿色化、品牌化，还是农业市场实现国内国际双循环，都致力于培育较强的国际竞争力。

（二）农业强国的国际比较

概括来看，农业强国的特征表现为农业是否有比较优势和国际竞争力。姜长云等（2022）①、魏后凯和崔凯（2022）② 从人均 GDP、城镇化率、农业劳动生产率、农业劳均固定资产形成总额、农业从业人数占比等关键指标出发对中国农业发展水平进行了国际比较，划定了农业强国的国家范围，即美国、加拿大、澳大利亚、法国、德国、意大利、荷兰、丹麦、以色列、日本。本章借鉴以上文献对农业强国的范围划分，选取农村人口人均耕地面积和农业劳动生产率两个指标来分析中国农业发展的比较优势以及与农业强国的差距，利用我国农业部门出口在国际市场的份额来分析中国农业的国际竞争力。

农村人口人均耕地面积是决定农业发展水平的基础禀赋。人多地少是我国的基本国情，我国农村居民人均耕地面积远低于印度、澳大利亚、俄

① 姜长云、李俊茹、巩慧臻：《全球农业强国的共同特征和经验启示》，《学术界》2022 年第 8 期。

② 魏后凯、崔凯：《建设农业强国的中国道路：基本逻辑、进程研判与战略支撑》，《中国农村经济》2022 年第 1 期。

罗斯和美国的人均水平[①]。1991—2020年，随着中国城镇化水平的不断提高，农村居民人均耕地面积不断提高，从0.006平方千米增长到0.010平方千米。在此期间，随着全球人口的增长，全球农村居民人均耕地面积从0.016平方千米下降到0.014平方千米。截至2020年，中国农村居民人均耕地面积低于全球平均水平，但与农业强国的人均水平差距更明显。以2020年为例，农业强国的农村居民人均耕地面积超过0.068平方千米，几乎是中国同期的7倍（见图7-1）。从耕地面积角度看，人均耕地面积越大的地区，越有利于通过机械化生产实现农业大规模经营。从生产组织方式角度看，集体化为农业机械化提供了较好的条件，且农业生产由对人力的依赖转向对机械动力的采用[②]，劳动生产率大为提高。长期来看，土地是不可再生资源，中国农村居民的人均耕地面积水平较低且以小农户生产经营为主是我国的基本国情和农情。实现农业生产组织集体化，

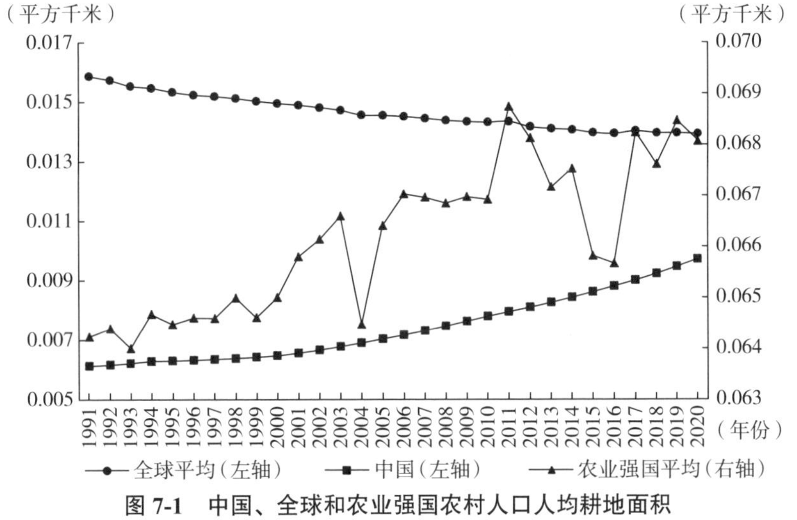

图7-1 中国、全球和农业强国农村人口人均耕地面积

注：农业人口人均耕地面积 = 农业用地面积 / 农村人口数。

资料来源：世界发展指标数据库。

① 胡鞍钢、鄢一龙：《迈向现代农业强国》，《当代贵州》2017年第48期。

② 焦长权、董磊明：《从“过密化”到“机械化”：中国农业机械化革命的历程、动力和影响(1980~2015年)》，《管理世界》2018年第10期。

以集体化推动规模化、机械化生产，是提高耕地利用效率的有效途径。

农业劳动生产率是体现耕地利用效率和农业发展效率的重要指标。中国农业劳动生产率具有稳步提升的趋势。以1997—2019年中国、农业强国和全球平均的农业劳动生产率为例，2009年之前，中国农业劳动生产率低于全球平均水平；2010年之后，中国农业劳动生产率达到2795美元，超过全球农业劳动生产率平均值；随后，中国农业劳动生产率稳步提高，至2019年已经达到5609美元。这一时期农业劳动生产率的快速提升与2008年中央提出实现“农业现代化”的政策指引密切相关。然而，中国与农业强国的农业劳动生产率差距仍然较大。从绝对差距看，1997年中国农业劳动生产率与农业强国的平均生产率相差33760美元，这一差距到2019年达到62567美元，30年之间差距几乎扩大了一倍（见图7–2）。世界发展指标数据库的数据显示，中国农业部门就业占总就业的比重虽然从1997年的49.9%下降到2019年的25.3%，但仅略低于全球平均的26.7%，显著高于农业强国2.12%的平均农业就业占比。中国作为全球人口第一大国，如此大规模的农业部门就业拉低了农业生产效率。提高

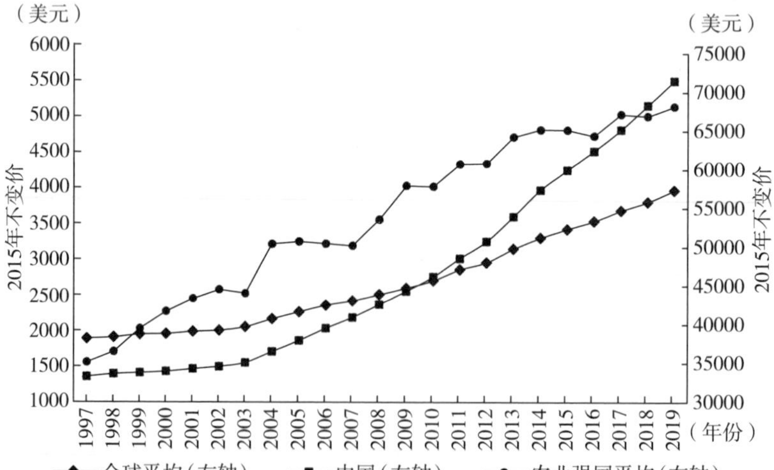

图7-2　中国、全球和农业强国农业劳动生产率的比较

注：农业劳动生产率为农业部门单位劳动力的增加值。

资料来源：世界发展指标数据库。

农业生产率，是实现农业强国目标的必然选择。

农业出口在国际市场上的份额体现了该国农产品的国际竞争力。屈小博和霍学喜（2007）通过显性比较优势、贸易竞争力指数和农产品国际市场份额来评价一国农产品在国际市场中的竞争力[①]。借鉴该评价方式且考虑数据可得性，本章通过农产品出口所占国际市场份额来比较中国与农业强国的农业国际竞争力。中国农产品在国际市场的份额逐步提升，向农业强国的平均水平靠近。1991—2021年，中国农产品占全球农业出口的比重从1.7%增长到3.6%；2021年，中国农业在国际市场的份额开始高于农业强国的平均水平，在国际市场的竞争力大幅度提升。但是，中国农业在国际市场的份额明显低于美国的市场份额。1997年以来，美国农业在国际市场的份额保持在11%~13%，2020年美国农业在国际市场的份额为12.6%，约为中国的4倍（见图7–3）。这充分显示中国农产品在国际市场上的竞争力明显不强。

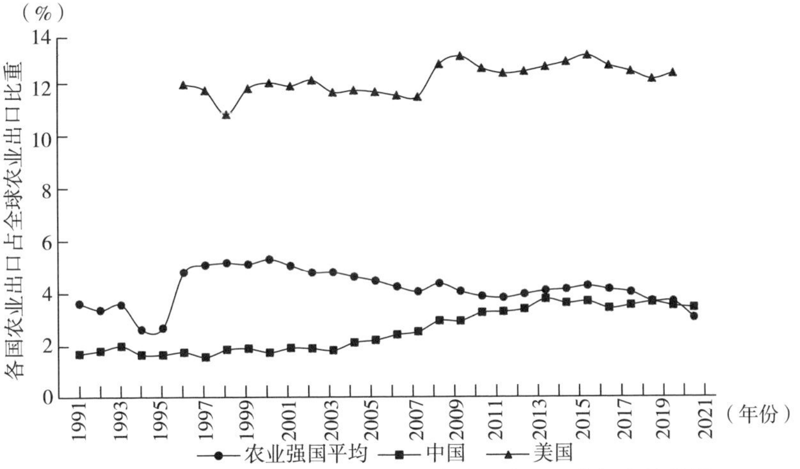

图7-3　中国、美国和农业强国的农产品在国际市场上的份额

注：农产品在国际市场上的份额＝各国农业出口值/世界农业出口值，农业出口值根据农业出口占商品出口比重和商品出口值进行推算。

资料来源：世界发展指标数据库。

① 屈小博、霍学喜：《我国农产品出口结构与竞争力的实证分析》，《国际贸易问题》2007年第3期。

综合上述分析，中国农业现代化的稳步推进显著提高了中国农业的发展水平，但与世界上其他农业强国相比，我国农业在生产规模、劳动效率、国际竞争力等方面仍有较大差距。未来，中国要实现农业强国目标，需要不断开拓新道路、探寻新动能、发展新业态。

二、加快构建现代农业

数字化对农业发展的影响是全场景的，深入农业生产、经营、产业各个体系，成为推进农业现代化和建设农业强国的重要动能。在生产要素领域，农业新型数据要素在各领域的应用，实现了对其他要素的投入替代和价值倍增作用；在农业生产领域，数字技术与农业生产的融合，代表了先进生产力，提高了农业生产效率；在农业经营领域，数字化挖掘了新型经营主体和组织的巨大效能，提高了经营效益；在农业产业领域，数字化助力产业链各环节的协同创新，提升了资源配置效率。

（一）引导新型要素资源向农业集聚

美国著名经济学家舒尔茨在其著作《改造传统农业》中提出“传统农业”的概念，将传统农业定义为“不使用现代要素的农业生产”[①]。舒尔茨强调，传统农业只有经过改造成为现代农业，才能为经济增长作出重大贡献。众所周知，农业本身所具有的产业周期长、风险不确定性高、投入产出效益低等特性，在客观上阻碍了资本、技术等现代生产要

① 西奥多·W. 舒尔茨：《改造传统农业》，梁小民译，商务印书馆，2006。

素向农业领域的流动；而现代生产要素的缺失，进一步降低了农业的产出效率，导致诸多国家和地区尤其是发展中国家仍未走出“贫穷但有效”的农业发展困局。

实现农业强国目标，必须把传统农业改造为现代农业。把传统农业改造为现代农业，需要引入先进的现代生产要素，尤其是基于数字技术衍生的数据要素。中国是典型的农业大国，但长期以来采取自给自足的小农耕作模式，这使得农村的生产技术、装备水平和数字化水平较低，导致城乡之间生产方式迥然不同，“生产鸿沟”难以弥合。根据《2020年全国县域数字农业农村发展水平评价报告》有关数据，2019年全国农业生产数字化水平仅为23.8%，明显低于工业和服务业数字化水平。随着社会形态的演化和技术进步的日新月异，生产要素的外延不断扩展。大工业生产发展引入了资本、技术、管理等先进的生产要素，极大提高了工业生产效率和对经济增长的贡献率。数字经济时代，作为新型生产要素的数据源于并融入经济社会发展的诸领域、各环节，通过发挥对传统要素的投入替代、配置优化和价值倍增等作用，成为现代社会的基础性要素。

农业生产、流通、销售的全流程积累了包括耕地信息、生产经营主体信息、农产品市场交易信息、遥感节点所得数据等大量数据。通过对这些数据进行收集存储、标准化处理和特定算法分析，可以发现农业生产经营过程中各种内在规律，以此开展对农业生产的智能监测与风险预警、农产品供需的有效对接以及农业知识与技能的积累与传承等。田间地头的数据正成为新的生产要素，与算力、算法技术形成合力，共同优化农业生产经营中的要素配置。

数据要素还与现代信息技术形成双引擎，有效疏通了农业引入资本、人才等要素的障碍与瓶颈。“传统金融服务农村长尾客户主要面临触达难、风控难、盈利难等痛点。”[①] 数字技术与金融服务双向融合催生数字金融服务模式，通过线上业务、数据分析等手段，有效实现了降成本、拓范围、精准风险防控，使得资本要素在农业农村领域加速流动，普惠金融效应日益显著。此外，农业农村领域正成为数字技术应用的新蓝海，吸引各类人才带科研成果入乡转化或回乡创业，从而激发新型人口红利。

（二）加快构建现代农业生产体系

生产体系是农业发展的基础。农业生产质量决定了农业供给质量，农业供给质量影响农产品市场的整体效益。数字时代，加速农业现代化不仅要依靠要素的投入，而且要借数字化发展的东风，强化技术创新的正外部效应，加大农业数字技术研发投入，推动技术成果转化，构建高质量农业生产体系，提高数字技术对农业发展的贡献率。

数字化有效提高了农业生产效率。数智农业是“以互联网信息系统为基础，以涉农数据资源为关键要素，以先进数字设备与技术为手段，以智能化管理与决策为支撑的可持续、高效率的现代农业形态，具备生产基础设施数字化、涉农数据要素化、技术终端智能化、参与主体多元化等基本特征。”[②] 目前，我国正在探索并推广智慧农场、智慧牧场、智慧渔场建设的有效模式，推动数字技术与农机装备、标准化生产、风险防控、质量安全监管等农业各个环节的有效融合，实现农业生产管理的科学化、规模化与标准化。

---

① 孙晓、罗敬蔚：《金融科技赋能乡村产业振兴的核心优势与基本模式研究》，《学习与探索》2022 年第 2 期。

② 孙晓、夏杰长：《产业链协同视角下数智农业与平台经济的耦合机制研究》，《社会科学战线》2022 年第 9 期。

（三）加快构建现代农业产业体系

农业产业是农产品产前、产中、产后等一系列环节共同形成的网络结构产业。数字化与农业产业体系的融合，不仅加速了产业链上各个环节或实体的数字化升级，而且为整个产业链实现协同创新提供了技术方案，助力农业产业实现横向延伸和纵向连接的“双向一体化”。

数字化融入农业产前、产中与产后，提升了全链条管理的精细化和各环节的联结度。农业产前阶段，利用大数据技术对生产、流通、销售等渠道的历史数据进行整理和分析，预测可能的产量、效率、品类需求等，科学制定生产规划。农业产中阶段，利用卫星遥感、物联网、人工智能等技术，对农业生产进行实时观测、自主浇灌与施肥、风险预警、有效处置等数字化管理，助力农作物高质高产。农业产后阶段，通过供应链优化、分层销售、分级定价等，切实提高生产经营主体的经济收益。浙江省龙泉市与阿里巴巴联合打造“农智链”应用场景，以数据为指引对种植服务、产品打造、渠道对接、数字管控等方面进行数字化赋能，有效实现农产品全产业链的精准管理和有效贯通，是现代农业发展的必然趋势。

农业数字化产业链上的各个环节以数字技术为底层逻辑，数据要素进入农业生产函数，使得其他生产要素的使用质量、组合效率得以提升，并在农产品供给与需求之间形成“适需生产—消费者满意—收益提高—有针对性的改良—产品质量更高”的正向反馈机制[①]，最终实现了产业链不同环节、不同主体之间的价值共创与共享。同时，数字化大大拓展了农业的产业边界和功能外延，促进农业与旅游业、文化创意产业

---

① 孙晓、夏杰长：《产业链协同视角下数智农业与平台经济的耦合机制研究》，《社会科学战线》2022 年第 9 期。

等其他产业融合发展，培育出“农业＋”多产业的融合新业态，不同主体基于价值共创目标形成利益联合体。数字化助力延伸产业链、拓宽价值链、筑牢利益链[①]。

（四）加快构建现代农业经营体系

“大国小农”是我国的基本农情。“小农”是以农户为基本生产单元、生产经营规模小、生产工艺简单的农业组织形式，它通常缺乏组织性、技术含量低、抗风险能力差。我国要实现农业强国目标，不得不对传统的小农经济进行改良，形成新型农业生产经营组织，从而更好地将现代生产要素引入农业领域，提升产业效率和产业稳定性。

小农户在对接大市场的过程中主要面临两个困境：一是由信息不对称导致的农产品供需不匹配；二是由流通技术不高导致的流通效率过低。数字技术的应用有针对性地纾解了以上两大困境。以阿里巴巴为例，它在各农产品主产区建立大型数字农业产地仓，并与生态伙伴建立协管仓，辐射全国核心农业产区；整合线上线下零售分销渠道，形成数字化仓配分销网络；开展乡村快递物流智慧共配项目，促进产销对接，由此建立起数字化供应链协同共享体系。

数字化正在挖掘小农生产潜力，加速重构农业产业组织形式，孕育各类数字化生产合作组织、销售合作组织。这些数字化农业组织能够有效带动各种规模的农户发挥积极作用，促进农户利益、品牌效益和产业价值的同步增长。浙江省象山县的柑橘产业便是借力数字化重塑产业组织形态、走出高价值农业之路的成功案例，“象山红美人”

---

① 肖咏嶷、夏杰长、曾世宏：《共同富裕目标下数字经济促进农村产业融合发展的机理与路径》，《山西师大学报（社会科学版）》2022 年第 11 期。

已成为全国知名的柑橘品牌。首先，当地柑橘种植大户招募周边中小农户成立合作社，向社员提供技术指导，收购小农产品，形成技术赋能、渠道共享、风险分担的稳定合作关系。其次，小农户借助电商渠道形成销售合作联盟，联盟为会员提供销售平台，统一定价，指导橘农分类、分层销售。最后，小农户和种植大户形成产业联盟，种植大户拥有丰富的数字化经验，产品品质能够匹配高端新零售平台和数字化流通的要求，种植大户通过向小农户传授数字化经验提升其数字化参与意识和能力。产业联盟还发动返乡青年农民学习数字种植技术，提高了青年农民的种植积极性。

三、农业农村现代化的具体路径

（一）夯实农业发展的新基建

数字基础设施升级行动是数字乡村建设的重点任务。乡村数字化基础设施建设，不仅涉及新兴基础设施在农村地区的布局，逐步实现城市农村“同网同速”，还包括对农村传统基础设施的数字化改造，构建包括智慧水利、智慧交通、智慧电网、智慧物流等在内的智慧系统。依托乡村数字化基础设施的完善与升级，既可以缩小城乡之间的数字化基础设施差距，从根本上抑制城乡数字鸿沟的拉大，又可以整体带动农业农村现代化发展，成为数字化与农业农村深度融合的基础支撑。

近年来，我国广大县域成为数字乡村建设的核心节点，在数字化基础设施建设和布局中发挥着重要作用。推进数字乡村建设，各地需要基于本地资源禀赋、现有信息化基础和经济社会发展水平，切实以需求为导向，聚焦技术集成、资源整合、互联互通、示范应用等重点环节，走出独具特色的数字乡村建设之路。

（二）整合新型要素提升全生命周期价值

2013 年，Miller 和 Peter 提出数据价值链的概念，从数据全生命周期角度将其划分成数据发现、数据集成和数据探索三大过程[①]。农业的数字化发展过程积累了大量生产、投入、营销、流通等环节的数据资源。一系列数据形成完整的价值链，突破了组织边界的藩篱，不仅可以在组织内部通过数据的连接交互而创造价值，而且可以实现不同部门之间的数据连接，使得政府、互联网平台以及其他相关主体的数据都能够与生产经营的各个环节产生关联。不同领域与环节数据要素的整合与流通成为农业数字化发展的信息支撑[②]。

数据要素区别于传统要素的一个重要特征，就是其价值贯穿于全产业链条。农业数据本身来源于具体的农业经济活动，又能通过价值挖掘与整合反馈至各领域、各环节，做出相应的分析与预测，从而指导农业经济活动，提高农业产出效率，提升农业产业链价值。数据要素的价值已在诸多数字化农业场景中得到了验证。例如，在园艺作物种植中，采用数字技术，通过各种传感器、摄像头把采集到的温度、湿度、光照、水分等数据传入中控系统，使得每片叶子的长宽、植株茎粗、植株长度、果穗数量、每串果穗的挂果数量等数据得以量化，从而打造农业生

① H.Gilbert Miller,Peter Mork, “From Data to Decesions: A Value Chain for Big Data,” IT Professional,Vol. 15,No. 1,January 2013,pp.57-59.

② 夏杰长：《以数字经济改造农业产业化服务体系》，《经济日报》，2020 年 7 月 15 日。

产方程式自动算法，形成“农业种植大脑”，精准指导农业活动。

（三）坚持农业科技自立自强

创新是农业数字化发展的根本动力。创新本质上就是“把一种从来没有过的关于生产要素和生产条件的新组合引入生产体系”[①]。数字化与农业产业融合更新了传统生产技术、丰富了交易品类、拓展了交易时空、加快了交易速度、提升了产业效益。未来，实现农业强国目标要始终坚持创新驱动效益提升，加快农业数字化技术创新，以技术创新引领产品创新、模式创新与服务创新，规范数据的要素化过程，释放数据生产力，探索更加丰富多元的数字应用场景。

1. 技术创新

我国当前农业数字化发展面临的主要约束在于科技创新不足。以数智农业为例，其发展的主要障碍在于科技短板突出，集中体现在底层技术支撑不足、核心关键技术研发滞后。半导体、操作系统、数据库等核心技术遭遇一系列“卡脖子”难题，传感器国产化、精确度、集成度、抗逆性都不高，专用智能芯片等技术尚在研发阶段。

突破技术约束的当务之急在于重点攻关基础技术、通用技术和关键技术，超前布局前沿技术[②]。以数字化加强农机装备技术创新，推进适用各种作业环境的智能农机装备研发，利用传感器、生产调控机理模型等，推动农机农艺和信息技术集成研究与系统示范，加速构建数字化、智慧型现代农业生产经营体系。

---

① 约瑟夫·熊彼特：《经济发展理论》，何畏等译，商务印书馆，1990。

② 《数字乡村发展行动计划（2022—2025年）》，中国网信网，2022年1月26日。

数字技术在涉农领域的渗透、融合与应用，离不开涉农劳动力数字素养与技能的全面提升。但整体而言，我国国民数字素养与技能水平有待进一步提升。尤其是农村劳动力文化水平普遍偏低、新技术接受能力偏弱，使得在经营管理层缺乏既懂技术又懂管理的综合型人才。普通从业人员过低的数字素养使得新技术、新模式在农业领域的推广与应用受到阻力。

加速新型职业农民培育、提升涉农劳动力数字化水平和能力成为建设数字乡村、助推农业强国的题中之义。一方面，应建立多层次农村数字人才建设体系，发挥本土企业、职业院校、培训机构、公益组织的作用，加强对涉农劳动力的数字化技能培训，借助在线形式扩大农业科技知识的普及范围，形成新型职业农民队伍。另一方面，发挥各级政府作用，完善政策配套，多渠道、多形式地鼓励支持高校毕业生、城市人员以及农民工入乡返乡创新创业。近年来，各类入乡返乡人员利用“互联网 +”创新创业的规模逐年扩大，农业从业人员正从单纯的生产者向生产经营者转型，利用数智化新农具积极参与数字乡村建设。此外，科技企业的人才红利持续向农业农村领域释放。阿里巴巴集团的“乡村特派员”项目，每年选派资深员工为农业农村提供数字化运营方案，通过拓宽新渠道、打造新品牌、优化供应链、引入数字化产业等方式，吸引更多人才到县域和乡村创业，为县域可持续发展注入人力资本活力[①]。

2. 产品创新

产品创新是市场牵引和技术推进共同作用的结果。从市场角度看，产品品质是市场竞争力的核心内涵，提升品质是获得竞争优势的主要途

① 阿里研究院：《乡村特派员：利用数字化人才探索乡村振兴之路》，载于《数字经济助力乡村振兴案例集》，2022 年 3 月。

径，而品质的优劣是由市场来定义和诠释的。从技术角度看，数字技术的应用为市场设计了便利、快捷的质量评价机制和信息反馈机制，使得消费者和生产者之间的信息交流更加对称。对于农业生产经营而言，利用数字化机遇加速农产品的品类与质量创新是农业数字化发展的题中之义。当前，我国农业发展面临的一个重要现实就是育种技术不高、种业国际市场竞争力不强，真正能够参与国际种业竞争的品种较少，这严重制约了我国农产品的高质量供给。因此，以数字化倒逼产品的创新成为必然选择。

我国具有好口碑、高价值、广受市场青睐的优质农产品，均注重产品本身的持续创新。“象山红美人”之所以能够获得较高的附加值，就是因为整个产品联盟坚持品种品质是品牌生命力的理念。其中，互联网科技企业在与地方特色农产品品牌的合作中，发挥了“智慧育种”的平台作用。如阿里巴巴联合国内外掌握先进农业研发技术的企业和高校，依托农作物基因资源与基因改良国家重大科学工程等基础条件和阿里巴巴在大数据处理、存储和分析等方面的优势，实现作物育种的全流程数字化管理，综合各类数据进行智能育种决策，从而缩短育种时间。

3. 模式创新

数字化助推农业全产业链升级和贯通，使得不同产业环节之间的技术合作、信息交流和价值共创更为畅通，各种新模式、新应用不断产生；数字化拓展了农业多种功能，促进农业与其他产业融合发展，培育“农业 +”融合新业态。这些新业态、新模式与新应用有效提升了农业发展的广度和深度，拓宽了农民增收渠道的宽度。

数字技术催生新模式，新模式形成新产业。基于数字技术创新和数据要素引导的新模式，是以客户价值创造为中心、更加高效的信息匹配模式。当前，农产品电商在我国发展成效显著。从传统电商到直播电商，再到社区电商，其商业运作模式不断升级，同时为生产端和消费端提供精准商业服务。以阿里巴巴旗下社区电商平台淘菜菜为例，它依托阿里巴巴特有的数字技术和完善的农业基础设施，打通产销全链路，一端连接农产品基地，另一端通过社区小店连接千家万户，把居民零散的消费需求集中起来，形成批量化订单，再向上游组织货源，构建了一张从农田到餐桌的直供直销网络，实现以销优产、以销定产。

新零售平台催生订单式农业模式。新零售是基于数字技术的新业态，以大数据洞察需求，将需求信息反馈至生产环节，按需定产，促进农产品生产过程的规模化、标准化，形成订单农业模式。这种模式实现了消费互联网与产业互联网的有机融合。盒马作为新零售行业的领跑者，在全国各地建立盒马村、盒马县，与优质农产品产地签订订单合同，为优质农产品引向全国大市场提供了稳定的销售渠道。盒马对农产品的高标准还激励农户主动运用科技手段，实现增产增收增效的多重目标。

专栏7-1　当黑猪遇到盒马：数字技术驱动农产品拥抱新零售[①]

直隶黑猪成立于2010年，是一家集有机种植、生态养殖、屠宰加工、直营销售、田园休闲于一体的全产业链立体生态农业企业。在企业发展过程中，直隶黑猪依托新零售平台的开创者盒马鲜生，在数字化技术的帮助下，成功实现了数字化营销，在新零售中脱颖而出。

在推动农产品销售数字化转型的过程中，盒马做对了什么？

---

① 戴亦舒、朱慧喆：《当黑猪遇到盒马：数字技术驱动农产品拥抱新零售》，北京工商大学，2022年9月。

1. 大数据反哺产品质量优化，盒马助力农产品产销信息对接

高品质的货源是农产品走向更广阔消费市场的“敲门砖”。自成立初期，盒马就搭建了买手团队，坚持高品质选品。在生鲜农产品领域，盒马大多利用自采自营，获得高品质商品与高毛利空间。直隶黑猪依托唐县昌鑫黑猪养殖有限公司的自有千亩种植基地，为禽、畜提供苜蓿草、皇竹草、苦菊等有机植物进行食用，确保每一头黑猪的健康强壮与纯正，实现从种猪繁育、屠宰分割、食品深加工、冷藏运输、零售流通全流程产业链闭环，保证了全环节、全链条质量安全闭环监管长效机制，做到了品质完全可控。

怎样知道消费者喜欢什么样的产品？通过消费场景数据化，盒马可以持续获取包括浏览、消费、口味偏好、评价等行为数据及交易数据。对数字化交互过程中产生的大量数据进行有效挖掘，可以捕捉消费者需求并将其反馈至整个生产和供应链，实现消费全链路产销信息对接，为合作企业描述消费者的消费习惯和消费倾向，推动从消费端到生产端的定制化生产模式，实现按需定产，在引领农产品标准化、规模化生产的同时推动个性化生产。

数字原生决定了大数据算力能够测出消费者最偏爱的口味、品类和包装形式。在盒马的数据支持下，直隶黑猪发现 80% 以上消费者偏好小包装，并以此进行产品优化与生产流程改造。

2. 新零售实现线上线下加速融合，盒马助力农产品企业拓宽销售渠道

新零售成功的关键在于线上销售与线下体验的有机结合，以 3

千米为半径精准定义客群（办公室白领需求、健康需求），通过消费数据洞察指导精准产品研发。盒马聚焦线上线下全渠道联动，利用可视化、可触达、可分享的技术助推线上线下应用场景深度融合，提升消费者的购物体验。

首先，盒马在线下体验店为消费者提供一站式服务，消费者可以在现场进行购买、加工、用餐，形成线下体验拉动线上消费的模式，大幅提升了顾客的信任度与满意度。其次，盒马可以依靠其算法优势打通人货匹配率，让商品更快速地触达消费者，更精准地定位消费者。最后，盒马鲜生通过基地直采、社区团购、社群消费、直播带货等模式的扩展，促成消费与体验的融合，打破了传统零售营销以商品、价格为主体的营销思维，提高消费者对品牌文化和价值的认同感，从而提升用户转化率，增强消费黏性。

消费者购买生鲜农产品的最终落脚点在于对新鲜程度的感知与评价，直隶黑猪在传统的电商销售渠道中，无法为消费者带来直观的"新鲜感"体验，而借助盒马新零售平台，高品质的黑猪产品可以近距离体验，改善了传统电商渠道中无体验场景的弊端。对于猪肉这种需要极强体验感的品类，通过盒马的口碑和效率、"日日鲜"的承诺让消费者"眼见为实"。同时，高品质的黑猪食材基于盒马中高端的目标消费群体，聚拢具有共同价值观的消费者，逐渐孵化出具有共同价值观的粉丝化社群，为企业发展打开稳定的销售渠道。

3. 集约化物流升级农产品供应链，盒马助力农产品流通效率提升

网格化物流配送体系使生鲜供应可以确保最佳体验。传统电商

是从养殖地直供，无仓和商超的概念，无体验场景，规模化生产、标准化产品决定了消费者选择空间很小。盒马打造网格化供应链，通过线下体验激发释放消费者的主动需求，将定制化、个性化、高端化、多元化的需求一一精准满足，前店后仓确保时效性和体验感；同时以产品超前研发带动形成新的消费市场。

盒马耗资百亿建设高效集约化冷链物流网络，打造以基地直采为核心、以高效冷链物流网络为支撑的供应链模式。盒马坚持将消费互联网与产业互联网融合，与国内超过550家农产品基地建立稳定的合作关系，利用其自身去中介化性质，形成了“生鲜电商+直采基地”高附加值供应链，缩短农产品冗长的流通链条，缩短运输与配送时间，降低产品在物流过程中的损耗。同时，盒马依托物联网和互联网技术所建立的全链路食品安全动态追溯系统，有效保证了商品供应链的安全可靠，致力于让消费者买得到、买得好、买得方便、买得放心。

数字化改造有效促进从种猪到餐桌，生产及流通全流程产业链闭环的构建。盒马的自建物流体系实现了与直隶黑猪冷链物流的无缝对接。截至2022年，直隶黑猪已拥有直营店28家，超市33家，遍布北京、天津、保定、石家庄各区县。直隶黑猪自身打造了良好的“基地—各城市冷藏库—各个售卖点”的冷链物流线路，以点、线、面相结合的方式最大限度地提高了养殖基地到直营售卖点的运输效率。而盒马的“日日鲜”的承诺与首创的覆盖3千米半径的生活圈、30分钟送达的业务模式，使得直隶黑猪的高品质生鲜产品的冷链链条得以延长，实现了从种猪到餐桌的全流程冷链贯通，让直隶黑猪在满足消费者吃得饱的基础上，更好地满足吃得新鲜、吃得安全、吃得放心的需求。

4.“盒马村”探索农业新生态：盒马助力农产品品牌化发展

附加值价值链环节因数字化诞生，延伸至精深加工、农业旅游构建产业IP生态体系。“盒马村”是数字时代新零售的产物，是以订单为依托，通过C2M以销定产模式整合产销资源，从而在产销之间形成稳定的供应关系，并通过阿里巴巴建设的“产—供—销”三大中台，让农村从分散孤立的生产单元升级为现代农业数字产业链的一部分。依托阿里巴巴平台，“盒马村”的落地建设可以通过数字化供应链助力挖掘每个地方的特色农产品，并对特色农产品进行新媒体营销推广，推动农产品标准化、精细化、品牌化改造，助力农产品赢取顾客良好的口碑和信任，树立良好的品牌市场形象。

直隶黑猪在拓展自身业务以谋求企业发展的同时，一直以“促进地方经济快速发展、带动贫困农户脱贫致富”为己任，这一理念与盒马在数字农业发展的窗口期和机遇期积极探索乡村振兴和共同富裕之路，建设“盒马村”的战略规划不谋而合。盒马为直隶黑猪打造了有机黑猪盒马村，带动了本区域养殖、屠宰、加工等相关产业发展，借助产业优势助力农村产业转型升级，发展现代优质生态农业体系，打造特色农业IP旅游产业。

数字化助力农产品跨境电商成为新兴贸易形态。跨境电商通过线上操作、非接触式交货、多边化对接、全球化供应链布局以及跨境电商+海外仓本土化运营等优势，使农产品生产企业能够直接对接全球市场，大幅压缩了农产品出口成本，成为稳定农产品外贸、实现高水平对外开放的重要力量。

新冠疫情的暴发倒逼我国农产品跨境电商迅速发展。受疫情影响，农产品的线下贸易渠道受阻，贸易规模和速度下行，而跨境电商逆势上扬，逐渐成为我国对外贸易发展的新生力量。在数字技术的加持下，跨境直播、数字展会等线上线下融合、境内境外联动模式推陈出新。海关总署数据显示，2020 年上半年，我国货物贸易进出口总值比 2019 年同期下降 4.9%，但前三季度海关跨境电商监管平台进出口总值为 1873.9 亿元，大幅增长 52.8%。作为全球最大的 B2B 跨境电商平台，阿里巴巴国际站在畅通我国农产品国内国际双循环中发挥了重要作用。截至 2019 年 7 月，阿里巴巴国际站农业行业商品单品数达 111 万件，产品销往全球超过 100 个国家和地区；2020 年，阿里巴巴国际站农产品成交额同比增长 183%[①]。

政府也在积极部署推动农产品跨境电商高质量发展。其中，设立跨境电子商务综合试验区是一项重要举措。全国共有 6 批 132 个城市和地区获得国务院批准设立跨境电子商务综合试验区[②]。在政府支持和集成信息技术支撑下，跨境电商逐步与传统贸易、新零售等形成融合发展态势，打造乡村电商产业集群，成为我国农产品开拓海外市场、畅通国内国际双循环的新途径。

4. 品牌创新

品牌建设滞后，产品附加值低，生产经营者收入不高，是我国农产品面临的主要困境。在数字化进程中，如何构建品牌、讲好品牌故事、维护品牌形象、获取品牌效应，已成为农业生产经营者面临的一

① 农业农村部管理干部学院，阿里研究院：《“数商兴农”：从阿里平台看农产品电商高质量发展》，2022 年 4 月。

② 数据来自中国政府网。

个重要议题。

品牌形成后既可以增强各地区特色农产品的市场辨识度，强化保证质量品质的约束，又可以增加农产品的品牌附加值，使得农民收入有所提高。在特色农产品品牌塑造过程中，农业生产经营主体主动将地域特征、传统文化等特色资源融入其中，通过多元化的传播渠道，向消费者传递有效信息。品牌形成还会倒逼各类农业生产经营主体将农业科学技术成果与农业生产紧密结合，打造适需生产的高质量特色农产品，强化农业产业价值链的韧性。

品牌故事是品牌文化的具体载体。农产品是自带产地故事属性的产品，其产品特征体现了产地的自然环境、历史背景和人文因素。地方独有的自然和人文环境赋予农产品品牌独具特色的文化价值。利用电商平台丰富的注意力资源和复制边际成本递减甚至趋于零的优势，农业主体在线上开展数字营销，广泛传播产品本身特色和品牌故事，打造区域农产品公用品牌，进而形成区域文化产业，嵌入农产品品牌设计与营销等环节，挖掘农业的文化价值，提升农产品的溢价能力。

打造品牌生态圈已成为维护区域公用品牌的重要手段，即用地区母品牌的知名度带动子品牌的构建，再用子品牌的高溢价推动母品牌价值提升。基于《中国农业品牌目录2019》的量化分析发现，2021年300个农产品区域公用品牌在阿里巴巴电商平台上保持了良好发展势头，销售总额达到42.4亿元，较2020年增加了7000万元；大部分品牌农产品的平台销售价格高于同类产品的平均价格，品牌溢价能力持续增强①。

① 中国农业大学国家农业市场研究中心、阿里研究院：《阿里电商培育农业品牌研究（2022）》，2022年8月。

5. 服务创新

数字技术嵌入农业经济领域带来信息、支付、信用等服务的创新，有效支持了农业生产经营活动的运营。以金融服务为例，新兴的互联网银行日益成为普惠金融业务的重要力量，通过云端组织架构、线上业务开展、灵活便捷的模式等，使得金融服务三农、小微的效率大大提升。2020 年，网商银行推出了“大山雀”卫星遥感信贷技术，农户只需在手机地图上圈出自己的地块，与银行和当地农业农村部门记录的土地信息交叉比对，验证通过后再利用人工智能算法从卫星图像中识别出地块上农作物面积、类型，通过风控模型预估产量和价值，依据所得数据向农户提供个性化的信贷产品。

（四）发挥科技企业市场创新主体作用

作为数字经济时代的重要市场主体，数字科技实体企业以其显著的技术、数据和商业优势为整个经济社会的全面数字化贡献了积极力量。科技是互联网科技企业的显性基因，它们既是新技术的应用者，更是新技术的研发者和传播者。在业务拓展中，科技企业不断创新商业模式。商业模式的创新不只带来财富的积累，还越来越多地参与社会问题的解决，践行企业社会责任，发挥企业社会价值。

近年来，科技企业积极响应国家战略安排，参与社会建设，尤其是在乡村振兴战略中的价值逐渐显现。未来，要持续调动科技企业在农业强国战略中的巨大能量。首先，引导现有业务更加深入地向农村市场下沉，如电子商务、智慧金融、在线旅游等，促进多产业形态、多业务类型跨界融合发展。其次，鼓励开发针对农村市场的新系统、新应用，新系统、新应用要符合农业生产经营主体的认知水平和使用习惯，力争简明、方便、易操作。最后，地方政府要加强与科技企业的合作，通过政策支持、基础设施完善、营商环境优化等手段，吸引更多的科技企业扎根县域、扎根农业。目前，阿里巴巴已与30余个县级政府合作建设“客服县”项目，短期内每个县可以为当地提供200~300个高质量就业岗位，中长期培养电商等数字化人才，吸引人才返乡下乡创业创新；支付宝以“蚂蚁森林”的形式带动超过5.5亿人参与到生态治理中，在荒漠化地区种下2.2亿多棵树，助力碳达峰、碳中和[①]。

（五）培育拔尖创新人才增强比较优势

农业的高质量发展与现代化，离不开涉农劳动力数字素养与技能的全面提升。但整体而言，我国国民数字素养与技能水平有待进一步提升。尤其是农村劳动力文化水平普遍偏低、新技术接受能力偏弱，使得经营管理层缺乏既懂技术又懂管理的综合型人才，普通从业人员过低的数字素养使得新技术、新模式在农业领域的推广与应用受到阻力。

加速新型职业农民培育、提升涉农劳动力数字化水平和能力成为建设数字乡村、助推农业强国的题中之义。一方面，应建立多层次农村数字人才建设体系，发挥本土企业、职业院校、培训机构、公益组织的作用，加强对涉农劳动力的数字化技能培训，借助在线形式扩大农业科技知识的普及范围，形成新型职业农民队伍。另一方面，发挥各级政府作

① 农业农村部管理干部学院、阿里研究院：《“数商兴农”：从阿里平台看农产品电商高质量发展》，2022年4月。

用，完善政策配套，多渠道、多形式地鼓励支持高校毕业生、城市人员以及农民工入乡返乡创新创业。近年来，各类入乡返乡人员利用“互联网 +”创新创业的规模逐年扩大，农业从业人员正从单纯的生产者向生产经营者转型，利用数智化新农具积极参与数字乡村建设。此外，科技企业的人才红利持续向农业农村领域释放。

执笔人：夏杰长　孙晓　田野

第八章

制造强国：高质量实体经济的支柱

当前，我国工业化和信息化、先进制造业和现代服务业融合发展进程加快，制造业增加值稳居世界首位。信息化与制造业的深度融合，将促进制造模式、生产组织方式和产业形态的深刻变革，智能化服务化成为制造业发展新趋势。单件小批量定制化生产正逐步取代大批量流水线生产，基于信息物理系统（CPS）的智能工厂成为未来制造的主要形式，重复和一般技能劳动正不断被智能装备和生产方式所替代，产业形态从生产型制造向服务型制造转变。全生命周期管理、总集成总承包、电子商务等加速重构产业价值链新体系。我国的制造业面临重要机遇。数字化从助力创新、促进两化融合、促进产业结构升级等方面，推动制造业向高端迈进。

一、从制造大国迈向制造强国

纵观欧美等发达国家的强国之路可以看出，具备规模雄厚、结构优化、技术创新能力强、发展质量好、产业链国际主导地位突出的制造业是国民经济持续发展繁荣及国家安全的基础。中国工程院“制造强国评价指标体系”设置了包括“规模发展”“质量效益”“结构优化”和“持续发展”4个一级指标。[①] 中国在“规模发展”指标项中连续8年保持第一位，且进一步拉大了与其他国家的差距。据工信部最新数据，我国已连续12年位居世界第一制造业大国，对世界制造业贡献比重接近30%。但从制造业核心竞争力看，我国尚未迈入“制造强国第二阵列”，由制造大国向制造强国转变任重道远。

（一）制造强国的基本内涵

目前国内外对于“制造强国”的概念和内涵没有统一的描述，工信部通过对一些有代表性的工业发达国家进行梳理和研究，大致上将“制造强国”的内涵概括为以下3个方面：一是规模和效益并举。从美国、德国、法国、日本等公认的制造强国的发展历程看，最基本的特征就是制造业规模日趋壮大，产业质量不断提高。二是在国际分工中具有较高地位。当今多数制造强国中，高技术产业和服务型制造占比较高，在国际分工中大多处于产业链高端地位，尤其是信息技术的应用使其拥有很强的核心竞争力。三是具有较好的发展潜力。无论是既有的制造强国，还是具有后发优势的“潜在”强国，都要求具有良好的发展潜力。以强大的自主创新能力实现制造业资源节约、环境友好、绿色发展，保持持续发展的能力。

（二）制造强国的主要特征

现有的制造强国主要表现出以下4个方面的特征：一是拥有雄厚

① 《2020中国制造强国发展指数报告》，2020年12月。

的产业规模。这反映了制造业发展的实力基础，表现为产业规模较大、具有成熟健全的现代产业体系、在全球制造业中占有相当比重。二是完善的产业结构。这反映了产业间的合理结构，各产业之间和产业链各环节之间的密切联系，产业组织结构优化、基础产业和装备制造业水平较高、拥有众多有较强竞争力的跨国企业。三是良好的质量效益。这体现了制造业发展质量和国际地位，表现为制造业生产技术水平世界领先、产品质量水平高、劳动生产率高、创造价值高、占据价值链高端环节等。四是持续的发展能力。这体现了高端化发展能力和长期发展潜力，表现为具有较强的自主创新能力，能实现绿色可持续发展，信息化发展水平较高。

（三）建设制造强国的 3 个阶段①

《中国制造 2025》对构成制造强国评价指标体系的各项具体指标进行逐项的发展目标预测，将我国建设制造强国的进程大致分为 3 个阶段：

第一阶段，到 2025 年，综合指数接近德国、日本实现工业化时的制造强国水平，基本实现工业化，中国制造业迈入制造强国行列，进入世界制造业强国第二方阵。在创新能力、全员劳动生产率、两化融合、绿色发展等方面迈上新台阶，形成一批具有较强国际竞争力的跨国公司和产业集群，在全球产业分工和价值链中的地位明显提升。

第二阶段，到 2035 年，综合指数达到世界制造业强国第二方阵前列国家的水平，成为名副其实的制造强国。在创新驱动方面取得明显进展，优势行业形成全球创新引领能力，制造业整体竞争力显著

① 《国务院关于印发〈中国制造 2025〉的通知》，中国政府网，2015 年 5 月。

增强。

第三阶段，到 2045 年，乃至中华人民共和国成立 100 周年时，综合指数率略高于第二方阵国家的水平，进入世界制造业强国第一方阵，成为具有全球引领影响力的制造强国。制造业主要领域具有创新引领能力和明显竞争优势，建成全球领先的技术体系和产业体系。

（四）中国距离制造强国的差距

2021 年 3 月，全国政协经济委员会副主任、工信部原部长苗圩在全国“两会”发言中指出，“在全球制造业四级梯队格局中，中国处于第三梯队，实现制造强国目标至少还需 30 年”[①]。《2021 中国制造强国发展指数报告》显示，2020 年各国制造强国发展指数排名从高到低依次为美国（173.19）、德国（125.94）、日本（118.19）、中国（116.02）、韩国（74.39）、法国（69.35）、英国（61.45）、印度（44.56）、巴西（27.38），与 2019 年相比各国排名及所处阵列均未发生变化[②]。其中，美国单独位于第一阵列，德国、日本位于第二阵列，中国领衔第三阵列。从中国工程院发布的 2012—2020 年制造强国发展指数看，中国迅速拉近了与日本和德国的距离，与美国的相对差距也在缩小，但绝对差距依然较大，美国制造业霸主地位依旧稳固。我国应当抓住百年未有之大变局中数字经济的发展机遇，助力制造业跨越式发展，实现“弯道超车”。

① 《苗圩：推动制造业高质量发展》，新华网，2021 年 3 月 7 日。

② 《2021 中国制造强国发展指数报告》，2021 年 12 月。

二、数字技术强化制造业基础能力和创新能力

（一）基础设施的再造成就全新业态模式

科技型平台企业为科技创新与产业需求提供了精准对接和高效迭代验证的新机制，已成为新科技研发、扩散、产业化的孵化器、加速器，为创新跨越“死亡之谷”开辟了一条新路。阿里巴巴在2009年从零起步，通过自主研发重构云计算底层技术基座，“飞天”系统应运而生。它成功地为IBM服务器、Oracle数据库、EMC存储系统为代表的传统IT体系无法应对的海量流量场景提供坚实的数字化底座，创造了生态繁荣的新业态体系。例如，成功支撑了天猫“双11”、零售行业淡旺季转换等极限场景，充分满足了实时服务数亿交易主体、超大规模数据处理、剧烈负载波动、高并发实时计算等高标准技术需求。

“飞天”系统把遍布全世界的百万台服务器连接成了一台超级计算机，能够以飞一般的速度快速响应各种数据请求。“飞天”系统支撑了“双11”“618”等访问量巨大的数据请求，而且能够达到快速响应，丝毫不卡顿。这一技术填补了我国超级操作系统的空白。“飞天”系统在科技、农业、航天等领域也得到了广泛应用，服务中国石油化工股份有限公司、中国铁路总公司、中国移动通信集团有限公司等世界级企业。

（二）工业基础能力的提升

中国已经是世界第一制造业大国，拥有联合国产业分类中全部工业门类。然而在一些领域，我国制造业“卡脖子”问题越来越突出，强化

工业化基础能力迫在眉睫。国家提出的“新型举国体制”，就是发挥制度优势协调各方资源集中力量办大事，解决包括芯片半导体在内的一系列“卡脖子”问题。

芯片产业平台化、生态化步伐加快。从 PC 时代 Windows-Intel 架构，到移动互联网的 ARM+ 安卓体系，围绕应用场景创新、芯片与操作系统构建的产业生态一直是产业竞争的焦点。英特尔、ARM、博世、特斯拉、英伟达等行业领导者，围绕中央处理器（CPU）、图形处理器（GPU）、神经网络处理器（NPU）等技术和产品，不断构建平台化、生态化的创新体系，打造开发者生态、软件生态以及垂直应用生态的协同，构建企业核心竞争优势。2022 年“世界互联网领先科技成果发布活动”中，基于龙架构（Loong Arch）平台的龙芯中科最新一代 CPU 产品——龙芯 3A5000/3C5000 从全球近 300 项优秀成果中脱颖而出，获选 15 项代表世界领先水平的互联网科技成果之一。2022 云栖大会宣布，经过一年业务验证，阿里巴巴首个针对云场景研发的中央处理器（CPU）“倚天 710”已大规模应用，这是中国首个云上规模应用的自研 CPU，未来阿里云 20% 的新增算力都将使用自研芯片。

（三）打造具有国际竞争力的数字产业集群

党的二十大报告指出要打造具有国际竞争力的数字产业集群。数字产业化包括 5G、集成电路、软件、人工智能、大数据、云计算、区块链等技术、产品及服务，既产生数字化新业态、新产业，又在对原有的信息通信、设备制造和互联网企业实施综合化改造或重组。产业数字化包括工业互联网、两化融合、智能制造、车联网、平台经济等融合型新产业新模式新业态，是传统产业应用数字技术带来的生产数量和效率提升。通信信息产业为各个产业发展提供数字技术、产品、服务和解决方案等，数字产业已成为实体经济重要组成部分。中国制造正以数字产业集聚为产业引领，以5G技术为通信手段，以关键制造环节智能化为核心，不断缩短产品研制周期、降低资源能源消耗、降低运营成本、提高生产效率，不断提升产业附加值。

中国科学院科技战略咨询研究院研究发现，数字化产业带已经渗透我国更高端、更精细的制造业领域，68个重点先进制造业数字化产业带已形成。数据显示，制造业领域已形成覆盖我国28个细分行业的68个重点产业集群。①

这28个细分行业分为十大类，一是电子元器件，包括传感器，数字货币矿机、模块、配件，晶体管，集成电路（IC）4个子行业；二是数码电脑，包括电脑整机、智能设备；三是通信产品，包括声讯系统等；四是仪器仪表，包括生命科学仪器、分析仪器；五是电工电气，包括光学仪器、工业机器人、电池；六是能源，包括风能设备、太阳能设备；七是化工，包括生命科学、生物化工、电子工业用助剂、精细化工项目合作；八是机床，包括数控机床、专用机床；九是机械及行业设备，包括光学加工机械、电脑产品制造设备、电子产品制造设备、内燃机；十是钢铁，包括冷轧板卷、热轧板卷。

在这68个重点数字化产业集群中，27个分布在长三角地区与山东省即华东华北沿海地区的巨型线上产业带上，31个分布在珠三角地区即东南沿海地区的狭长线上产业带上，另外10个产业集群分别分布在河南省（4个）、重庆市（2个）、陕西省（西安市1个）、辽宁省（鞍山市1个）、内蒙古自治区（兴安盟1个）、湖北省（武汉市1个）。其中，冷轧板卷产业集群分布于辽宁鞍山、上海、广西等地；风能设备产业集群

① 赵作权：《中国产业集群数字化报告》，中国科学院科技战略咨询研究院，2022年2月。

分布于山东德州、江苏无锡、上海等地；太阳能设备产业集群分布于山东潍坊、枣庄，广东广州、深圳、佛山等地；内燃机产业集群分布于山东潍坊等地；电子工业用助剂产业集群分布于山东，浙江温州，广东东莞、揭阳等地；光学加工机械产业集群分布于河南郑州等地；生物化工产业集群分布于陕西西安、河南平顶山、重庆等地；生命科学仪器产业集群分布于河南商丘、上海、广东广州等地；数控机床产业集群分布于山东、上海等地；专用机床产业集群分布于江苏，浙江温州，广东揭阳、东莞等地；GPS系统产业集群分布于江苏南京，广东广州、深圳、佛山等地；工业机器人产业集群分布于江苏、广东、广西等地；光学仪器产业集群分布于江苏等地；精细化工产业集群分布于湖北武汉、内蒙古兴安盟等地；声讯系统产业集群分布于上海、广东等地；热轧板卷产业集群分布于上海等地；电子产品制造设备产业集群分布于广东广州、深圳、东莞、佛山、揭阳等地；电脑产品制造设备产业集群分布于浙江宁波、台州，广东等地；电动机、电池、电子元器件、数码电脑、分析仪器产业集群主要分布于广东；数字货币矿机、模块、配件产业集群分布于浙江宁波一带。

对重点产业带分布研究发现，重点产业带标准差椭圆覆盖安徽、江西全境及山东、江苏、浙江、河南、湖北、湖南、广东、福建、广西的部分地市；重点产业带标准差椭圆重心位于江西省中北部。城市区位标准差椭圆覆盖安徽、江西全境及天津、河北、山东、上海、江苏、浙江、河南、湖北、湖南、广东、福建的部分地市；城市区位标准差椭圆重心位于安徽省中部。

（四）数字技术激发企业创新动力

人工智能、智能制造、工业互联网技术等数字技术创新是制造企业实现降本增效、纾困减负、可持续发展、高质量发展的重要路径，助力中小企业向“专精特新”发展。近几年，我们观察到数字技术带动制造企业发展的巨大成效，同时也看到了中小制造企业在生存和发展中面临的巨大挑战和压力。特别是新冠疫情期间，因为抵御风险能力相对较弱，不少中小企业陷入困境。我们同时观察到，在中小企业转型升级的数字化工具方面，过去我们有 ERP、MES 等，在企业业务、流程等快速发展迭代过程中，这些重型软件系统的灵活性、快捷变更、实时反馈无法达到要求，同时相对高昂的价格也增加了中小企业的运营成本。寻找 DIY 式的组织和生产数字化管理工具成为广大中小制造企业一直以来追寻的目标。以数据算力、低代码开发应用等新一代信息技术为代表的数字技术，正在推动实体企业的创新和增值。钉钉、瓴羊促进客户的经营模式发生变化，助力企业拥有多种能力。瓴羊构建耗材 + 器材 + 人才融合的全方位数据即服务（DaaS）体系，让数据像电一样点亮一家家实体企业，让它们通过数据驱动带来新的规模增量。

1. 企业亟须在制造流程环节完成数字化转型

中国社会科学院财经战略研究院、中国市场学会、中央财经大学专家组对钉钉[①]上以制造型中小企业为主的 300 家企业问卷调查发现，企业亟须数字化转型的环节是制造（51.17%）、物流（46.15%）、采购（35.79%）（见图 8–1），这些环节是企业生存与高质量发展、提升竞争力的重要环节。

① 钉钉用户数超过 6 亿，服务的企业组织超过 2100 万家，几乎囊括所有行业，样本企业具有较好代表性。工信部国家级的小巨人企业 80%~90% 使用过钉钉，60% 的企业是钉钉认证用户，深度使用钉钉。

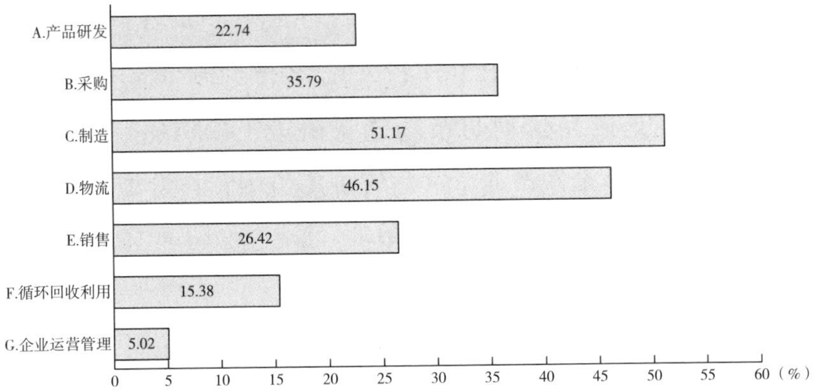

图 8-1　企业亟须数字化转型的环节（多选题）

资料来源：中国社会科学院财经战略研究院、中国市场学会、中央财经大学专家组，《数字化助力（中小）企业高质量发展调研报告》，2022 年 10 月。

2. 企业组织方式创新和协同交互创新有待提升

调研发现，企业组织方式和协同交互能力已经有了一定的进步，但痛点仍待解决。企业主要的生产组织方式，即传统的库存性生产仍然占据主导地位（66.89%），按照订单生产已具备一定规模，但原料积压或投料问题频繁（55.18%），有待进一步向柔性制造发展（见图 8-2）。

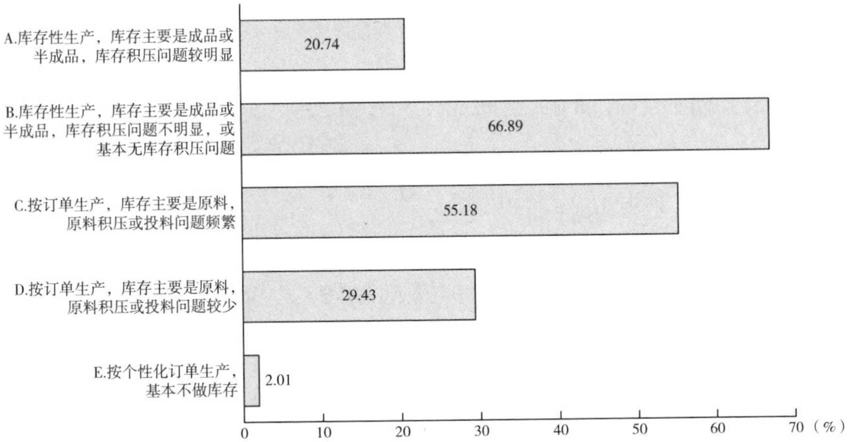

图 8-2　企业主要生产组织方式（多选题）

资料来源：中国社会科学院财经战略研究院、中国市场学会、中央财经大学专家组，《数字化助力（中小）企业高质量发展调研报告》，2022 年 10 月。

综合运用大数据分析支持决策的内容，第一是合同、收入、成本、利润等的对比分析与决策（51.17%），客户价值与信用决策排第二（45.82%），第三是产品盈利与市场趋势决策（42.81%）（见图 8–3）。总体来看，大数据技术在企业生产与管理决策中正在发挥重要的作用，成为各种类型制造企业依赖的决策方式。

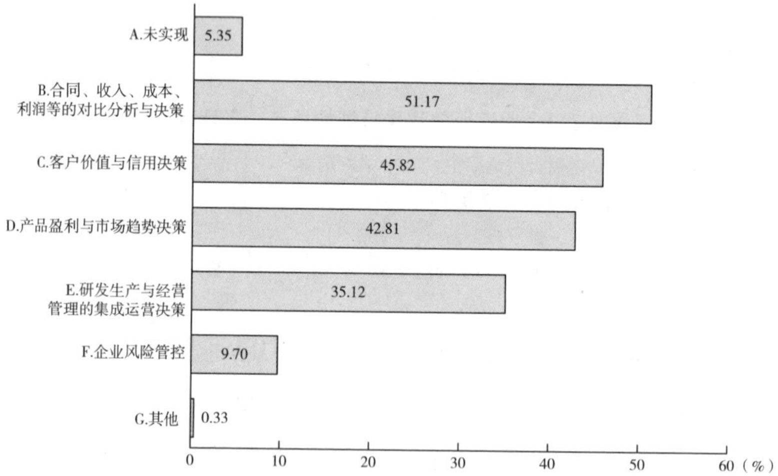

图 8-3 综合运用大数据分析决策（多选题）

资料来源：中国社会科学院财经战略研究院、中国市场学会、中央财经大学课题组，《数字化助力（中小）企业高质量发展调研报告》，2022 年 10 月。

（五）以智能制造增强制造业核心竞争力

1. 加快培育“专精特新”企业

制造业企业通过数字技术实现转型与重构。行业中竞争对手越多，竞争参与者的范围越广泛，市场竞争越激烈，产业竞争强度就越强，行业中企业的可持续盈利能力就越弱。在转型浪潮中，数字技术作为生产要素，推动企业向“专精特新”企业和制造业单项冠军企业发展，帮助企业提升竞争力。如阿里巴巴数字化“专精特新企业服务专项”：3 年面向 1 万家专精特新企业开展 600 场培训，联动 80 个产地开展定向扶持。打造“云钉一体”产品解决方案，助力“专精特新”企业数字化，在全国各地开展“百城万企”“专精特新”企业城市私享会超过 50 场。阿里云“专精特新”服务包：阿里云对“专精特新”中小企业采用分层式服务，面向拟申请省市级、国家级的“专精特新”企业分别提供 3 个服务包，即“普惠包”“加速包”“小巨人包”，涵盖超过 120 款产品及服务，总投资超过 1 亿元。钉钉“专精特新”服务包含数字化升级服务包、三品技术专属服务包。

广东葆德科技有限公司（以下简称“广东葆德”）专门研发、生产最新一代节能、智能型螺杆式空气压缩机，研发生产技术处于国际领先水平。以广东葆德为代表的“专精特新”企业，在专业化、精细化、特色化，以及创新能力方面表现突出，但仅在当地有知名度，外地企业对于广东葆德产品并不知晓。广东葆德有拓展更多的大客户，打造跨越区域的行业品牌，扩大市场销量的较强诉求。“专精特新”企业通过高质量产品背书，通过平台将拓展的新客户转为长期合作关系，企业知名度不断提升。广东葆德在 1688 内贸平台开设店铺有 7 年左右，每月通过平台直接交易额在 100 万元左右；在 1688 内贸平台上开设 4 家店，据不完全统计，加上经销商在 1688 内贸平台上开店数量有十余家。1688 内贸平台通过建立广覆盖的链接，为广东葆德带来了新的大企业客户，客户的单笔订单可达 70 万元。同时，企业高质量产品得到大企业认同，结合行业互联互通，大企业客户介绍更多的同行采买。据估计，通过直接触达的大客户及大客户“引流”来的订单每年达五六百万元规模。广东葆德借助 1688 内贸平台，不断扩大市场，在细分领域里建立跨越区域空间的行业品牌。

对于中小企业来说，打造爆品是充分降本增效，聚焦产品功能，直击用户体验，以爆炸级的口碑效应带动产品销量以几何级数增长，推动企业高速增长的有效手段。头部企业的爆品打造可以推动整个市场的消费与销售热情，产生产品模仿与跟风销售。在此背景下，爆品成为行业“风向标”，提升企业的差异化爆品打造能力成为重要对策。

合肥易尔佳食品有限公司（以下简称“易尔佳”）在采用1688超级工厂服务半年时间后，以俏美味果蔬脆为代表的产品销量稳居全网销量前三，整体销量位居国内前列。这家企业的成长，就得益于“爆品思维”。易尔佳于2018年进入食品行业，2019年正式经营一家食品类天猫旗舰店。经营半年后，企业意识到靠单纯买卖无法在市场上长久发展，于是成立了工厂，并整合供应链，打造了爆品果蔬脆。目前企业已经有1000多种产品，不断在爆品打造之路上转型升级。易尔佳的爆品打造之路，是以“爆品思维”为指引，以1688超级工厂服务为发展的基础环境，辅以适合企业的信息系统等技术支撑，创造了数字化时代打造爆品的超级攻略。首先是选品。选品是打造爆款的核心，选品成功就意味着成功了70%。企业需要根据大数据分析，了解产品的竞争市场和目标客户，做出合理的选择判断。易尔佳选品策略的核心是要有数据支撑的卖点，这一卖点对做好产品至关重要。其次是通过营销增加产品曝光量。易尔佳董事长熊金虎表示：“一方面有一些内部的营销活动，其实对于加入超级工厂的企业来讲，要比普通的店铺更容易获取这些资源。打爆款最核心的两个点，一个是销售额，另一个是产品的曝光量。曝光量的大小取决于排名是否靠前，想要让排名在前面，就要通过不断参与活动、做营销、做推广，不过最终还是要积累销售额。”最后，合适的环境也很重要。正如熊金虎所说，超级工厂是易尔佳打造爆品的成功因素之一。易尔佳于2020年3月加入1688内贸平台，5月第一次接触超级工厂。同时，易尔佳建构了高效稳定的供应商网络，当产品销量增加时，上游供应链和生产线可以灵活调整，为爆品提供了有效的支持。通过信息系统的服务，为线上产品爆品打造和订单管理提供了技术支持。凭借爆品思维、爆品培育工具和爆品辅助技术，易尔佳在短短3年内飞速成长起来，目前已经有1000多个产品，不断在爆品打造之路上转型升级。“路漫漫其修远兮，吾将上下而求索。”以易尔佳为例的超级工厂爆品打造之旅，可以给众多中小企业提供思路与借鉴。

2. 低代码开发推动企业组织管理和生产运营提质增效

在中小制造企业数字化转型的迫切需求的催生下，低代码服务需求应运而生，低代码是一种操作简便的模块搭接式软件开发方式，不具备专业软件知识的人员也能够轻松操作，好比“未来的WPS表单”或者“数字新时代的WPS表单”。可以畅想，软件技术逐步全民化，人们通过对工具、技能和平台的使用，加强社区间的联系和合作，每个人都能创造应用服务。《中小企业数字化转型指南》提出数字化转型服务商研发推广低代码产品服务，助力中小企业自行创建、部署、使用和调整数字化应用，提升中小企业二次开发能力和需求响应能力。

各类SaaS平台为企业提供数字化底层支撑，其孕育出几百万计的低代码开发应用，并且可服务外包，共性技术能促进形成制造业数字化链式产业集群。一方面，SaaS平台+低代码开发具备构建工业互联网平台的能力，各种制造工艺流程场景和企业管理场景能通过低代码降本提效；另一方面，利用低代码自主开发SaaS应用简单快捷，十分适合中小企业灵活多变的场景需求。低代码成本低，具备开源的优势，能让企业管理和生产人员轻松掌握，十分适合中小企业的组织和生产管理。

（1）中小企业数字化转型面临的压力

中小企业在数字化转型初期面临的问题具有一定的共性。

挑战一：转型资金欠缺——没钱转。数字化转型成本过高成为制约中小企业数字化转型的重要原因。传统意义上，数字化转型升级对于企业是一项耗时耗力，需要大量资金支撑的复杂工程。中小企业自身资金有限，难以在网络、设备、信息系统等数字化基础设施方面持续投入。此外，中小企业经营模式较为单一，对经济波动抵抗能力弱，融资能力较差，从外部获得的资金很难对周期长、见效慢的数字化转型加以维持。

挑战二：人才供给不足——没人转。人才是数字化转型的关键。小企业对数字化人才的吸引力远不如提供更大平台和更好工作环境的大型企业，因此很难招聘到符合企业业务需求的高素质数字化人才。在数字化领域，中小企业现有员工基础较差，人才培养难度较大，数字化转型举步维艰。

挑战三：路径规划模糊——不会转。不会转是转型资金欠缺与人才供给不足带来的必然结果。现阶段，中小企业主要将数字化技术应用在办公、行政、人力资源管理等日常运营方面，用于提高组织协同效率。但是，在多数中小企业中，数字化技术的作用尚未充分挖掘，数字化技术与业务流程、设施设备等深入融合难以实现。一方面，缺少资金对核心环节的数字化工具持有率、信息系统使用率和设备联网率等进行投资升级；另一方面，缺少专业型人才将表单信息化进一步拓展为流程数字化、场景数字化。此外，中小企业在运营过程中缺乏对数据资源的整合与管理，无法对数据资源加以利用，难以发挥数据资源在企业转型中的作用。

挑战四：理念无法贯彻——不愿转。不愿转是中小企业不得不面对的认知惯性问题。打破认识惯性、重新建立组织结构、运作新秩序，是组织数字化转型落地的关键。中小企业缺乏对数字化转型必要性和迫切性的正确认识，对新技术了解不够，不能将数字化改造纳入企业发展战略进行总体统筹。究其原因，一是因为企业领导者尚未形成数字化思维，安于现状，故步自封；二是因为基层员工数字素养不足，不愿接受新的行为范式，对公开透明的数字化治理展现出排斥心理。

（2）迎难而上：鑫宏源的数字化之路

河北鑫宏源印刷包装有限责任公司成立于 2003 年，从 2012 年开始为工厂引入第一套 ERP 管理系统起，共历经四次数字化变革。作为中小企业中数字化转型的先行者，鑫宏源在数字化转型过程中探索出一条基于钉钉低代码开发平台的低成本、易操作、高效率的数字化之路。

面对数字化浪潮，鑫宏源将数字化转型这一改革思路上升到企业战略层面，试图从“打造管理体系”与“寻找数字化工具实现管理意图”两方面进行转型实践。

在“打造管理体系”方面，鑫宏源团队进行深度调研，意识到管理理论不仅要靠长期积累的经营经验，还要依靠科学的管理方法。因此，从 2018 年 3 月开始，鑫宏源邀请 SGS 重新为公司导入 ISO9001 质量管理体系，打造企业数字化转型的制度基石。在“寻找数字化工具实现管理意图”方面，鑫宏源与市面上十几家信息化厂家反复洽谈，发现购买一体化、成熟的信息系统的成本对于鑫宏源而言难以承受。鑫宏源在 2017 年就在钉钉上实现办公数字化，因此有机会参加阿里巴巴组织的数字化管理师培训，在培训过程中，鑫宏源了解到钉钉的低代码开发平台。在深入了解低代码开发工具后，2018 年 10 月鑫宏源开始使用钉钉和氚云自行搭建数字化管理平台进行企业管理。

钉钉低代码开发平台把常用功能控件进行组件化封装，业务人员使用可视化操作界面，通过简单的拖、拉、拽即可快速创建、迭代和发布应用程序，完成大部分基础开发。同时，针对不同场景的客户需求，氚云提供多样化解决模板。比如：针对对低代码认识不深的客户，氚云提供免费版服务，满足企业做小场景验证，将常用业务场景模板化，企业不需要代码开发就可以匹配业务需求；针对定制化需求的客户，氚云支持低代码开发，最大限度匹配企业需求。业务人员无须使用专业的编码器，只需要进行简单的编码培训，就可以参与到系统搭建工作中，有效减少企业信息化搭建所需的人力资源、资金资源以及时间资源，不仅降低了开发门槛，成本也随之大大降低。

通过钉钉低代码开发平台，鑫宏源快速构建企业全场景数据库，搭建了由销售、生产、物业、人力资源等 20 个模块组成的数字化管理系统，以百万元之内的成本在短期内迅速落实数字化转型，显著提高企业的运营效率。鑫宏源基于低代码平台，一是实现了业务 100% 线上办理，轻量化 PC 端、App 移动端程序，让基层员工进行数字化办公的难度大幅降低。管理层和业务人员可以根据系统设定权限实时获取业务数据，全面透视组织运营的情况，全面进行数据分析。二是实现了数据有效治理，改善传统基于经验进行数据治理带来的随意性，解决了工厂和产业园管理长期存在的感觉决策、蒙眼决策、延期决策等问题，增加了决策的准确性与及时性，显著提高了市场响应速度。三是实现了管理平台、物联网设备、数字孪生产业园的数据互联互通，使整个鑫宏源产业园的印刷产业上下游企业都进入同一个钉钉工业互联网平台，构建数字化链式产业集群生态和数字化共性技术产业服务平台，助力鑫宏源向智慧产业园、智慧工厂的阶段迈进（见图 8–4）。

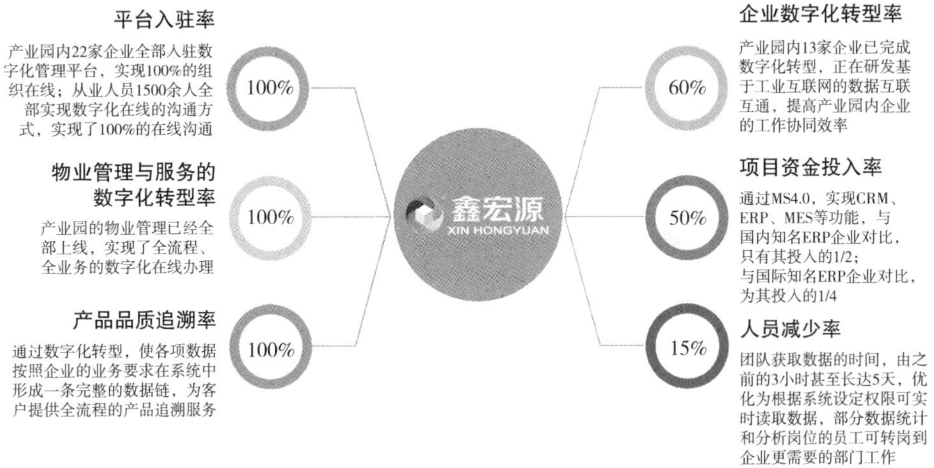

图 8-4　鑫宏源印刷工业互联网成效

资料来源：河北鑫宏源印刷包装有限责任公司。

（3）数字化衍生性创新与生态建设

鑫宏源基于自身成功的数字化转型经验，结合钉钉低代码开发平台打造了 SaaS 应用开发服务外包的平台化模式，成立河北鑫牧思网络科技有限公司（以下简称“鑫牧思”），致力于向市场输出自身沉淀的技术与经验，为各类制造企业、服务企业提供专业化、个性化的数字化管理咨询与低代码开发等服务。

当前，随着数字经济的蓬勃发展，数字技术与传统行业深度融合，数字化转型已经成为企业未来发展的重要命题。越来越多的企业开始走上数字化转型的探索和实践之路。然而，很多企业（特别是中小企业）面对数字化转型望而却步。究其原因，一是企业缺少可信赖的数字化转型平台，二是缺少切实可行的数字化转型方法论，导致企业在转型过程中陷入心有余而力不足的尴尬境地。

2015 年正式上线的钉钉为企业提供了数字化转型平台，成为不少企业数字化转型的加速器。不过，企业在应用钉钉平台进行数字化转型的过程中，仍缺少切实可行的方法论。此时，鑫牧思作为钉钉和企业之间的“连接器”，将实战磨炼出的解题公式（管理体系 + 管理经验 + 核心业务团队 + 数字化工具 =MS 4.0）加以推广。这套模式不仅能全方位对销售、生产、库存、品质、物流、财务、行政、人事、设备、环境与职业健康安全等方面进行数字化转型指导，提升各环节的运行效益，还能够根据企业管理的差异化需求实现专属应用的快速部署，灵活调整适配不同企业的不同发展阶段，为各种客户提供专业化 SaaS 应用开发及数据处理、数据分析服务，为企业管理者提供决策支撑，成为中小企业数字化转型的强力“引擎”。作为可以提供转型成功经验的企业，鑫牧思对亟须数字化转型的企业有很大的参考价值，帮助企业搭建数字化应用。

以鑫牧思在鑫宏源产业园所发挥的重要作用为例，目前，鑫宏源产业园内的实体企业已 100% 入驻鑫宏源工业互联网平台，60% 的企业通过 MS 4.0 数字化管理解决方案实现了数字化工厂的转型。

三、制造业与信息化深度融合

（一）组织及业务流程的信息化融合

在企业组织方面，从“以部门为中心”到“以事情为中心”，企业通过信息化敏捷管理生产、物料、质检、设备等核心制造流程，信息化与制造业组织管理的在线化、移动化、扁平化、柔性化变革，再到全链路、全流程、全要素的数字化、智能化，加速迈向供应链和产业链的高效协同。在业务方面，以低代码为代表的开发工具满足企业组织场景化、行业化的数字化转型需求。调研发现，融合信息化后，企业产品从设计到客户的周期只有原先的59.4%。超过50%的企业反馈信息化为本企业带来了客观营业收入增长。66.22%的企业反馈，制造工艺流程信息化后效率提升，生产成本降为原来的50%~70%。

以能源行业为例，阿里云构建融合数据感知和AI决策的自适应控制解决方案，基于生产线数据形成的生产参数和控制技术，结合对生产线的闭环控制，将90秒后的蒸汽量准确度提升至95%，蒸汽产量提升了1%~2%，锅炉蒸汽稳定性提升20%。以钢铁行业工艺优化为例，构建大数据提取、仿真模型、机器学习、老师傅经验结合的参数寻优模型，找到脱硫剂最优配方，降低0.8~1千克/吨的钢料消耗，年产量400万吨的攀钢集团西昌钢钒有限公司每年减少损失约1700万元。

（二）工业互联网推动制造业迈向新征程

加快发展工业互联网，促进新一代信息技术与制造业深度融合，是顺应技术、产业变革趋势，加快制造强国、网络强国建设的关键抓手；是深化供给侧结构性改革、促进实体经济转型升级，持续推进可持续发展的客观要求。

以supET工业互联网平台为例，作为全国十大工业互联网双跨平台之一，其建设模式极具特色，具有生态带动幅度大、区域化产业升级显著、平台融合效应明显等特点。截至2020年10月底，连接supET工业互联网平台的各类工业设备达到161.4万台，通过物联网直连接入平台的智能产品有2500万部。平台上沉淀了工业模型1240个，微服务组件数达 7.1 万个，新型工业 App 数量超过 2.7 万个，服务企业数量超过 4.1 万家。同时，平台上还汇聚了近 15 万名开发者，每天活跃人数达 2000 人以上。

为长三角工业互联网一体化提供有力支撑。在长三角工业互联网一体化进程的推动下，以 supET 工业互联网平台为基础，先后在江苏、安徽和上海等省市打造了一批工业互联网标杆示范，在江苏省与昆岳互联共建了环保行业工业互联网平台、与苏州爱康能源共建了光伏新能源运营平台，在安徽与六国化工打造了化工行业智能工厂，在上海市与钢企管家共建了钢铁行业工业互联网平台、与东方希望共建了集团级数字工厂。2020 年，supET 工业互联网平台获得长三角 G60 科创走廊工业互联网平台荣誉称号。

打造工业智能领域全新解决方案。在服装行业固有的商业模式中，碎片化的供给能力难以跟上市场需求的变化。面向消费升级，supET 工业互联网平台支持犀牛智造构建了按需驱动、数据赋能、全链路协同的“云端智造”体系，实现所有的设备数字化和云化，在云端形成基于大数据的核心决策，优化人机料法环全链路，助力行业从孤岛式制造向共享式制造转变，建设行业实时响应市场变化需求能力。帮助中小企业实现基于数据的柔性生产，缩短 75% 的交货时间，降低 30% 的库存需求，甚至减少 50% 的用水量，提高盈利及降低库存压力，助力中小企业获取竞争力。过去 3 年犀牛智造累计获得 50 余项专利，2020 年 6 月被世界经济论坛评选为“灯塔工厂”，也是全球第一家服装行业的“灯塔工厂”。

先进实践案例的背后，是我国工业互联网平台近年来所呈现的迅速发展态势，多层次、系统化的平台体系已基本形成，为制造业高质量发展提供了有力支撑。各类市场主体也逐渐形成了大企业建平台、中小企业上平台、园区和集群用平台的产业发展新格局。未来 15 年是新一轮工业革命核心技术发展的关键时期，5G+ 工业互联网的融合发展成为制造业新趋势，是更大范围、更深层次、更高水平的技术开发，将为建设制造强国提供关键支撑。同时，制造业转型升级又为 5G+ 工业互联网开辟了广阔的应用市场。面向现代化新征程，中国制造业完全可以抓住这一千载难逢的历史机遇，集中优势力量实现战略性的重点突破、重点跨越，实现中国制造业的“换道超车”、跨越发展。

四、数字技术优化产业结构分布

（一）数字技术改变产业结构分布

提高实体经济发展质量，提升产业发展活力。以中小企业为主力军的数字化产业带成为带动全国实体经济发展的新生力量，具体表现在：数字化产业带形成全面稳定的产业覆盖，构建实体经济基础底座。近年来，数字化产业带发展总量规模不断扩大，其中，百亿元规模数字化产业带从 2018 年的 2 个、2019 年的 3 个、2020 年的 5 个升至 2021 年的 9 个，百亿元产业带规模占产业带规模比重从 2018 年的 9% 升至 2021 年的 24.5%。汇聚千万级中小企业，提升经济活力。研究发现，数字化产业带每增加 1% 的供应商，线上规模增加 3.4%，中小企业集聚性越强，中小企业经营活力越强，区域经济越活跃。随着数字化产业带买方与卖方的集聚，买方从交易规模的扩大中获得了更高的商品价值和服务价值，买卖双方体现出高度依存与促进效应，进一步提升经济活力。

各省（区、市）形成了产业特色较为显著的数字化产业带。从数字化产业带线上成交额与供应商数量集聚度看，各省（区、市）已形成极具行业属性的数字化产业带。部分省（区、市）已形成5~10个集聚且具有行业引领地位的数字化产业带（见表8-1），这些产业带交易额和企业数量均占本省（区、市）的一半以上。同时，一些城市也在细分领域发展出数字化先进制造业产业集群。如广东深圳的GPS系统和电脑整机、东莞的数码电脑加工，浙江金华的光学仪器，湖北武汉的精细化工，江苏无锡的风能设备等特色数字化产业带。

重塑产业空间，丰富产业业态。产业集聚带来产业上下游、物流、服务等的集聚，形成了巨大的协同效应，产业带内企业进一步降低成本，形成价格优势。随着线下产业进一步集聚，导致用工不足，人工、用地成本上升，产业集聚的边际效益递减。与此同时，数字化产业带依托平台为中小企业构建了跨越区域的“产业市场属性”产业集群，极大降低产品和服务的贸易成本和交易成本，打破地理区位限制，从集聚模式上对传统产业集群进行重塑。发展相对成熟的数字化产业带内呈现制造业端向人工成本更低区域外迁，将更具有价值的研发中心、更快获得收益的商贸中心放置本地，快速对接市场需求，加快产品创新，产品结构进一步优化，高附加值产品比重提升，逐步打造成高品质产业。同时，衍生出电商运营、中小企业培训、直播基地、MCN机构等配套产业生态，能够进一步提升产业的附加值。

表8-1　部分省（区、市）优势行业数字化产业带

省（区、市）	优势行业数字化产业带
广东	数码、女装、内衣、家用电器、美容护肤、日用餐厨饮具、玩具
浙江	服饰配件饰品、办公文化、包装、收纳清洁用具、运动户外、鞋、童装
江苏	男装、鞋、家装建材、日用餐厨饮具、运动户外
福建	家纺家饰、家装建材、女装、五金工具、内衣

续表

省（区、市）	优势行业数字化产业带
河北	箱包皮具、家纺家饰、运动户外、机械及行业设备、办公文化
山东	机械及行业设备、家装建材、安全、防护、五金工具、女装
安徽	食品酒水、包装、日用餐厨饮具、收纳清洁用具、个护或家清
上海	包装、办公文化、家装建材、机械及行业设备、化工
河南	运动户外、个护或家清、童装、家装建材、化工
江西	家装建材、办公文化、男装、日用餐厨饮具、童装

资料来源：1688 内贸平台。

强化产业带品牌建设，推动产业升级。数字化强大的聚合和外溢能力推动产品品牌、企业品牌、区域公共品牌的协同培育。数字化产业带通过广泛的链接和撮合推动企业供应链标准化、交易标准化、生产过程标准化，助力企业提升产品品质，建设企业品牌。企业品牌的塑造促进产地产品品牌建设，在长期动态发展下互相支撑促进，逐步实现良性发展。调研发现，各地已主动探索“政府引导、企业主导、协会倡导、平台加持”的品牌打造模式，通过直播等新媒体宣传、完善知识产权保护制度，建立行业标准，提升产品质量等一体化品牌打造方案，提升产业发展质量。

（二）数字技术促进跨区域产业协同

数字化产业带动发展呈现空间扩张的普惠态势，惠及大量县域地区。近年来，数字化产业带从 2013 年的不足 100 个、覆盖 52 个城市扩增至 2021 年的近 3000 个、覆盖 163 个城市[①]，其分布北至黑龙江省的哈尔滨市和内蒙古自治区的兴安盟、西至新疆维吾尔自治区的乌鲁

① 《数字化产业带为产业添韧性增活力》，《国际商报》，2022 年 10 月 17 日。

木齐市和甘肃省的张掖市，南至海南省的海口市和云南省的玉溪市，仅有青海和西藏两个省区还没有出现数字化产业带。基于规模经济、知识溢出效应和零交易成本的推动，也有越来越多的县域企业在互联网上实现跨区域集聚。数字化产业带以互联互通的数字化基础设施为支撑，以数字技术为牵引，以协同共享为底座，为县域企业构建了基于互联网的新生产关系和异地协同制造新模式，激发县域中小企业市场潜力，吸引人才回乡，促进实现共同富裕。例如，河北省邢台市南和区宠物食品产业带在宠物行业大爆发的10年窗口期，通过打造“前店后仓”的产供销一体化链路，以数字化力量促进产业间融合，从“中国宠物食品之乡”升级为“宠物产业之都”。

数字化产业带呈现区域集中态势，“做大经济蛋糕”，集群规模效益提升显著，提升产业发展效益。我国已经形成了从华东华北沿海地区的巨型线上产业带和东南沿海地区的狭长线上产业带。1688数据显示，2021年，数字化产业带规模TOP10省（区、市）的交易规模占全部产业带交易规模的95%以上，显示出数字化产业带集聚提效趋势。民营经济更为活跃、中小企业发展产业配套更为完善的广东、浙江两省排名长期居于前两位。广东省工信厅出台《广东省产业集群数字化转型工程实施细则（2022年）》，加快推进以“工业互联园区+行业平台+专精特新企业群+产业数字金融”为核心架构的新制造生态系统建设，将进一步提升广东省产业集群高质量发展态势。

中国科学院科技战略咨询研究院研究发现[①]，如果把一级产业带的数量按照分布密集度分为五级，分别为第一级（1–16）、第二级（17–50）、第三级（51–112）、第四级（113–211）、第五级（212–458），那

① 赵作权：《中国产业集群数字化报告》，中国科学院科技战略咨询研究院，2022年2月。

么第二级至第五级产业带呈现高集中度分布，主要分布于东南沿海省（区、市）、北京、河北及河南局部；第一级产业带基本都分布于东北地区、中部地区、西部地区。这表明，数字化产业带数量区域分布呈现高度的东部集聚。

综上，本章对强化制造业基础能力和创新能力、促进制造业与信息化深度融合、工业互联网推动制造业升级、优化制造业产业结构分布等方面进行了深入的剖析。近年来，在数字化的驱动下制造业与服务业呈加速融合态势，制造服务化与服务制造化相融相长。

执笔人：范秋辞

第九章

现代服务：高质量实体经济的重要构成

近10年，我国服务业增加值占国内生产总值比重从2012年的45.5%提高到2021年的53.3%，服务业不仅是我国现代产业体系至关重要的有机组成，更是我国经济高质量发展的坚强支撑。党的二十大报告明确提出“构建优质高效的服务业新体系，推动现代服务业同先进制造业、现代农业深度融合”。这为我国加快发展现代服务业指明了方向。改革开放以来，我国服务业发展成绩斐然，但依然存在着创新不足、效率不高、产业融合不深和治理方式落后等突出问题。因此，我国要加快发展现代服务业，全力构建优质高效服务业新体系，为全面建成社会主义现代化强国奠定坚实基础。

一、服务业优质高效发展的内涵及指标体系

中国服务业快速发展，已经成为国民经济第一大产业。服务业对国民经济运行及结构调整产生了深远的影响，已经成为经济运行的“稳定器”、产业升级的“助推器”、新动能成长的“孵化器”，切实推进服务业优质高效发展，更好发挥其对实体经济的支撑作用和对民生福祉的改善功能，是新时代服务业发展的重中之重。

（一）服务业优质高效发展的指标体系

1. 优质高效服务业新体系的主要内涵

近些年，学术界对服务业高质量发展有许多论述，但对优质高效服务业新体系的研究比较少，至于该体系的指标选择及国际比较则几乎是空白。按照我们的理解，优质高效的服务业是充分体现高质量、高效率、高附加值和强就业能力等特征，最大限度地满足人民群众美好生活需要和促进产业转型升级要求的现代服务业；优质高效服务业新体系是由生产性服务业、生活性服务业和社会服务业当中高端优质、均衡协调与高效创新的现代服务业组成的有机体系和生态系统。

优质高效的服务业既是技术进步的产物，也是人类文明进步的必然结果。推进优质高效服务业新体系建设，必须坚持以人民为中心，在知识、技术和服务新模式的催生下，不断提升服务业劳动生产率、提高服务便利度和舒适度，最大限度满足人民群众对美好生活的向往。按此要求，优质高效服务业新体系不仅要关注知识和技术进步带来的服务业劳动生产率提升问题、重视为实现农业强国和工业强国提供强力支撑的问题，还要充分体现服务供应的全生命周期的人文情怀和便利服务，要全面彰显现代服务业在满足人民美好生活需求中不可替代的作用。

2. 服务业优质高效发展的指标体系设计

基于服务业发展的中国特征与国际经验，我们拟从服务业增长、效率、品质、创新、营商环境和开放等方面来衡量服务业优质高效发展，以这六大方面为一级指标来构建优质高效服务业新体系的指标体系。表 9–1 给出了指标体系构建的详细说明。指标评价体系数据主要来自世界银行 WDI 数据库、WIOD 数据库[①]。

由于不同指标之间具体数值的含义不同，由多维数据强行映射到单一维度测度服务业高质量发展会导致评价扭曲。为解决这一问题，我们使用排序加权赋值测度服务业高质量发展情况。具体步骤如下：

第一步，选取比较分析样本。为比较分析中国与发达国家服务业发展的差距，我们选取 G7 国家——美国、英国、德国、法国、日本、意大利、加拿大。

第二步，选取刻画服务业发展的一级指标、二级指标。我们选取了服务业增长、效率、品质、创新、营商环境和开放等 6 个一级指标。根据每个一级指标的含义，又设定若干个二级指标。共设定了 22 个二级指标。

第三步，首先，对二级指标排序赋值。以选取样本为例，排名第 1 位的国家得 8 分，以此类推，最低得 1 分。其次，对各二级指标赋值进行平均加权得到一级指标赋值，然后对一级指标赋值平均加权。最后，可得到服务业高质量发展测度指数。

具体地，指标计算模型为：

$$service_t^c = \sum_{m=1}^{M} \frac{1}{M} Wvalue_t^{mc} = \sum_{m=1}^{M} \frac{1}{M} \left(\sum_{m=1}^{M} \frac{1}{N} value_t^{mcn} \right) \tag{9–1}$$

其中，M, N 分别为一级指标、二级指标个数；$Wvalue_t^{mc}$ 表示给定一级指标 m 下二级指标的加权值；c 和 t 分别表示国家和时间。

① WDI 数据到 2017 年，全球投入产出表中 WIOD 数据只到 2014 年。为了确保计算和比较的完整性，统一使用截至 2014 年的统计数据。

表 9-1　　　　服务业优质高效发展的指标体系

一级指标		二级指标		指标说明	数据来源
1	增长	1.a	服务业增加值增长率		WDI
		1.b	服务业人均增加值增长率		WDI
		1.c	增长率Ⅰ：商务服务业	M69–M74[①]	WIOD
		1.d	增长率Ⅱ：通信出版业	J58–J63[②]	WIOD
2	效率	2.a	服务业制造业相对劳动生产率		WDI
		2.b	生产率Ⅰ：商务服务业	M69–M74	WIOD
		2.c	生产率Ⅱ：通信出版业	J58–J63	WIOD
3	品质	3.a	服务业与总就业人数比值		WDI
		3.b	就业Ⅰ：商务服务业	M69–M74	WIOD
		3.c	就业Ⅱ：通信出版业	J58–J63	WIOD
		3.d	服务业与制造业劳动工资比值		WIOD
		3.e	工资Ⅰ：商务服务业		WIOD
		3.f	工资Ⅱ：通信出版业		WIOD
4	创新	4.a	知识产权接收支出比	知识产权接收的使用费与支出的使用费之比	WDI
5	营商环境	5.a	征信信息深度指数[③]	具体见WDI指标说明5	WDI
		5.b	企业信息披露程度指数[④]	具体见WDI指标说明6	WDI
		5.c	法律权利力度指数[⑤]	具体见WDI指标说明7	WDI
		5.d	创办企业所需时间（天）[⑥]	具体见WDI指标说明8	WDI
6	开放	6.a	服务贸易总额占GDP比重		WDI
		6.b	服务贸易与进出口总额的比值		WDI
		6.c	服务出口与进口比值		WDI
		6.d	信息通信技术服务占服务出口比值		WDI

注：① M69-M74 的解释：M69，法律和会计活动；M70，管理咨询；M71，建筑工程活动，技术测试和分析；M72，科学研究与发展；M73，广告和市场研究；M74，其他专业，科学和技术。

② J58-J63 的解释：J58，出版；J59-60，电影、视频和电视节目制作，录音和音乐出版，节目和广播；J61，电信；J62-63，计算机编程、咨询、信息服务。

③ 征信信息深度指数用于衡量可对从公共或私营征信机构获取征信信息的范围、可及性和质量产生影响的规则。该指数范围为 0~8，数值越大表示从公共或私营征信机构获取有助于贷款决策的征信信息越多。

④ 企业信息披露程度指数用于衡量通过披露所有权状况和财务信息而使投资者获得保护的程度。该指数范围为 0~10，数值越大表明披露程度越高。

⑤ 法律权利力度指数衡量的是担保法和破产法通过保护借款人和贷款人权利而促进贷款活动的程度。指数范围为 0~12，数值越高表明担保法和破产法越有利于借款人和贷款人获得信贷。

⑥ 创办企业所需时间是指完成合法经营企业所需程序的历日数。如增加成本可加快进程，则不考虑成本因素直接选择最快程序。

资料来源：作者自制。

增长指标中选取了总体增长率、人均增长率，也从结构方面考虑了增长，把通信和商务等现代服务业纳入指标测度中。效率主要是以服务业劳动人均产出进行刻画，也纳入了效率结构。品质体现在服务业的劳动就业和就业收入水平两个维度，就业和收入既包含了整体情况，也考虑了结构情况。创新的数据较为缺乏，我们以知识产权接收的使用费与支出的使用费之比作为测度指标。营商环境主要选取世界银行的测度指标。开放从服务业贸易总额占 GDP 比重，占贸易总额比重，服务的进出口比值，以及服务出口中通信技术服务占比角度予以测度。

（二）服务业优质高效发展水平的国际比较

基于模型（9–1），可计算出中国与 G7 发达国家的服务业发展水平对比情况。表 9–2 给出了 G7 国家与中国关于服务业优质高效发展一级指标的动态变化情况。

表 9-2　　中国和 G7 国家服务业优质高效发展水平比较

年份	加拿大	中国	德国	法国	英国	意大利	日本	美国
2001	3.44	3.33	3.83	5.18	5.85	4.85	4.10	4.92
2002	2.92	3.36	3.61	5.60	6.21	4.82	3.88	5.11
2003	3.28	3.04	3.51	5.35	6.35	4.90	3.93	4.97
2004	3.22	3.15	3.83	5.68	5.82	4.29	3.63	5.21
2005	3.47	2.85	3.67	6.03	6.13	4.39	3.82	5.32
2006	3.93	3.31	5.03	6.85	6.85	5.35	4.38	5.82
2007	3.26	2.86	4.14	5.94	6.24	4.31	3.50	5.58
2008	3.38	2.81	4.06	6.49	5.72	4.42	3.29	5.68
2009	3.08	2.51	4.35	5.85	5.26	4.69	4.11	5.97
2010	3.64	2.81	3.89	5.74	5.31	4.39	4.22	5.51

续表

年份	加拿大	中国	德国	法国	英国	意大利	日本	美国
2011	3.67	3.03	4.38	5.89	5.39	3.99	4.17	5.33
2012	3.75	3.47	5.13	4.83	5.58	3.92	3.60	5.72
2013	4.17	3.40	4.85	4.92	5.68	4.13	4.14	5.64
2014	3.97	3.74	4.85	5.00	5.97	3.56	4.03	5.81

资料来源：作者自制。

通过表 9–2 发现：与 G7 发达国家相比，中国服务业发展质量水平较低，除 2002 年和 2014 年外，中国服务业高质量发展指标皆低于所有 G7 国家；2009 年之后，中国服务业发展质量水平不断提升，2014 年已经超过意大利，紧追日本；G7 国家中，英国和美国的服务业发展质量水平最高。

二、数字技术赋予现代服务业新特征

我国服务业正处在转型升级的关键时期，随着移动互联网、物联网、云计算、大数据等新一代信息技术在经济社会各个领域的广泛渗透，传统商业模式逐渐被取代，服务业新模式快速成长，服务业发展的内外部环境和技术条件已经发生了质的变化。因此，理解优质高效服务业新特征需要有全新的视角，尤其是要立足数字技术和数字经济快速发展的事实，在服务业充分发展基础上着力构建数智引领、平台支撑、开放高效、普惠共享和科学治理的服务业生态系统。

（一）数智引领

数字经济已成为世界公认的新经济、新业态、新动能、新引擎。在数字经济时代，数字技术与服务业的融合渗透加快了服务业的快速成长和数字产业的蓬勃发展。大数据、云计算等底层技术的日益成熟，推动了数字技术在服务业领域的广泛应用。计算机、机器人和传感器等信息技术在各服务行业大量应用，智能化已成为发展的必然趋势。当前，人工智能技术在服务业的渗透已将服务业智能化发展提升到了新的高度。无论是金融、零售、医疗、教育等数据密集型行业，还是法律服务、人力资源管理、翻译等劳动密集型领域，人工智能的替代服务已迅速崛起，在给顾客带来更好更新奇服务体验的同时，也大幅提高了资源配置效率[①]。承载着转变经济发展方式、调整产业结构、建设现代产业体系多功能的服务业，其数智化进程至关重要。未来，要在加强信息通信服务业发展的基础上，大力推动数字中国建设，重点加快数字技术与金融、科技服务、设计创意、现代物流等行业的融合发展，以重要服务行业的数智化引领带动整个服务业的数字化与智慧化进程。

（二）平台支撑

平台型企业具备网络效应的连接特征，是商业交易的桥梁搭建者和重要促成者，平台连接着众多企业、供应商、客户和消费者，是一个互促共生的生态系统，是数字经济时代服务和交易的主要载体，服务业优质高效发展离不开平台的有力支撑。一是生产性服务业发展的

---

① 夏杰长：《全球疫情冲击下的中国服务业：分化与创新发展》，《财经问题研究》2020年第6期。

平台化。生产性服务业具有专业性强、创新活跃、产业融合度高等特点，是实现全球价值链竞争优势的关键所在。走平台化发展道路，是提升生产性服务业控制力的重要途径。要以龙头企业为依托，打造基于互联网的生产性服务业发展平台，引导上下游企业参与，构建集信息、采购、物流、金融、电商等于一体的网上服务平台，实现物流、资金流、信息流、工作流集成，提高研发、制造、服务等环节协同发展能力[①]。二是生活性服务业发展的平台化。随着大数据、移动互联网、人工智能等现代信息技术的发展，生活性服务业平台化现象越来越凸显。正是有了生活性服务平台，过去必须到物理场所才能实现的服务，如消费贷款、征信和社保查询等，正在被手机银行客户端和各类 App 所取代。生活性服务业平台化将分散的海量供给和需求通过自身的平台进行撮合成交，提高了资源配置效率，扩展了服务和交易的边界。生活性服务业发展的平台化，还增加了其技术含量，改善了居民的服务体验和生活水平，降低了服务交易成本，是生活性服务业转型升级的重要方向[②]。三是社会服务平台化。社会服务业的发展与民生福祉息息相关。运用互联网平台扩大高质量公共卫生、医疗服务、教育与培训、文化体育、养老服务、社区服务的有效供给，是增强人民群众获得感、安全感和幸福感的有效途径。随着数字技术的广泛应用和政府支持政策的落地，“互联网平台 + 社会服务”模式步入快速高质量发展的快车道，人民群众可以更加便利、更加普惠、更加高效地享受优质社会服务资源。

---

① 夏杰长：《迈向“十四五”的中国服务业：趋势预判、关键突破与政策思路》，《北京工商大学学报（社会科学版）》2020 年第 4 期。

② 夏杰长、徐紫嫣：《迈向 2035 年的中国服务业：前景、战略定位与推进策略》，《China Economist》2021 年第 1 期。

（三）开放高效

如今，服务全球化是经济全球化最重要的表现形式，这很大程度上得益于数字技术的广泛应用。第一，在数字化的条件下，生产过程被分解成许多专业化环节，利用全球不同地点在人力资本、成本、市场、规模经济等方面的优势在全球各地生产，同时通过信息技术将它们连成一个有机整体，这使得全世界生产、全世界交易、全世界消费成为客观现实。第二，借助贸易和服务的数字化，可以将原本不可贸易的服务产品变得可贸易化，从而轻松地进行跨境服务与数据的购买、消费与支付。开放促进竞争，竞争则提升效率。长期以来，服务业被认为是低效率部门，提高服务业生产率是当务之急。改革开放以来，我国服务业劳动生产率提升较快，和发达国家之间的服务业劳动生产率差距在逐渐缩小，跟美国、德国和日本等发达国家相比，中国服务业劳动生产率总体水平要低得多。2020 年，我国服务业劳动生产率为 19576 美元 / 人，相当于美国的 1/6、德国的 1/4 和日本的 1/5[①]。要缩小差距，必须强化数字技术在服务业领域的应用，因为使用数字技术意味着服务业企业的组织方式、服务产品供应方式和服务消费者范式都将发生颠覆式变革，很有可能以工业化、平台化和集成化方式提供服务品，供应效率显著提高。消费者也从人对人、面对面获得服务转向从平台或远程接受“无接触式服务”，这种变化极大地降低了交易费用和人工成本，从而提高服务业生产率，逐渐克服“鲍莫尔成本病”。

① 资料来源：作者根据 CEIC 数据库、Wind 资讯数据库相关数据整理。

（四）普惠共享

数字技术对服务业发展的影响，不仅是优质高效，更可能是普惠共享。数字技术在生活性服务业和社会服务业领域的广泛应用，使得偏远的农村地区也可以同频享受城市优质服务资源，这是缩小城乡服务资源差距和最大限度增进全体人民民生福祉的有效举措。比如，医疗行业的互联网医疗、教育行业的在线教育以及护理行业的智慧养老等模式，正在让不同地区的居民平等受益于优质公共资源，提高生活满意度和幸福感。又如，随着数字化的发展，区块链、人工智能等新一代信息技术已成为乡村振兴实践的新动力。以农产品溯源为例，砀山酥梨、安吉白茶等地理标志产品利用区块链探索出独特的数字化路径，将种植、仓储、物流信息上链，不仅可以实现智能化生产管理，还可以产生品牌溢价，提高经营收入。这些都是极真实、极形象的数字化赋能增强服务业普惠共享的生动例子。未来，要加快数字中国、智慧社会建设力度，充分释放数字红利，以服务业数字化改造为主线，依托数字平台把教育、医疗、文化体育、商贸物流等服务资源下沉或匹配到广大农村地区，缩小城乡数字服务鸿沟，构建全方位、立体式的数字化产业链和培育服务民生的各类数字平台，让优质服务资源惠及全体人民，为扎实推进共同富裕夯实坚实基础。

（五）科学治理

数字化赋能服务业尤其是赋能公共服务业提升了政府治理效能，让科学治理成为现实。比如，通过推动政务信息化共建共用和政务数据共享与业务协同，明显提高了“互联网＋政务服务”效能，推动了政务服务标准化、规范化、便利化。2021年，全国一体化政务服务平台实名用户突破10亿，在大数据、云计算、人工智能等新一代数字技术与数字政府融合发展背景下，“掌上办”“指尖办”成为各地区政务服务标准配置，“一网通办”“跨省通办”得到了积极推进。以北京市为例，近年来将数字化思维融入政府治理全过程，通过大数据分析民生需求，对群众“急难愁盼”问题进行源头治理，有力推动了政府职能转变，提高了办事效率，让数字技术更好地服务人民、造福人民。随着数字政务建设的深入，服务领域也出现了变化，由“线下跑”转为“网上办”，由“分头办”转为“协同办”，政府的公共服务功能正由政府资源供应导向向民众需求导向转化，数字应用在促进民生服务、中小企业发展、自然灾害预警、应急管理等领域也更为有效，不断丰富和创新政府管理方法。

三、“数”造服务业优质高效发展的机理与路径

（一）作用机理

1. 促进服务全球化

数字生态具有高度全球化的特征。互联网和信息技术从本质上改变了传统服务业低效率和不可贸易的特性，强化了服务全球化发展的动力，因此加快了网络时代服务全球化的发展速度和升级层次[①]。近些年，

① 江小涓、罗立彬：《网络时代的服务全球化——新引擎、加速度和大国竞争力》，《中国社会科学》2019年第2期。

我国服务贸易持续快速高质量发展，就是一个例证。2012 年至今，我国服务贸易进出口保持了高速发展的态势，平均每年都以高于全球增长率 3.1 个百分点的速度递增。2022 年上半年，我国服务进出口总额近 2.9 万亿元，同比增长 21.6%，其中服务出口 1.4 万亿元，增长 24.6%[①]。数字技术的发展改变了传统的需要面对面的跨境贸易模式，通过数字连接全球用户，既增强了服务的可贸易属性，又拓宽了服务贸易的产业创新边界，助力全球服务贸易发展。

2. 推动服务业结构升级

自 2G 通信技术及 PC 互联网广泛应用以来，信息通信方面的技术升级在需求端迅速普及，形成规模效应。4G 通信技术、光纤、智能终端等的广泛普及，大幅改变了服务信息获取的方式和速度。以 5G 通信技术为核心的信息网络融合了感知技术、云计算、虚拟现实、大数据、人工智能等数字技术基础，与服务垂直产业的高度融合将会进一步改善服务体验，并催生出全新的服务商业模式与产业形态，为服务市场提供新产品、新服务、新体验。以旅游业为例，数字技术通过催生出在线旅游和数字文旅等新业态，提升消费者个人体验，推动旅游产业结构升级。

3. 加快“两业融合”步伐

首先，数字技术的应用带来的技术进步不断渗透各个产业领域，实现产业内生产能力的提升，并且由于技术扩散会带来相应的竞争与合作，降低制造企业提供服务的技术门槛，从而突破服务业与制造业融合过程中的行业壁垒；其次，数字技术应用于前端环节，可以提高厂商

① 数据来自人民网。

的生产灵活性和市场应变能力，缩短产品生产周期，在后端环节降低信息搜寻与匹配成本，优化产品或服务的匹配速度与效率，从而促进两业融合；最后，数字化激发了潜在服务需求。通过数字信息技术知识和数据的免费、大范围共享，促进了公众认知水平和意识的提高，从而客观地激发出新的产品市场需求，消费边界的扩展会强化生产服务一体化需求，从而加速两业融合的步伐。

4. 提高服务业效率

根据“鲍莫尔—富克斯模型”和发达国家从工业经济向服务经济转型的经验，由于传统服务业的产出效益通常低于制造业，发展中国家在经济转型过程中的增速将明显放缓。中国进入服务经济时代虽然晚于发达国家，但是得益于数字技术的广泛应用，服务业的生产率得到了显著提高，在国民经济从工业型结构向服务型结构转换的进程中，我国整体经济增长并没有发生明显放缓[①]。数字技术的最大特点在于传播范围广和边际成本低，能够在消费、生产、分销等领域形成明显的规模经济，从而改变了服务的无形性、同步性、不可存储性和异质性，缓解了供需双方在价格、时间、空间等问题上的匹配难题。在决策部署方面，数字技术能够提升数据获取、处理、分析方面的效能与精确度，从而合理安排服务能力的时空布局，不仅可以提高交付和履行的速度和准确性，也减少了不必要的资源浪费，提高收益率。如餐饮企业基于大数据分析预测订单变化趋势，合理配置外卖和堂食餐饮资源，科学规划服务人员班次。在业务精简环节，数字技术可以集成各项资源，优化业务流程，在一定的技术条件下实现最优化配置。

---

① 刘奕、夏杰长：《推动中国服务业高质量发展：主要任务与政策建议》，《国际贸易》2018 年第 8 期。

5. 推动服务业质量变革

数字技术推进服务业质量变革源于以下 3 个方面：一是平台经济崛起使得消费者的评论在平台上汇聚并公开，压缩虚假信息传播渠道，缓解信息不对称问题，让服务供需更加透明化。二是数字技术提高了行业标准化程度，克服服务内容的多变性，部分实现了质量管控。例如，《外卖餐品信息描述规范》作为外卖行业的首个国家标准，规定了互联网平台外卖基本信息描述的术语、定义和要求，使外卖信息披露更完整，倒逼商户积极地改善服务质量。比如，国内许多主流服务平台的活跃用户已上亿，平台每日都会获取大量客观的服务评价，这些即时反馈将有助于促进市场净化，实现优胜劣汰。三是通过大数据或 C2B 模式将消费者的需求准确传递给商户，从而协助商家提供精细化服务和定制化服务。特别是利用数字技术和服务业的融合发展，使服务成为一种特殊商品，由劳动密集转变为技术密集、知识密集，从而提高了服务附加值，促进高端服务行业的蓬勃发展。

6. 创造就业新岗位

一方面，服务业数字化为企业创造新岗位，为人民增加新的就业机会。2021 年，第三产业数字经济就业岗位占比高达 60.2%，远高于第二产业的 7.1% 和第一产业的 0.1%，其岗位薪资也高于第二产业和第一产业[①]；另一方面，服务业数字化创造了新型灵活就业模式，例如外卖骑手。餐饮业数字化依托互联网技术推动人才流动与人岗匹配，实现人才功能最大化，针对低频及非必要岗位推出灵活用工方案，在激发行业上下游间接就业的同时，给从业人员带来短期就业机会及兼职工作并获取相应收入来

① 前瞻产业研究院：《2022—2027 年中国数字经济行业市场前瞻与投资规划分析报告》，2022 年。

源。以网约配送员为例，2019—2021年，通过某平台实现营收的骑手数量从398.7万上升至527万，年均增长64.2万，约占全国城镇新增就业的5%，超过了快递行业同期20万人的年社会就业增量[①]。数字技术赋能餐饮从业者，缓解其在点单收银、加菜传菜、排班排岗过程中所面临的重负与精力损耗，有利于为餐饮业从业人员营造一个更加高效与智能的环境。新冠疫情中，零工经济催生的“人才共享”模式为周期性失业者提供短期就业机会，从而有效摆脱各行业劳动力紧缺与劳动力闲置同时存在的困境。

（二）案例剖析：以网络拍卖服务为例

1. 网络拍卖业态的兴起与发展

（1）网络拍卖市场发展现状

我国拍卖行业市场以较高的热度稳步增长。截至2020年底，我国拍卖行业总成交额已上涨至8387.05亿元，较2018年增加了1118.87亿元，同比增长15.39%。在拍卖的整条价值链上，网络拍卖是其中重要一环。中国的网络拍卖市场从2012年开始，经过10年发展，已初具规模和发展质量。市场主体可分为四类，一是电商平台，阿里巴巴、京东等已布局；二是金融机构，利用债权人优势形成闭环；三是传统拍卖及产权交易机构，如中拍网、北交所等，依托制度及资源优势获得市场；四是新生力量市场，即正在进入的“未来玩家”。其中，新生力量又包括两类，第一类是新兴的互联网及直播平台，如腾讯、快手、抖音、拼多多等；第二类专注于二手物品、高端珍品及某些特殊品类，如玩物得志、对庄、寺库等。

① 夏杰长、李銮淏：《以数字化推进餐饮业转型升级》，《中国经济时报》，2022年6月20日。

围绕这些互联网服务者，各类卖家、买家与生态合作伙伴相互衔接、链接、融合，形成一个高效的生态体系，共同推动网络拍卖市场高质量发展，提供最优质的资产供给，匹配最合适的投资人，并且通过创新驱动、反向定制不断引导资产交易市场向高端升级，让更优质的资产与具有资产优质运营能力的投资人相匹配，充分开发资产的价值，服务于国计民生高质量发展。

我国资产交易数字化创新尚处于初级阶段。按照引入全域互联网服务创新模式后溢价率由20%提高至50%，成交率由40%提高至80%，交易成本由1.5%降至1%测算，能实现溢价增值11.25万亿元，并间接带动产业投资、就业、碳减排，新增综合经济效益。清华大学互联网治理研究中心依托充分的样本数据进行实证研究，结果显示，2021年资源数字化配置溢价率排名前30的城市平均溢价率增量超过35%，实现溢价增量约430亿元，平均每个城市实现财政增收约14.4亿元①。

（2）网络拍卖服务的优势与价值

以阿里拍卖为例，资产交易数字化服务创新具有三大优势。一是领先技术。具有自主研发的毫秒级延时、万级并发的竞价系统；实现5分钟自动延时，100%竞价加密，100%数据留底记录。二是全球流量。拥有淘宝10亿注册用户、8亿月活跃用户支撑，全网海量、万级并发出价。这两大优势保障资产充分匹配投资人与充分竞价，实现价值最大化。三是科技服务。全天候智能解答服务、一对一精准撮合、增值配套服务完整生态。人工智能服务与服务全链条各环节对应的第三方服务相结合，实现各环节高效专业化服务，确保围绕资产相关的鉴定、物流、贷款等服务全面衔接。资产交易数字化服务的社会价值显著。处置周期

① 李晓东、付伟：《数字经济时代城市资源数字化配置》，中国财政经济出版社，2022。

短于线下的20%，最快2小时；竞价次数年5亿次，交易成本低于线下的50%，平均降至1.5%；实现了“三充分，两高、一快、零违规”。“三充分”是充分透明、充分降本、充分竞价，“两高”是成交率高、溢价率高，“一快”是成交速度快。实现的社会价值包括地方增收、产业招商、双碳减排、乡村振兴、公益慈善、共同富裕。

（3）政策支持与发展空间

2022年，国务院发布《国务院办公厅关于进一步盘活存量资产扩大有效投资的意见》，要求民营市场化服务机构深度参与。财政部、国资委等部门关注到了新时代的新发展趋势，积极推动国有资产法的起草，推动相关政策的修订完善。

网络拍卖在充分实践的情况下，能够有效推动资源要素的优化配置，加快循环利用，从而促进统一大市场、双循环。调研发现，无论是制造企业，还是地产公司、拍卖行，都拥有大量的闲置资产、资源、物品，比如机器设备、商办楼宇、珠宝藏品。把这些长期搁置的资产利用起来、循环起来，开发出价值，就能帮助企业改善现金流状况，进而优化财务状况，支撑企业持续、稳定发展，降低企业的生存压力，提高企业抵御外部风险的能力和核心竞争力。同时让消费者、投资人获得优质的高价值“拍品”“藏品”，将资源放在最合适的地方，真正验证了“世界上没有废物，只有放错了地方的资源”。

2. 网络拍卖行业面临的挑战

一是关于国有资产交易的现行政策法规与数字经济发展阶段不适配，限制了行业充分、健康发展。由于《中华人民共和国企业国有资产法》以及《企业国有资产交易监督管理办法》发布时间较早，仅结合了产权交易所的传统交易场景，并通过进场交易来实施监督，防止国有资产流失。数字经济快速发展催生的新兴的充分市场化的网络拍卖场景在此类文件中未被清晰定义，较为模糊，这导致不少国企期盼通过第三方市场化网络平台获得物品快速处置和高溢价但又担心不符合政策要求。财政部于2021年出台相关文件，明确了“网络拍卖”作为国有金融机构资产处置的方式之一，并规定行政事业国有资产处置应当采取市场化公开方式，并且可以选择除公共资源交易中心外的其他范式，是一个显著进步，但仍有待深化。

二是各地传统交易机构的行政化管理致使其建设的网络拍卖平台小而散，市场化效率缺失。各地产权交易所、公共交易资源中心总体处于区域模式，即使部分采用电子化方式撮合资产与投资人，也仅限于对接局域性流量，导致“一高、二低、三不足”。“一高”是成本高昂。交易系统建设投入大，交易成本高、投资人参与门槛高。“二低”是成交率、溢价率低。“三不足”是公开性不足、充分性不足、创新性不足。这阻碍了有为政府与有效市场充分结合形成合力，抑制了统一大市场效率的形成。

3. 网络拍卖行业发展展望

网络拍卖行业有着广阔的前景，值得期待。

第一个领域是大众拍卖。过去，全部特殊资产、拍品几乎都是由机构或法人发拍的，这虽然能尽可能保障拍品的品质和可靠性、安全性，但未能有效满足海量的个人对于闲置物品的拍卖需求。因个人物品鉴定的不确定性较强，该领域各服务机构考虑到成本未进入。未来，相关网络拍卖服务企业已考虑通过标准化的在线鉴定评估，来激活该领域的巨大空间。

第二个领域是公益拍卖。每年各国驻华使馆、各地慈善组织都希望能将大量的慈善捐赠物资有效变现，这能极大降低仓储保管的成本。各类资产交易服务机构，特别是互联网服务者成为合适的载体，阿里巴巴、京东等在该领域都有尝试。其中，阿里拍卖于2021年启动了公益拍板块，已与多个省（区、市）民政部门合作，将来自企业、机构、个人各方的捐赠物资通过“一元起拍”的创新方式吸引广大消费者来助力慈善，拍卖所得捐赠给慈善机构。

第三个领域是数字资产拍卖。其与数字藏品、元宇宙紧密相关，是近年来全球关注的热点。数字资产因其具有成为“代币”的潜质，相对比较敏感，目前各国对其一方面鼓励发展，另一方面加强监管。在我国，数字资产的交易主要集中于数字藏品，并持续稳定增长，未来空间巨大。

第四个领域是地产债权。该领域由于大量地产企业的转型升级，必将对原有持有型的商办等资产出清，因此迎来海量的资产交易。债权可能来自司法拍卖，可能来自破产，也可能来自地产企业自身，总之是未来一大不可忽略的领域。通过充分匹配投资人，特别是通过互联网服务精准获客，能够有效帮助地产企业增加优质现金流，降低资金链风险，同时帮助投资人找到并获取称心如意的优质资产。

第五个领域是线下运营（价值链延伸）。特殊资产服务向行业纵深推进后，数字化标准化服务必须与线下的定制化服务环节相互结合，才能发挥最优的服务效果。因此，围绕网络拍卖，数字化创新推动了价值链的延伸，创造了网络拍卖链上全新的业态，比如线下仓储、线下地产经纪门店，虽然这些链路环节在过去传统交易中也存在，但与线上价值链衔接融合尚属首次。这种类似于消费领域“新零售”的创新，必将创造巨大的市场价值和社会价值。

（三）实施路径

1. 培育和壮大市场主体

优质高效的服务业体系要做大做强，关键是要充分发挥市场在资源配置中的决定性作用，培育强大的富有活力和国际竞争力的市场主体。在这一过程中，既要建设一批有全球影响力和控制力的大型服务业集团，又要为中小微服务业企业的发展拓展空间，特别是要以数字经济赋能服务业企业，让其发展充满生机活力，形成多层次市场主体互助共促的新局面。要看到，中小微服务业企业是劳动就业的主要贡献者，但发展困难较大，控制风险能力较弱。政府要从优化营商环境、完善社会化服务体系和推进公共服务平台建设等方面着手，以此增强中小微服务业企业的供需匹配能力和市场竞争力①。

2. 强化数字技术的运用

一是推进 5G、数据中心等新型基础设施建设，为产业数字化奠定坚实的技术基础。加强数字科技的研究和开发，扶持 5G、云计算、边缘设计、大数据分析、区块链、人工智能等技术在服务行业运用，建立基于云端科技的低成本数字化供给能力，降低企业创新和转型发展的壁垒。

二是加强技术基础支撑。加强前瞻性基础研发，增加源头科技供给，积极引导、支持平台企业提供针对性强、使用便捷、成本合理的服务业数字化基础设施，并给予一定的税收优惠、财政补贴、政府购买服务等支持。加大对服务企业“上云”的扶持以及 SaaS 等系统在中小微

---

① 夏杰长：《时序选择和实施路径》，《经济日报》，2022 年 6 月 28 日。

企业的普及使用，强化中小微服务业企业主动拥抱数字化的意愿。

三是推动重点行业、领域试点示范。如通过AR、VR、AI等数字技术对生活性服务业的赋能，尤其是对文创产业和旅游景区进行数字化、智能化、沉浸式改造，提升景区的智慧化服务能力。在餐饮行业，则可以加快推动无人车、服务机器人示范推广应用和加快即时配送系统、智慧餐饮整体方案实施等。

3. 积极培育数据要素市场

根据数据性质完善产权性质，建立统一规范的数据管理制度，提升社会数据资源价值。形成全国性市场与区域性市场、场内市场与场外市场、一级市场与二级市场、综合市场与专业市场、跨境市场的多层次数据要素市场体系[①]。重点培育面向实体经济的数字经济新产业、新业态和新模式，发展大数据、物联网、移动互联网、云计算和人工智能等新技术，赋能服务产业发展。着力提升数字设计支撑能力，强化科技成果、信息技术和绿色设计应用，打造全球数字设计城市典范。加快传统产业的数字化转型升级，重塑组织和流程，推进传统企业低碳绿色、数字化转型。加快推进虚拟世界与现实社会相交互的平台，打造丰富多元的新消费业态。

4. 加快数字化转型制度体系建设

一是加快服务业数字化标准建设。各地政府应积极与龙头企业、行业协会、科研院所共同建设服务业数字化的行业标准和品牌标准，主动发挥行业引领作用，形成对行业数字化转型的路径指导，推进服务业上

① 欧阳日辉：《我国多层次数据要素交易市场体系建设机制与路径》，《江西社会科学》2022年第3期。

下游链条协同发展，加快相关新型基础设施建设和数字化服务能力提升，培育产业新生态。

二是完善数字化治理体系。坚持包容审慎的监管政策，顺应现代服务业数字化发展，建立企业数字化管理机制，形成边界明晰、分工协同、平衡互动的治理结构。把握数字平台的发展特点，以消费者利益为出发点，妥善处理多元利益与矛盾，权衡规模效应与竞争效应，完善平台经济的长效治理机制。

三是积极参与数字服务贸易国际准则的制定。充分发挥我国在发展跨境电商、移动支付、电商服务等数字化前沿业务方面的经验优势，积极主动对接国际服务经贸新准则，倡导有利于我国的国际经贸合作新规则，进一步增强了中国对服务贸易新准则的话语权。

本章针对数造服务业高质量发展，提出了五大机理和四条具体路径。在传统产业转型的同时，在数字技术与实体经济融合发展过程中，不断发生化学反应，创造出新产业、新业态、新模式，让实体经济生生不息，迸发活力。

执笔人：夏杰长　熊琪颜

第十章

产业创新：高质量实体经济的新业态新模式

我国有14多亿人口，4亿多人的中等收入群体，正在迈向高收入国家行列，居民收入水平和消费水平不断提高。网络消费快速崛起的背后，是以互联网为代表的数字化思想、技术将“人、货、场”等传统商业要素进行重构，全面改革和升级整个商品生产、流通、服务的过程，不断创造新场景、新模式和新应用来满足消费者的消费升级、体验升级，不断扩大社会总需求的过程。近年来，直播电商、本地生活服务、数字文创等消费新业态的兴起，展示了我国消费领域的巨大活力和动力。

一、新技术全方位升级：直播电商新业态

我国直播电商经历了萌芽阶段（2009—2015年）、探索阶段（2016—2019年）、爆发阶段（2020年以来）。2020年，新冠疫情使直播普及率快速提升，几乎渗透消费者线上生活的所有领域，并加速在生产制造和产业带转型中发挥作用。直播电商发展推动了电商生态持续升级、网络零售范式转换，淘宝直播、抖音、快手成为范式转换的受益者。截至2021年底，我国直播电商用户规模达到4.64亿，较2020年12月增长7579万，占网民总数的44.9%，用户渗透率持续提升[①]。

① 中国互联网络信息中心：《中国互联网络发展状况统计报告》（第49次），2022年2月。

（一）直播电商对社会经济的意义

直播电商是利用即时视频、音频通信技术同步对商品或者服务进行介绍、展示、说明、推销，并与消费者进行沟通互动，以达成交易为目的的商业活动。在直播电商普及之前，消费者主要通过微博、微信、小红书、抖音等社交平台来“做功课”，“种草”好物，然后再去电商或者线下门店进行购买。而直播电商则改变了这一模式：头部关键意见领袖（KOL）在选品时，通常会选择大众知名品牌加上独有的低价策略，让那些不愿花时间“做功课”的用户可以在观看直播的同时，快速做出购买决定，减少选择障碍，降低用户决策成本。

1. 直播电商促进消费

直播电商在拓展新消费人群、营造新消费场景、挖掘新需求推动新品类消费、降低交易成本、发展适应消费的新供给、促进消费持续恢复乃至快速增长方面具有重要意义。

直播电商交易额规模 2018 年增长率高达 283%，2019—2020 年保持三位数的增速（见图 10-1）。

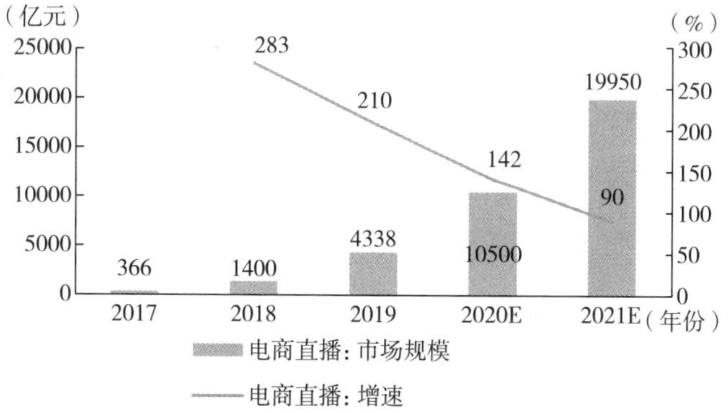

图 10-1　2017—2021 年直播电商市场规模及其增速

资料来源：毕马威、阿里研究院，《迈向万亿市场的直播电商》，2020 年 10 月。

直播电商有利于拓展新的消费人群。从推动消费增长看，拓展“银发族”消费是一个重要的举措。直播电商在拓展老年人上网消费方面仍有较大的空间。根据中国互联网络信息中心数据，截至 2021 年 12 月，我国 60 岁及以上老年网民规模达 1.19 亿，占网民总数的比例达 11.5%，60 岁及以上老年人口互联网普及率达 43.2%。

直播电商有利于营造消费新场景，从而推动消费者购买，促进消费。通过直播向消费者立体地展示产品，增加消费者的临场感，从而增加决策依据。通过直播间主播的导购及与消费者的对话，可营造如同线下现场购物般的场景，为消费者提供更详细的商品信息，直播间团队还通过秒杀、限量、限时优惠等多种方式，使消费者快速做出决策。

直播电商有利于挖掘新需求，推动新品类消费，从而使消费向更深处发展。新冠疫情暴发以来，吴裕泰加大直播频次，天猫直播间销售额从早期的 1% 增加至 15%，最高时直播 5 分钟销售额突破 220 万元。拥有 167 年历史的内联升第五代传人、非遗传承人任晨阳亲自担纲主播，介绍 90 余道纯手工工序制作的千层底布鞋制作功夫。老牌商圈潘家园也开启了线上“云复工”，潘家园总鉴定师师俊超首次直播鉴宝活动，引来超万人围观。文化和旅游部非遗司借助天猫平台在 2021 年春节期间发起“非遗牛年大集”活动，传统文化价值通过直播电商得到彰显。

2. 直播助力地方产业振兴

近年来，直播电商发展与地方经济和产业发展实现了有机融合。各地都在积极发展直播电商，制定了多项扶持政策。据不完全统计，2020 年全国有 33 个地区出台了直播电商扶持政策。多地政府明确提出要打造“直播电商之都”“直播经济总部基地”等，如上海市提出打造“在线新经济”高地，杭州市启动了直播电商产业基地建设，广州市出台了直播电商发展行动方案。

2021 年，中国市场学会、阿里研究院联合淘宝直播发布《直播电商区域发展指数研究报告》。通过全国直播电商特色分布研究发现，直播电商发展与当地产业基础密切相关。东南部沿海省份制造业相对发达，直播电商主要品类为服装、鞋类等，如杭州女装、南通家纺、晋江鞋业等。中西部省份气候、环境资源独特，直播电商以农副产品为主，如阿克苏苹果、中宁枸杞、柞水黑木耳等。玉石直播异军突起，成为直播网红产品，如瑞丽翡翠、和田和田玉成为直播爆款产品（见表 10–1）。

表 10-1　中国直播电商特色分布

序号	省（区、市）	县（市、区）及特色产品
1	北京	老字号
2	天津	小吃
3	河北	保定：大枣 清河：羊绒
4	山西	阳曲：小米
5	内蒙古	赤峰：小米、牛肉干
6	辽宁	岫岩：玉石 葫芦岛：泳装
7	吉林	辽源：袜子
8	黑龙江	五常：大米
9	江苏	东海：水晶 苏州：母婴 南通：家纺
10	浙江	杭州：女装 义乌：小商品 诸暨：珍珠
11	安徽	砀山：酥梨
12	福建	安溪：铁观音 晋江：鞋
13	江西	景德镇：陶瓷

续表

序号	省（区、市）	县（市、区）及特色产品
14	山东	威海：渔具 曹县：演出服
15	河南	镇平：玉雕
16	湖北	潜江：小龙虾
17	湖南	株洲：童装
18	广东	佛山：家装 东莞：大码女装
19	广西	柳州：螺蛳粉
20	海南	三亚：金煌杧果
21	重庆	美食
22	四川	成都：美食、女鞋 攀枝花：杧果
23	云南	瑞丽：翡翠 普洱：普洱茶
24	西藏	日喀则：青稞
25	陕西	柞水：黑木耳 洛川：苹果
26	甘肃	兰州：百合
27	青海	玉树州：冬虫夏草 都兰：黑枸杞
28	宁夏	中宁：枸杞
29	新疆	阿克苏：苹果 和田：和田玉

资料来源：中国市场学会、阿里研究院、淘宝直播，《直播电商区域发展指数研究报告》，2021年3月。

（1）“直播百强”地区主要集中在东部省份

《直播电商区域发展指数研究报告》显示，2020年直播百强地区[①]分布在16个省市，近九成集中在东部地区。其中，浙江最多，为21个，广东18个、上海13个、北京12个（见图10–2）。

① 包括市辖区、县级市及直辖市下辖区、县，该区域2020年淘宝直播引导成交规模超5000万元。

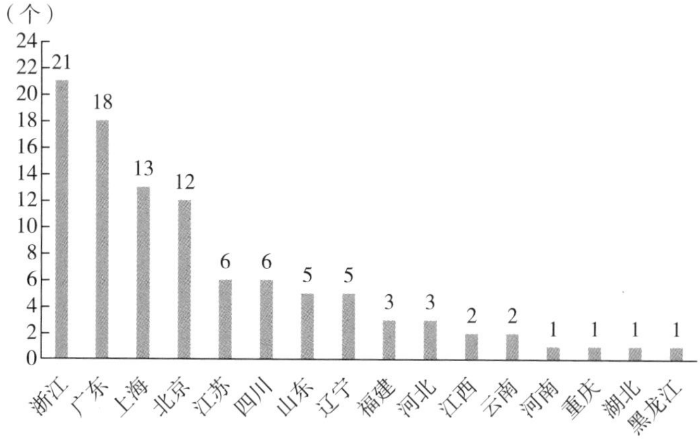

图 10-2　直播电商百强地区省市分布

资料来源：中国市场学会、阿里研究院、淘宝直播，《直播电商区域发展指数研究报告》，2021 年 3 月。

（2）直播电商与区域产业发展深化协同

直播电商百强地区中，多数具有“老牌电商强区县”“扎实的产业基础”“丰富的 MCN 或达人资源”“完善的直播生态”等一个或多个特征（见图 10–3）。

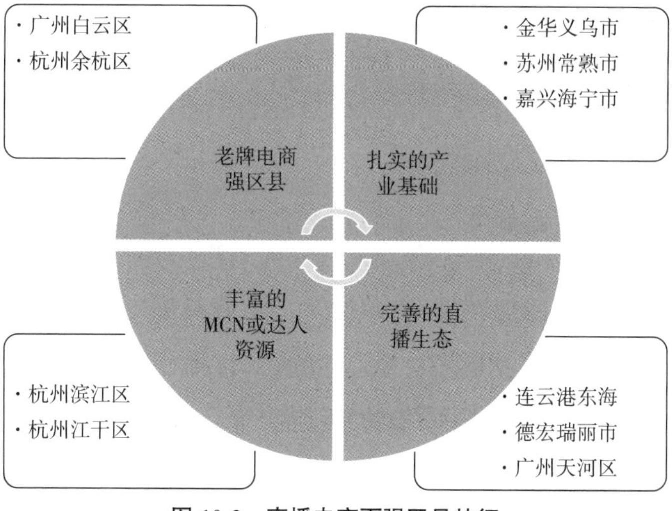

图 10-3　直播电商百强区县特征

资料来源：中国市场学会、阿里研究院、淘宝直播，《直播电商区域发展指数研究报告》，2021 年 3 月。

从市场空间来看，直播电商渠道和市场下沉，全球市场成为潮流。三四线城市近年来逐步培养起来的消费习惯，让行业看到未来市场下沉的潜力，很多三四线城市及以下区域在直播电商中，已有超越发达地区及一二线城市的趋势。另外，越来越多的直播平台开始转战海外市场，以寻求更大的增长空间。

3. 直播电商助力乡村振兴

直播电商于乡村振兴最直接的意义，是帮助农产品、乡村文化旅游产品以及其他乡村特色品连接大市场，通过大量曝光与主播信用加持，促进乡村产品销售，提升乡村收入水平。据商务部数据，我国农产品网络零售额从 2016 年的 1589 亿元逐年增长至 2021 年的 4221 亿元。其中，2019 年增长幅度最大，达 72.45%，与直播电商爆发时间相吻合。

自 2019 年淘宝直播“村播计划”启动以来，孵化农民主播 11 万余人，累计进行助农直播超 230 多万场，覆盖全国 31 个省（区、市）的 2000 多个县域，带动农产品销售超过 50 亿元，帮助农民实现增收，总计带动 20 多万人就业。

4. 直播电商带动就业

直播电商通过增加就业带动消费。作为新型电商销售方式，直播电商催生大量新型就业形态。除了主播，直播间里还诞生了助播、选品、脚本策划、运营、场控等多种新职业。直播电商提供了更低门槛、更灵活的就业岗位，有利于带动就业。2020 年 7 月，中国人民大学劳动人事学院发布的《淘宝直播就业测算与新就业形态研究报告》显示，淘宝直播带动就业超过 173 万人，为超过 5 亿的消费者提供了边看边买的服务。

（二）直播电商的先进性

1. 生态推动价值共创

随着直播电商的快速发展，直播电商生态日趋完善，平台、MCN机构、商家、主播、消费者、供应商、服务商、政府等角色，通过相互配合、相互合作，形成由直播技术、场景氛围、主播感染力共同营造的沉浸式购物体验场景，构建一个快速发展、活力十足的新生态。

企查查数据显示，2021 年我国新增直播相关企业注册量为 18.33 万家，同比增长 244.21%，并且超过以往历年注册量的总和，2022 年上半年新增直播相关企业注册量达到 17.85 万家，同比增长 199.77%[①]。根据艾媒咨询数据，2021 年中国 MCN 机构数量达到 34000 家，较 2020 年增加近 6000 家[②]。根据艾瑞咨询数据，截至 2020 年中国直播电商主播达 123.4 万人，同比增长 348.8%[③]。

2. 技术驱动服务升级

云计算支撑，基础设施建设加速，使直播电商成为可能。阿里云和淘宝直播联合成立了攻坚队，通过一系列艰难的创新、调试，配合阿里云多年布局拥有的云计算基础能力，将行业里已经默认为合理的“7 秒延时”降低到几乎不存在延时。

---

① 《网络直播主体信用评价体系团体标准发布！我国现存直播相关企业超 47 万家》，企查查财经，2022 年 8 月 5 日。

② 艾媒咨询：《2021—2022 年中国 MCN 行业发展研究报告》，2022 年 4 月。

③ 艾瑞咨询：《2021 年中国直播电商行业研究报告》，2021 年 9 月。

高清直播，产品细节真实还原，在珠宝、美妆产品等品类直播主播面部细节时，能够彰显珠宝光泽和妆容质感。淘宝内容中台音视频团队通过把视频处理、视频编码联合做好，来使短视频直播画质体验达到最优的效果。

3. 直播构建新型信任体系

直播电商有利于建立信任机制，增加交易可信度，从而降低交易成本，促进消费。直播电商通过主播团队，建立了一种新的信任机制——合作型信任。主播使消费者产生信任的另一个机制是知识型信任，即把搜寻、比较、测试等工作交给消费者信赖的专业人士负责，用消费者和主播之间一对一的信任关系，补充、强化消费者和品牌之间一对多的信任关系。

4. 供应链创新实现需求快速响应

在供应链前端，主播团队可以利用直播电商的互动优势，通过直接对话、社群交流以及对评论、点赞、分享、加购、成交等数据的分析，深刻了解消费者的需求，与品牌商共同就产品研发、设计、工艺、定价等进行探讨，满足差异化、特色化、定制化需求，将这些需求及时准确地传达给品牌商，帮助其生产出更符合消费者个性化需求的商品，从而提高供给侧效率。在中端，直播电商可以指导生产企业进行定制化生产，不但满足了消费者的个性化需求，也使企业避免了库存积压等问题，极大地提高了供应链的效率。在后端，主播团队可以根据产成品库存、生产能力、原材料供应等情况，合理安排直播场次，使直播电商与供应链的融合更为紧密。

（三）直播电商未来发展趋势

趋势一：店播成为电商的营销新标配

直播电商这一全新营销形式将逐渐成为企业带货的重要方式，从风口变为电商营销的标配。大多数企业都意识到直播不仅可以带动线上销售，同样能为线下门店引流，而且通过直播进一步增加用户黏性，让品牌的文化底蕴更为丰满地呈现在用户面前。

趋势二：新技术应用使得直播电商场景更多元化和泛在化

3D、AI 等科技加持，为品牌日常互动与大促助力。头部品牌率先尝试新技术助力直播间：乐高、特步、FILA 等品牌率先开始尝试 3D 直播间，通过 3D 技术提高直播间话题度和互动黏性；飞利浦等品牌通过虚拟主播丰富直播间，不断刷新场观纪录，保持互动助大促。

趋势三：直播电商人才培养加速

目前直播相关人才仍处于亟须补短板的阶段，直播电商人才的系统性培养还处于起步阶段。应完善人才成长路径，如为主播设立成长阶梯，这将有利于提升人才动力，提高人才忠诚度。多渠道挖掘人才，招培结合构建人才矩阵。

趋势四："短直联动"实现内容与直播紧耦合

"短视频"与"直播电商"相结合的新业态，越发常见地为品牌和主播整合应用；短视频"种草"、直播转化的模式也为越来越多的消费者所熟知。短视频主打内容传播，直播承接流量，内容 + 转化助力品牌"品效合一"。

二、美好生活新需要：多样化生活性服务业

党的十八大以来，党和国家高度重视服务业发展，先后出台一系列政策措施鼓励、支持和培育服务业经济，服务业呈现稳步扩张的良好态势，逐步擎起国民经济的“半壁江山”，成为支撑和拉动经济发展的主动力。近年来，我国生活性服务业发展不断提速，服务消费已成为推动居民消费持续升级的重要力量。“十四五”规划提出，要构筑美好数字生活新图景，加快数字社会建设步伐。通过数字化赋能，让“互联网＋生活性服务业”的应用场景更加普及。新冠疫情进一步加快了生活性服务业数字化的进程，餐饮外卖、即时零售、无接触配送等一批新业态、新模式不断涌现，在助力疫情防控、保障人民生活、对冲行业压力、带动经济复苏等方面发挥了不可替代的作用。

（一）三大发展现状分析

1. 生活性服务业多样化发展的三大助推因素

《中国生活服务业数字化报告（2022）》总结了生活性服务业数字化发展的三大助推因素，一是数字技术发展带动。从全球范围看，中国是移动支付用户渗透率最高的国家，也是全球最大的外卖应用市场，即时配送体系最发达的国家。二是消费升级趋势推动。麦肯锡预测，到 2030 年中国家庭全年在实物上的支出占比将继续下降，“可选品”和“次必需品”的支出占比将显著增加。据中国社会科学院财经

战略研究院预测，到 2025 年，我国服务业增加值占 GDP 比重、服务业从业人数占全部就业人数比重、服务消费占居民消费支出比重将分别达到 59.05%、54.96%、50.40%。三是政策方向引导促进。近年来，有关部门通过加强规划和引导，制订了生活性服务业数字化的专项行动方案。

2. 生活性服务业多样化发展进程加快

随着本地化电子商务的发展，信息和实物之间、线上与线下之间的联系变得更加紧密。生活性服务业数字化打开的将是下一个“十万亿元级别”的市场。根据凯度《2021 年 O2O 渠道白皮书》预测，2016—2021 年 O2O 市场的到家业务年复合增长率高达 64%，到店业务年复合增长率为 17%，共同驱动 O2O 市场整体快速增长。2021 年 O2O 市场规模超过 3 万亿元，而到家业务在此轮 O2O 渠道的快速增长过程中是主要驱动力。未来，数字生活新服务还有巨大的增长空间。

3. 生活性服务业的数字化水平差异较大

（1）覆盖率（细分行业数字化应用率）

截至 2021 年 12 月，中国网上外卖用户规模达 5.44 亿，较 2020 年 12 月增长 1.25 亿，网民使用率上升到 52.7%。中国网约车用户规模达 4.53 亿，较 2020 年 12 月增长 8733 万，网民使用率达到 43.9%。中国在线医疗用户规模达 2.98 亿，较 2020 年 12 月增长 8308 万，网民使用率达到 28.9%[①]。

① 中国互联网络信息中心：《中国互联网络发展状况统计报告》（第 49 次），2022 年 2 月。

（2）渗透率（生活性服务业数字化应用程度）

从生活性服务业内部各行业看，其数字化水平差异较大。2021年，酒店业的数字化率为44.3%，餐饮业的数字化率为21.4%，家政业的数字化率为4.1%，养老服务业的数字化率为1.3%（见图10–4）。

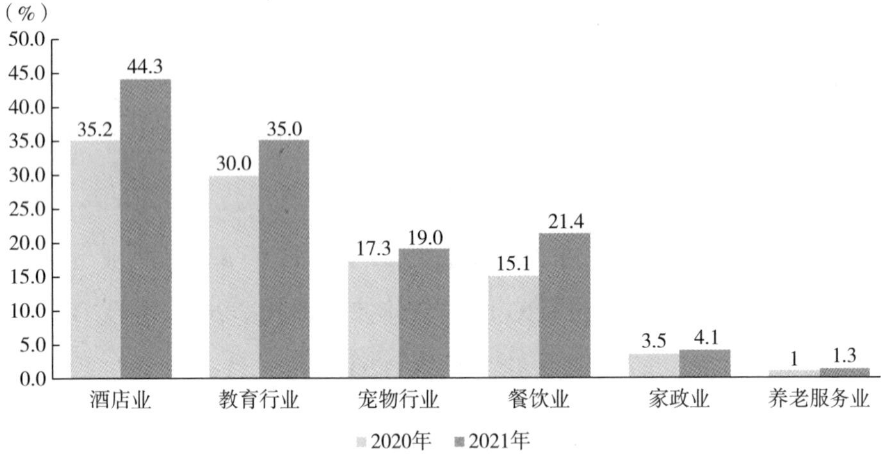

图 10-4　生活性服务业数字化率

资料来源：阿里新服务研究中心。

（二）重点服务领域数字化转型

1. 餐饮业加速数字化、连锁化

2021年中国在线外卖市场规模增长50.2%，超过1万亿元，达到10036亿元，在线外卖收入占全国餐饮业收入的比重达到21.4%（见图10–5）。

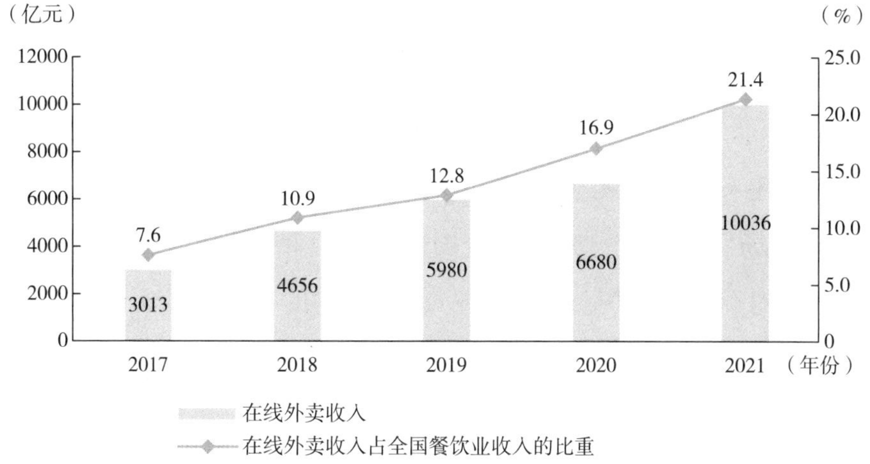

图 10-5 2017—2021 年中国在线外卖市场规模

资料来源：根据国家统计局、国家信息中心，阿里新服务研究中心信息整理。

商家端，“堂食 + 外卖”双线布局成为多数餐饮经营者的共识。新冠疫情加快了餐饮企业数字化渠道建设，以增强自身抗风险能力。

客如云调研数据显示，餐饮行业各经营业态下“堂食 + 外卖”形式的门店占比均较大。其中，茶饮、中式正餐、西式快餐都达到了 90% 及以上，小吃、烧烤以及火锅业态这一比例也都达到了 70% 以上，受疫情影响这一模式预计持续火热。纯堂食门店模式在烧烤业态下较常见，达到了 78.1%，这与烧烤业态本身以堂食为主的属性有关。

新冠疫情加快餐饮业格局的重塑，餐饮业品牌化、规模化、标准化的程度不断提高。疫情期间连锁化进度持续加快。2021 年中国连锁餐饮门店达到 41641 家，较 2020 年上涨 8.9%[①]，餐饮连锁化进一步加快。

2. 健康产业进入在线医疗和药品快送时代

2020 年以来，在线医疗和医药电商以其独特的互联网优势在抗

① 艾媒咨询：《2022 年中国餐饮行业发展现状及市场调研分析报告》，2022 年 4 月。

击新冠疫情中发挥了重要作用，居民关注度和使用率逐步提高。截至2021年12月，我国在线医疗用户规模达2.98亿，较2020年12月大幅增长8308万，网民使用率达到28.9%①。随着政策的开放与推进，医药电商行业迎来了新一轮的增长，市场规模进一步扩大。近年来，医药电商O2O市场发展迅猛。2021年全国药店O2O市场规模已达到190亿以上，O2O对药店的销售贡献占比从2021年初的2%提高至2021年底的5%，2022年前5个月仍保持高增长趋势②。

3. 零售业全面推进数字化全渠道建设

新冠疫情促进了以生鲜、商超等为代表的即时零售服务的飞速发展。外卖骑手配送的内容越来越丰富，外卖平台也从餐饮配送为主的平台发展为“万物配送到家”的平台。根据艾瑞咨询调研数据，从需求端看，消费者期待在即时零售电商平台上购买的品类占比相对均衡，对各类商品都有即时消费需求；从供给端看，当下本地生活服务已从餐饮外卖延伸至生鲜水果、家居日用、鲜花礼品、医药健康、图书文创等各类商品，即时零售场景也涵盖超市、便利店、药店、书店等线下场所。艾瑞咨询预测，2022—2026年中国即时配送订单量将保持28%的复合年均增长率，2026年达957.8亿件。

4. 家政行业依托数字化走向标准化

家政企业数量逐年增长。近年来，数字化正在给家政行业带来效率、品质的提升，同时推动行业向标准化、规范化发展。数字化重塑了家政服务行业的流程和标准，在提高效率的同时，也让家政服务“可视化”，

---

① 中国互联网络信息中心：《中国互联网络发展状况统计报告》（第49次），2022年2月。

② 中康科技：《中国医药电商O2O报告（5月数据）》，2022年5月。

打破了原本的信息不对称。数字化正在重新定义传统家政行业竞争要素。

互联网家政平台用户规模不断扩大，线上渗透率持续增加。互联网家政服务平台月活跃用户近3000万人，线上需求已经成为家政行业重要的需求来源。截至2021年6月，中国互联网家政平台月活跃用户规模达2919万人，超越新冠疫情前的最高值2508万人[①]。Fastdata极数显示，家政服务用户线上渗透率2020年达71.4%。

相比家政服务雇主用户，家政服务庞大的劳动者线上化比例仍然极低。2021年6月，家政从业人员数量为3275万人，家政平台劳动者平台月活跃量最高的仅29.4万人，线上化率不到1%[②]。

5. 汽车后市场数字化迭代升级

中国汽车后市场在线服务是通过互联网思维和服务模式，优化和重塑传统的服务体系，实现线上线下深度结合的服务模式，更加契合移动互联网时代用户消费习惯。车主线上化趋势明显，2021年前三季度车主线上渗透率达21%。由线上车主占比趋势可见，越来越多的维修企业开始重视线上引流和拓客渠道的发展，尤其是在经历新冠疫情之后，线上车主有了显著增长。F6汽车科技大数据研究院分析显示，2021年前三季度车主线上渗透率达21%。从2020年9月开始，线上化率始终维持在10%以上。

（三）本地生活趋势展望

平台化成为数字化重要方向之一。平台企业为社区商户提供营销、

---

① 数据来自前瞻产业研究院。

② 数据来自前瞻产业研究院。

信息、流量、数字化工具等服务，快速推动了线下实体店与线上资源深度融合、双轨并进。平台企业有效发挥供应链作用，以数字化技术为支撑，以服务模式创新拓展服务半径，推动实体生活圈与数字生活圈相结合，满足居民在家更多消费需求。

数字化为营销带来新商机。数字化经营能力已经成为生活性服务业企业必需的能力之一。尤其在新冠疫情期间，数字技术帮助了各类中小微企业恢复经营，提升了中小微企业的收入。

数字化向企业深度应用渗透。数字化起步较早的行业企业不局限于全域营销的数字化，更重视数字化在服务业企业优化流程、降低成本、品牌建设、开发闲置产能、数据运维、赋能提效等供应链方面的开发和运用。

数字化成为服务流程标准化的利器。数字化正在推动生活性服务业向标准化、规范化发展。数字化可以把复合型的服务流程拆解，变成标准化的步骤，对关键的服务步骤进行标准化，例如装修服务、保洁服务、维修服务的试看、讲解。

三、新供给创造新需求：数字文创消费新趋势

文化数字化是中华优秀传统文化“活起来”“火起来”的重要途径。党的二十大为进一步弘扬中华优秀传统文化指明了方向，激励文化事业借助现代化的“东风”在大众中焕发新的生机与活力。近年来，数字藏品依托区块链的确权技术，提升了稀缺性和辨识度，体现了数字化的艺术创作形式，为艺术家提供了话语权和版权保护工具，形成了数字世界

的消费和社交分享载体。随着数字藏品概念普及率的提高，其应用场景将从文娱领域向数字保险、数字教育、数字科研、数字社交等需要明确产权的领域转变，推动数字藏品行业规模不断增长。

（一）非同质化通证（NFT）的发展历程

1.NFT 是什么

NFT 的全称是 Non-Fungible Token，中文为“非同质化通证”。简单地说，NFT 是存储在区块链上的数据单位，是区块链的一个条目，是数字世界中独一无二的资产，可以被买卖、被用来代表现实世界中的一些商品，但其存在的方式是无形的。NFT 是基于区块链技术产生的，其最明确的特征是具有唯一性、确权性和不可分割性。交易链条如图 10-6 所示。

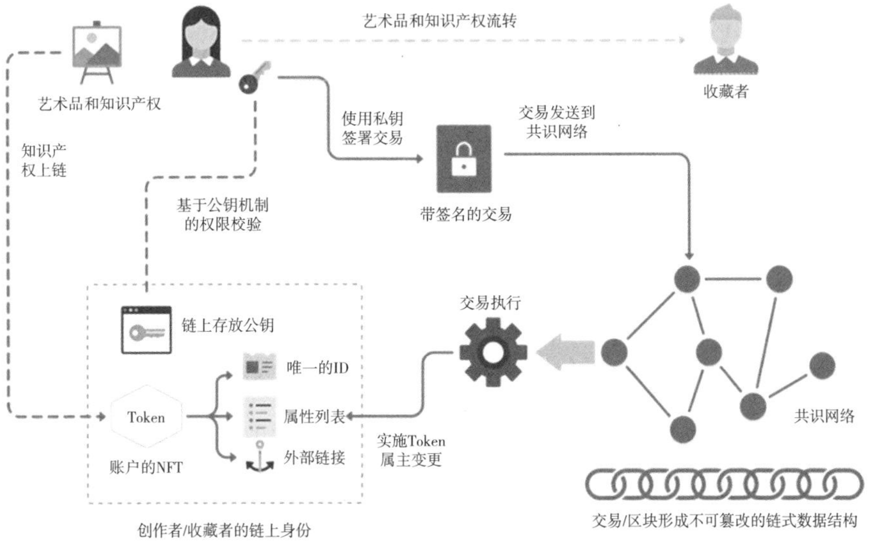

图 10-6 NFT 交易链条示意图

资料来源：作者自绘。

NFT 不等于虚拟货币，因其在国际和国内的政策和消费环境不同，其定位和产品形态有很大差异。国际版的 NFT 是带有艺术属性的数字金融产品，而国内的 NFT 一般被称为“数字藏品”，因为其不具有虚拟货币功能，主要是数字形态的文化消费品。

2.NFT 兴起和发展的几个阶段

NFT 形式多样，用于收藏品、游戏、虚拟世界等多种场景中。目前主流 NFT 项目的应用类型包括：交易市场、收藏品、游戏、虚拟世界、艺术品、体育、域名、金融产品等。2020 年 NFT 项目销售额 TOP10 中有 6 个项目为收藏品类、2 个项目为游戏类。NFT 在收藏品领域发展较为成熟且市场热度较高。NFT 发展历程从 1993 年概念提出到 2021 年市场爆发，大致分为 4 个发展阶段：

种子期（1993—2016 年）：最早提出 NFT 相关概念的是哈尔·芬尼（Hal Finney）在 1993 年对于加密交易卡的阐述，但由于当时技术发展的限制，NFT 仅存在于理论中。染色币（Colored Coin）是第一个类似 NFT 的通证。

萌芽期（2017 年）：2017 年 6 月，世界上第一个 NFT 项目 CryptoPunks 在以太坊发布。2017 年 10 月，Dapper Labs 团队推出了加密猫游戏，将 NFT 推向高潮。同年，其 CTO Dieter Shirley 提出 NFT 概念。

建设期（2018—2020 年）：2018—2019 年，NFT 生态大规模增长，发展出 100 多个项目。随后 NFT 交易更加便利及完善，NFT 应用领域逐步从游戏、艺术品扩大到音乐等。NFT 与去中心化金融（DeFi）的结合实现了游戏化金融（Gamefi），推动 NFT 进一步发展。

快速扩张期（2021 年）：《每一天：前 5000 天》（*Everydays：The First 5000 Days*）以 6934 万美元在英国著名拍卖平台佳士得上卖出，引发各界关注。区块链游戏 Axie Infinity 销量迅速上涨带动整个 NFT 市场板块快速发展。

从发展历程可见，NFT 真正崛起于 2017 年，主要得益于当时在以太坊热潮中推出的加密猫游戏。CryptoPunks 出现之后，NFT 的数量更是呈指数级增长，同时被金融、债券到供应链等各行业采用。2018 年 OpenSea、SuperRare 等平台纷纷建立，2019—2020 年 NFT 增长近 4 倍。2020 年是 NFT 发展历史上的转折点，NFT 的整体市场，包括艺术品和游戏收藏品，在 2020 年市值达到了 3.38 亿美元。NFT 国际交易市场在 2021 年迎来了新的高潮，根据 The Block Research 数据，2021 年 NFT 交易额超过 130 亿美元，同比增长 42988%。

（二）数字藏品：NFT 在中国的创新应用

1. NFT 国内发展规模和现状

国内的数字藏品市场起步较晚，2021 年开始，我国多家公司也开始尝试数字藏品业务。2021 年 1 月，潮牌 PHANTACi 首次限量发售 NFT 项目幻象熊（Phanta Bear），该 NFT 产品发行上限 10000 个，单价为 0.26 个以太币（ETH）（约 6200 元），总价超 6200 万元，1 小时之内便售罄。2022 年 5 月 20 日 10 点阿里巴巴拍卖艺术家万文广作品《U107- 无废星球系 - 柜族之梵高》等 66 件 NFT 数字艺术品。其中《U107- 无废星球系 - 柜族之梵高》经过 201 次出价，以 3.09 万元的高价成交。2021 年 6 月，“蚂蚁链粉丝粒”小程序在支付宝上线，后升级为鲸探 App，并且限量发售了数字藏品，比较受欢迎的包括敦煌飞天、九色鹿主题付款码皮肤，一经发布就迅速售罄。

2021年8月1日，腾讯也推出了自己的数字藏品交易平台——幻核App。2021年6月，网易联合Nervina Labs在淘宝发行了小羊驼三三纪念金币。同年11月，小红书也上线了自己的数字艺术平台——R-SPACE。

在中国，基于区块链技术的数字文化产品，走出了自己独有的道路，即数字藏品，是焕活传统文化、让文物“活起来”的重要载体。这些数字藏品并非触手可及的实物，而是经由区块链技术进行确权，让用户可以通过App、小程序等平台购买、鉴赏与分享，从而让更多文化爱好者能拥有不可复制、永久保存、随时鉴赏分享的收藏。区块链技术最重要的价值在于，能够对数字作品进行标记生成唯一数字凭证，同时使得数字作品在发行、购买、收藏和使用等全生命周期真实可信，有效保护发行者版权和消费者权益。阿里巴巴、腾讯、网易等互联网公司已经开始探索版权科技，如蚂蚁链通过区块链、3D渲染、IoT等技术，形成了以区块链为基础的融合技术解决方案，能够提供针对文化产业的新型可复制商业模式，让IP方、创作方和藏家之间形成互动关系，形成新的IP转化渠道。

2. 国内数字藏品与国际NFT区别

由于政策环境、市场发展、商业模式等差异，国内的数字藏品与国际NFT有根本的不同。

其一，底层区块链不同。国外的NFT基于公链，公链对所有人开放，任何人可参与、读取数据、发送交易等，典型的代表是以太坊。而国内的数字藏品基本都建立在联盟链上，比如鲸探。

其二，产品的内容和基本功能不同。国际版的NFT有代币功能，可以看作艺术领域的数字金融品，而国内的数字藏品是数字形态的消费品。国外的 NFT 不需要经过版权审核，国内规范的数字藏品必须要经过内容审核才能上链进行发布。

其三，交易和流通的方式不同。NFT 一般是通过如以太币、泰达币等虚拟货币进行买卖，可自由流通，自由交易，完全由市场定价，所以价格容易被市场炒作，但相应流通性会比较好。国内数字藏品只能以人民币购买，而且不能二次交易，对于二级市场交易有严格的约束和监管，尽量减少投机和炒作的现象出现，某种程度上传递的是数字文创、数字版权的价值。

（三）我国数字藏品发展趋势

无论是海外还是国内的 NFT 市场，都处于发展的早期阶段。大家在技术层面和政策层面上都面临着急需解决的问题。只有具体问题具体分析，在技术层面、政策层面与赛道发展多元化层面不断完善，才可以真正地打开市场。

纵观国内的 NFT 市场，愈来愈多的中国互联网龙头企业选择入局 NFT。阿里巴巴的蚂蚁链，腾讯的至信链，百度的超级链，京东的智臻链都是其中的典型代表。国内 NFT 领域的发展主要围绕“数字版权保护”等方面的内容展开，旨在为当下内容创作者和社交关注提供新的变现方式，从而在根本上改变当下创作者因知识产权受保护困难而动力不足的困境。

当前，国内 NFT 主要以个人艺术家的艺术创作为主，这些数字艺术作品有的是由个人艺术家的实体作品复制而来，有的是纯粹的原生数字艺术创作。除此之外，很多团队也在持续精进，努力创作，所涉及的领域以及映射的数字内容形式也较为多元。

从直播电商、即时电商、数字文创等层出不穷的新兴业态，可以看到我国经济强大的活力与韧性，看到未来消费潜能与增长的动能，唯有持续创新才能满足人民群众对美好生活的需求。

执笔人：郝建彬　李勇坚　柴爱新　李颖

第十一章

贸易强国：高质量实体经济全球化发展

从全球范围看，贸易升级与创新成为对抗新冠疫情，保持全球贸易稳定的最重要动能。改革开放40多年来，我国的超大规模市场优势助推贸易稳健快速发展。党的二十大报告明确提出“加快建设贸易强国”。这是新时代新征程上我国推进高水平对外开放的重要任务，是加快构建新发展格局的必然要求，也是推动高质量发展的具体体现。面向现代化新征程，跨境电商等数字贸易新业态是加快建设贸易强国的重要内容，应推动货物贸易优化升级，创新服务贸易发展机制，促进双循环的构建。

一、数字贸易成为全球经济复苏的关键引擎

全球范围内资源配置和产业分工新一轮的红利已经出现，贸易作为新生产要素流通的枢纽将加快推进全球化进程，将成为疫后经济复苏和长期发展强劲的推动力量。我国的产业基础和企业竞争力跟改革开放初期相比已有极大改善，贸易发展潜力尤其大。数字贸易升级是高水平开放的必然要求，也是提升产业竞争力的重要手段。

（一）贸易升级与创新成为全球经济亮点

近年来，贸易成为我国经济发展的重要引擎。2021 年，我国进出口增速跑赢 GDP、投资、消费等各项指标。2021 年，我国货物贸易进出口总值同比增长 21.4%，其中，出口额达到 21.7 万亿元，同比增长 21.2%，是多年未有的高增速。“外循环”在这个非常特殊的时间点成为国内增长最重要的来源之一。同样，全球经济复苏中国际贸易复苏明显快于 GDP。受新冠疫情冲击，全球经济增长放缓，数字贸易逆势增长。2020 年全球货物贸易额同比下降 5.6%，是 2008 年国际金融危机以来的最大降幅，服务贸易降至 20 世纪 90 年代水平，全年同比下降 15.4%[①]。2020 年全球跨境电商贸易额突破 1 万亿美元，增长 30%；2020 年全球数字服务贸易出口增长 3.8%，占比 62.8%，增长贡献率达 98.3%[②]。

（二）数字贸易产业发展基础雄厚

“十四五”期间我国在需求端和供给端都具备明显的有利条件。一是我国具有超大规模的消费市场。截至 2021 年 12 月，我国网民规模达 10.32 亿。2021 年，我国实物商品网上零售额达到 10.8 万亿元，是 2015 年的 3.3 倍。二是我国拥有良好的互联网基础设施。截至 2021 年底，我国累计建成并开通 5G 基站 142.5 万个，5G 基站总量占全球 60% 以上，规模居全球首位[③]。强大的通信基础设施能够建立广泛的人—人、人—物、物—物连接，高质量的数字化传输能力将催生更丰富的内容

---

① 联合国贸易和发展会议（UNCTAD）：《全球贸易更新报告》，2022 年 2 月。

② 对外经济贸易大学：《企业海外发展蓝皮书：中国企业海外发展报告（2020）》，社会科学文献出版社，2020；世界贸易组织（WTO）；2021 年中国国际服务贸易交易会。

③ 唐维红：《中国移动互联网发展报告（2022）》，社会科学文献出版社，2022。

在网络空间进行传递。三是我国已出现许多具有较强创新能力的数字企业。入围2021年《财富》世界500强的企业中有7家是互联网公司，其中有4家来自中国。2022年10月11日，世界经济论坛（WEF）公布114家最新“灯塔工厂”名单，位于中国的“灯塔工厂”增至42家，这些企业代表了全球领先的商业创新能力、智能技术研发与投资能力、转型能力，将会有若干企业成为具备全球竞争力和富有创新精神的全球数字产业的头部企业，带动中国数字制造和数字服务快速发展。四是从商品贸易维度看，商品贸易中数字技术含量最高的信息和通信技术（ICT）商品贸易占整个贸易比重有明显上升。数字技术的不断发展创造了种类繁多的数字贸易①，大量商品通过数字化订购进行跨境交易，越来越多的服务变得可数字化、可贸易，全球贸易呈蓬勃发展势头。以典型的数字密集型贸易品——ICT商品为例，全球ICT商品贸易增长迅速，从2011年的1.81万亿美元增至2020年的2.35万亿美元，占全球商品贸易的比重由9.89%提升至13.37%②。

（三）跨境电商成为我国外贸亮点

近年来，跨境电商是我国发展速度快、潜力大的外贸新业态。跨境平台通过整合生态链上的制造商和服务供应商，利用海量交易数据和算法，降低跨国交易成本，精准对接国际市场，在境外客户需求挖掘、海外影响推广、跨境支付、供应链管理与品牌建设等贸易促进方面发挥了

① 联合国贸易和发展会议（UNCTAD）定义的数字贸易包括利用信息通信技术进出口的商品（ICT商品）和服务。参见：UNCTAD. Manual for the Production of Statistics on the Digital Economy 2020，2021.

② 江小涓、靳景：《中国数字经济发展的回顾与展望》，《中共中央党校（国家行政学院）学报》2022年第1期。

重要作用，能够有效实现国际国内的市场联通、供需匹配和企业降本增效[①]。海关总署数据显示，将“企业对企业”（B2B）和“海外仓”贸易形式统计在内，我国跨境电商进口规模从2016年的39.3亿美元增至2021年的170.9亿美元。跨境电商出口占外贸出口的比重从2015年不到1%的增长到2020年的4.6%。

二、数字贸易助力企业国际化与双循环

产品远销海内外是众多寻求高质量发展的中小企业的一致追求。在传统模式下，企业产品出海主要通过国际贸易各个环节的专业化服务机构，一家企业同时要对接7~8家甚至10家以上的服务机构才能连接成完整的出口通路。在贸易升级与创新条件下，这一现状得到彻底的改变。跨境平台企业打通出海链路的上下游资源，集成为一站式服务，精准为企业量身匹配所需服务，定制出海方案，极大降低了企业出海的综合成本，缩短了产品到达海外消费者手中的时间，提高了企业走向国际化的效率。

（一）海外通路助力中小企业触达全球市场

1. 重构海外通路

跨境平台企业作为贸易的新型基础设施，首先打通出海通路的各种

① 江小涓、靳景：《中国数字经济发展的回顾与展望》，《中共中央党校（国家行政学院）学报》2022年第1期。

数据，将现实中的出海通路以数字化方式映射到平台，清晰呈现链路的短板，然后以高效的数字化匹配方式对接合适的服务弥补短板，构成完整的链路。跨境贸易建设使得全球企业拥有在更宽阔、更能洞察终端消费者的舞台上形成网状连接、网状贸易的机会，原来通过竖状结构的层层采购、批发、出口、进口、分销到达终端市场的方式正在被改变。新模式下，机会更平等、中间环节更少、交易成本更低。这一出海通路与传统方式相比具有三大优势：一是集成性，精准匹配能力确保上下游供应链环节无缝衔接，集成各种服务能力，为企业提供一站式出海服务。二是信息通畅，以开放、公平的架构最大化降低信息不对称程度，极大降低了不确定性，企业在产品出海之前就已经通过平台获取了链路上的各种信息，这样就能够做出正确的决策。三是成本低廉，以标准化助力大宗贸易的实现，同时通过大数据算力引入智能合单等创新方式，使其边际成本持续递减。企业产品通过数字化平台出海，其综合成本经测算只有传统线下方式的 1/5 左右，不超过 1/3。而且将海运的时间转化为空运时间，时效性将获得极大提升。

2. 便利产品出海

贸易升级与创新助力我国企业走出国门。跨境电商平台是我国企业走出国门，将产品销往海外的重要渠道。无论是国货品牌抑或是产业带白牌，均能通过平台获得良好的市场机遇。例如，POCO 是小米旗下的海外独立子品牌，2017 年入驻阿里巴巴旗下的速卖通，通过参加粉丝专享、秒杀、试用秒杀等活动，增加与用户的互动，收获全球近 300 万粉丝。联合速卖通打造电商爆品，针对不同地域与客户群体推出了一个个爆款产品。2021 年，POCO 在速卖通平台取得了高速增长，并登顶手机类目 TOP 1。山东平度是“中国睫毛第一县”，2017 年前后，通过跨境电商规模性地走向海外市场。当地一家名叫青岛发多维化妆品有限公司借助速卖通打开广阔的国际市场，2020 年店铺同比翻了 4.6 倍，巴西市场同比增长 17.5 倍。2021 年，巴西市场单店年营销额超过 160 万美元[①]。

贸易升级与创新帮助全球中小企业共享中国超大市场。全球中小企业能够进入中国，改变了代理层层分销的传统方式。2022 年的“双 11”，有超过 750 个海外品牌销售额同比增长超过 100%，20 个海外新品牌依托于跨境电商平台进入中国试水，成交额突破千万元。在这组数据背后，还有来自 90 多个国家和地区近 4 万亿个海外品牌通过跨境电商平台直接面对超过 10 亿的中国消费者。

3. 构建一站式外贸服务

一是构建了一套完整的外贸创新经营体系。阿里巴巴国际站依托 3D 展厅、VR 看厂、跨境 B2B 电商直播等数字技术，以及丰富多元的经营工具，为中小微外贸企业开辟线上经营空间，高效完成订单转化、沉淀品牌资产，助力中小微外贸企业数字化转型升级。二是构建了一套品牌出海的产品服务体系。北京冬奥会带动了国产滑雪用品在海外市场的热销。在速卖通平台上，2021 年第四季度滑雪用品销售额同比增长超过 60%，其国产滑雪头盔销售额同比增长了 15 倍。2021 年，全球 100 个国家和地区的消费者在速卖通上购买了国产雪具。三是构建了一套高效便捷的跨境物流支撑体系。阿里巴巴联合国内外仓储物流资源，完善外贸新业态新型基础设施，构建了一套快速响应、稳定可靠的跨境电商仓储物流货运体系，针对不同行业不同的跨境电商模式采取不同的跨境物流解决方案，支撑外贸企业高效率、低成本地开展全球贸易。四

① 数据来自速卖通。

是构建了一套丰富多元的“关、汇、税”服务体系。阿里巴巴国际站推出了覆盖智能报关、出口退税、在线结汇等一系列数字化外贸综合服务，支撑跨境电商行业透明、稳健、合规发展，为我国中小微企业加速走出去提供综合保障。五是构建了一套跨境电商人才培训孵化体系。2020年，教育部职业培训“1+X”项目，阿里巴巴国际站为跨境电商B2B数据运营人才独家培训评价组织，至今已与全国547所高校合作，累计培养35万余名跨境电商专业化人才。

4. 积极为全球贸易发展贡献中国经验和中国方案

一是推广中国数字贸易样板。通过eWTP、数字清关、速卖通、国际站等跨境电商平台将海外仓、跨境直播等中国企业数字化出海的经验复制到全球其他国家和地区，帮助全球中小企业抓住贸易升级机会，实现货通全球。二是贸易创新实践。加大“双11”“双12”等电商平台大型促销活动，以及3D展厅、VR看厂等新技术的应用，助力数字贸易创新发展，为全球贸易绿色化、无纸化发展提供“中国方案”。特别是在新冠疫情下，全球外贸企业通过数字技术创新，低门槛、高效率开展跨境贸易。三是探索和推广普惠贸易。公平、绿色、可持续的贸易规则，可增加全球中小企业获得平等贸易机会。eWTP已覆盖包括比利时、马来西亚、泰国等多个国家和地区，2022年阿里巴巴与墨西哥州长联合会（CONAGO）签署了合作协议，为当地培养更多数字化人才。过去几年，通过帮助当地发展电商，为墨西哥的龙舌兰酒和牛油果等打开了销路，墨西哥也“长”出了淘宝村。四是推动绿色贸易发展。通过跨境直播、线上展会等一系列数字化工具和服务，降低跨国飞行带来的潜在疫情传播风险，同时也有助于促进碳减排。据统计，在阿里巴巴国际站平台，VR 展厅已经突破了 8000 个，不仅促成了海量订单的达成，还有效减少了跨境线下探厂，减少碳排放量约 3200 吨。为促进可再生能源产品的交易，2022 年 5 月，阿里巴巴国际站启动国内首个新能源数字展会，近 500 个数字展位汇聚超过 10 万款新能源产品，首日就迎来近万个买家。近 3 年来，新能源行业在阿里巴巴国际站平台销售额增速超过 10 倍[①]。

（二）服务统一大市场建设强化内循环

贸易升级与创新实现国内市场的标准化建设，不同区域的同一产品实现同一价格，通过线上产业集聚增强了国内贸易的活力和效率，带动农业和制造业企业的品牌提升、品质升级和品类创新。中国市场学会观察了 1688 内贸平台上 100 多万家企业后发现，近 5 年来，线上新开展数字化经营的企业数量平均增速为 5%，而线上销售额平均增速为 27.5%，数字贸易平台通过扩大市场给中小企业转型提供了生存和发展的空间。2021 年全年线上年经营额在 1000 万元以内的工厂制造企业数量微降 1.2%，但交易规模增长了 14.7%。更深入研究发现，平均每增加 1% 的供应商，线上规模增加 3.4%[②]，数字化助力更有效率的产业资源重组和集中度提升，增强了产业活力。

1. 持续推动实体经济高效畅通和规模拓展

2021 年，1688 数字化产业带成交规模同比增速超过 15%。数字化产业带与实体经济发展同频共振，助力线上线下融合发展，成为实

① 数据来自雨果跨境网站。
② 数据来自 1688 内贸平台。

体经济高效畅通通路。截至2021年，1688数字化产业带已覆盖制造业除烟草外所有30个行业大类，甚至覆盖延伸至我国集成电路、晶体管、传感器、GPS系统、电池、工业机器人等高技术领域，具备相对完整的线上产业基础。数据、数字技术正共同构建数字化产业链供应链，畅通交易链路，提升线下产业发展韧性，更好服务实体经济。在供给侧，数字化产业带通过平台实现供需精准对接，挖掘经济发展增量。同时，满足需求侧个性化需求，刺激形成新的产业细分领域，实现消费升级。

数字化产业带依托平台为中小企业构建了跨越区域的“产业市场属性”产业集群，极大降低产品和服务的贸易成本和交易成本。数字化产业带降低地方产业信息壁垒，加速产业之间竞争，推动地方提升产业数字化、智能化水平，加速产业向价值链高端升级以提升产地竞争力。比如，台州黄岩的日用百货产业带提出“让制造业再赢一次，让消费者再买一次”，紧抓消费者对于智能、健康的需求，在日用百货产品增加芯片、感应器等电子器件，将9.9元的普通米桶升级成99元的智能抽真空米桶，引领行业升级发展而非低价竞争，推进产业向微笑曲线两端迁移。数字化产业带的形成，牵引地方形成企业咨询、数字化培训、电商运营、直播等新的产业生态，激活产业发展动力。随着线上线下一体化进程加速，数字化产业带也成为区域公共品牌的新窗口，驱动产地创新，提升产品品质。

2. 助力中小企业贸易提质增效

依托平台公平、充分竞争机制，产品信息更为透明化。企业想获得收益需要通过创新、差异化发展或低成本来维持市场地位，倒逼企业加快创新、提升产品质量与产品服务，从而提升中小企业优质供给能力。数字化产业带为中小企业搭建营销场景，传递市场快速迭代的个性化需求，通过大数据推动中小企业反向定制，提升创新能力，降低库存，提升中小企业发展质效。同时，数字化产业带延伸产业配套服务，提供便捷工具，降低中小企业数字化转型门槛，提升中小企业数字化、智能化水平；为电商能力较弱的制造企业提供企划、运营、销售、售后、物流全方位服务，让工厂更加专注产品的生产制造环节。

3. 精准识别市场需求，提升企业竞争力

企业从供需匹配上获取各种所需的技术、产业、资源，保障企业顺利满足市场需求，将产品触达到国内的目标市场和国外的目标市场。大数据技术洞察能力能够提前半年到一年精准研判行业发展趋势和消费者市场需求，从而反馈给企业，让企业提前做好产品的设计与部署，在市场上持续保证竞争力。通过数字化能力建设，企业获得三大服务能力：一是洞察需求。企业通过数据的流动与数字技术的加工，能够精准收集、整理、分类、筛选客户需求，进行定制化的产品和服务开发。二是扩大市场。从线上到线下，从中国到全球，突破了空间和地域的限制，能够触达各种市场，为产品找到多样的需求场景。三是匹配上下游供应链。原材料企业、供应商、服务商、代工企业、代销企业，各种上下游企业能够通过迅速对接，享受最广泛的可选资源，自主选择最合适的合作者，保障供应链的灵活性、韧性、稳定性。

三、强化产业链供应链韧性和安全

（一）流通韧性：确保产业链供应链稳定畅通

我国完善的出海基础设施和供应链服务生态助力企业低成本出海。供应链生态聚合各类生产性服务要素，为企业提供定制化需求，匹配贸易市场，触达终端消费者，为企业带来高质量发展，企业无须外迁工厂，同时这也成为国际品牌企业入驻中国的首选通路。以菜鸟为例，菜鸟国际供应链全面数字化服务由三张网络组成：全球包裹网络 2C 出口、全球供应链网络 2C、全球货运网络 2B。菜鸟是定制化产业供应链经营专线，以智能科技建设国际干线数据化，将资源要素综合配置效率发挥到极致，实现一杯咖啡价格运全球，约 5 美元即可在 10 日内送达，物流成本远低于国际物流三大巨头——FedEx 联邦快递、敦豪（DHL）、联合包裹（UPS）。

数字贸易打通了供应链各环节，形成规模化、集约化。菜鸟的关键数字化基础设施如 2C 海外仓、分拨中心成为串联各供应链环节的枢纽与核心。当前，很多企业的需求是要将产业和货品铺到某一个城市的某一个点位并且可控，这就需要把各段供应链环节拼接起来。这种拼接的整体服务是动态优化的，比如新冠疫情期间，许多企业从做跨境电商转向国内电商，都需要依托灵活的数字化供应链基础设施实现。

跨境数字供应链作为供应链管理的创新突破，成功输出到海外，并为国外的电商平台提供了供应链服务。如菜鸟服务于巴西本地电商平台魅卡多网（Mercado livre），其交易额比亚马逊多 4 倍。菜鸟作为高端装

备 +SaaS 服务高科技公司，自主研发智能合单、智能分仓系统，高性能巴枪及 AGV 自动导引智能机器人、无人仓机器人手臂，目前国内唯一可以单仓处理长尾货品的保税仓（菜鸟杭州下沙自动化智慧保税仓），通过智能算法、机器人黑灯仓库，实时调度穿梭车，将高频动销货品、订单占用货品实时调往人工拣选区。从原来仓内几万平方米拣货作业，压缩到在几百平方米内拣货，平均提高拣选效率 50% 以上，大幅降低进口企业的综合成本。同时，菜鸟联合达摩院研发无人车，在全国部署 600 多台，建成全球最大的无人车队。自主研制被动式温控箱，在国际疫苗运输领域获得广泛口碑。一方面，累计承接海外进口防疫物资近 4000 万件；另一方面，将医疗物资高效送往世界各地，向 150 个国家和地区运送防疫物资。通过统一包裹电子面单，实现对人、车、货、场的数字化重构，物流成本平均降低 15%，平均销售额增长 5%~30%，周转率提升 20%~60%，乡村共配自动化系统提升 40% 的产能。

专栏11-1　一杯咖啡的价格送全球，大幅降低中小企业出海门槛①

菜鸟助力大幅降低中小企业出海成本，用一杯咖啡的价格，把包裹送到全世界任意一个地方，5 美元 10 日达，覆盖 20 多个国家；2 美元 20 日达，覆盖 50 多个国家。2021 年第四季度日均跨境包裹超过 500 万个。中国商品与欧洲消费者的距离，也从 3~4 周压缩到了 10 个工作日内，法国西部地区最快能够在 7 天左右送达。

全球每十顶假发有六顶“许昌造”。1996 年诞生时，奥源实业仅有十几名员工，给国外品牌做初加工，走传统海运，效率低下。当时一大批订单在海上漂了半年，导致工厂严重亏损。厂长决定变革，采用跨境电商，用菜鸟跨境包机。“菜鸟帮我们运货后，当天

① 资料来自菜鸟网络科技有限公司。

下单，当天发货，7~10天就到客户手上。”奥源发业生产经理白晓菲说。使用菜鸟“5美元10日达”服务后，假发物流时效从平均三四十天缩短到平均5~7天。

“传统的假发B2B贸易需要3~6个月才能对消费者需求做出反馈，现在一周时间就能对消费者偏好做出产品更新调整决策，供应链反应速度提升了近30倍。”

专栏11-2 天猫联合新西兰企业新毛利Te Atua集团在中国投资工厂①

2021年9月27日，国内首个日化洗护品类新世界工厂在杭州下沙综合保税区（以下简称“综保区”）正式启用投产。该工厂由新西兰企业新毛利Te Atua集团投资建设，主要为入驻天猫国际的个人护理、家居清洁等日化类海外品牌提供分装加工、新品定制等服务。

“保税进口+零售加工”的新世界工厂创新模式发挥了综保区制度优势，让海外商家将工厂开到了国内保税区，通过对成熟的跨境零售进口供应链进行流程改造，将海外的成品终端加工、分装环节，前置到国内综保区。这大幅降低了商家开拓中国市场的成本，提升跨境供应链效率与稳定性，让更多优质进口商品更快进入国内服务消费者。“新冠疫情后进口消费加速线上化，个护家清品类需求攀升，对新品上新要求也很高。但同时疫情也导致许多海外品牌面临工厂停工、供应链产能不足的困境。”天猫国际相关负责人分享，新世界工厂模式下更灵活的供应链能力有效缓解了这些痛点。

位于杭州的日化新世界工厂将严格按照国内和国际双重质量管理体系进行分装加工，成品将由品牌方按照全球化标准进行验货。

---

① 资料参考《天猫国际推进的首个日化“新世界工厂”落户杭州》，《浙江日报》，2012年9月27日。

上架前，天猫国际还将通过第三方专业机构进行全面质检。新世界工厂是天猫国际推进的“五新”策略之一，2020 年开始，天猫国际已联手杭州、海口、临沂等六大综保区推进该项目。这一模式可以让海外品牌经营成本至少下降 10%，同时也加快不同品类新品进入中国的速度和灵活度，实现 3 个月孵化新品、短保期商品 48 小时配送到消费者手中。

（二）产业韧性：降低综合成本有效对抗外迁

国际大分工体系自第一次工业革命以来就不断演进与变迁，跨境产业间的区域扩展与空间移动的本质是各国生产要素的全球性流动。一方面，其表现为产业上下游各类供应链的组合形式；另一方面也决定了全球价值链的物质基础。新冠疫情与国际局势的变化加速了全球第五次跨境产业链变迁的总体进程，但一个值得关注的现象是以跨境电商为代表的线上贸易，在劳动密集行业的产业链迁移上明显慢于线下一般贸易。

跨境电商模式在一定程度上缓解因价格上升而带来的出口冲击。阿里巴巴国际站（ICBU）研究发现，2019 年第一季度到 2022 年第二季度，海关服装原材料出口平均增速（42.19%），大于服装成衣出口的平均增速（10.37%），两者出口的平均增速差为 31.82%，存在分化走势。同期，阿里巴巴国际站服装原材料出口平均增速（45.15%）与海关一般贸易增速接近，但阿里巴巴国际站服装成品出口增速（22.83%）明显快于海关增速，其中间品出口与成品出口的增速差（22.32%）也小于海关数据的一般贸易水平（见图 11-1）。同样，消费电子的对比情况更加突出，海关口径中间品—成品出口的环比增速差（9.2%），明显高于阿里巴巴国际站的增速差（–3.51%）（见图 11–2）。该结果说明，对于服装和消费电子类产业，阿里巴巴国际站线上平台出口的产业链分化程度，弱于一般贸易以线下为主要出口形势的产业分化程度。这表明跨境电商模式，可在一定程度上缓解因价格上升而带来的出口冲击，增加了产业链应对不确定因素的韧性。

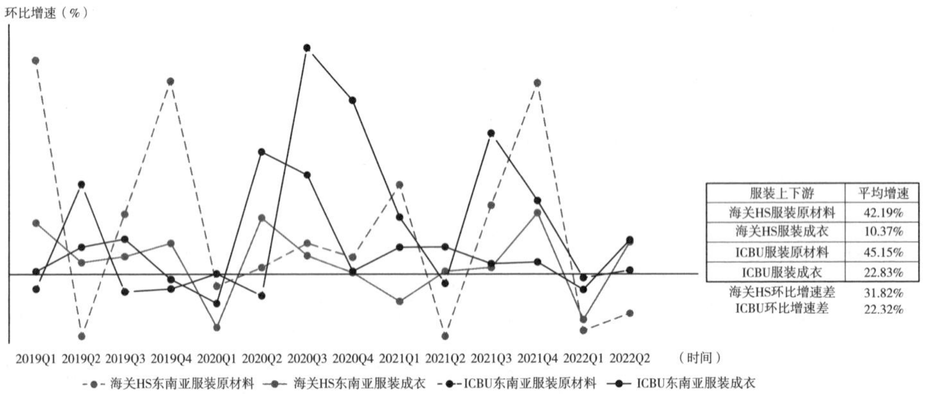

图 11-1　ICBU 服装上下游出口增速与国内海关同品类出口增速对比

资料来源：阿里研究院，《2022 数字贸易下我国跨境产业链变迁及新比较优势建立》，2022 年 8 月。

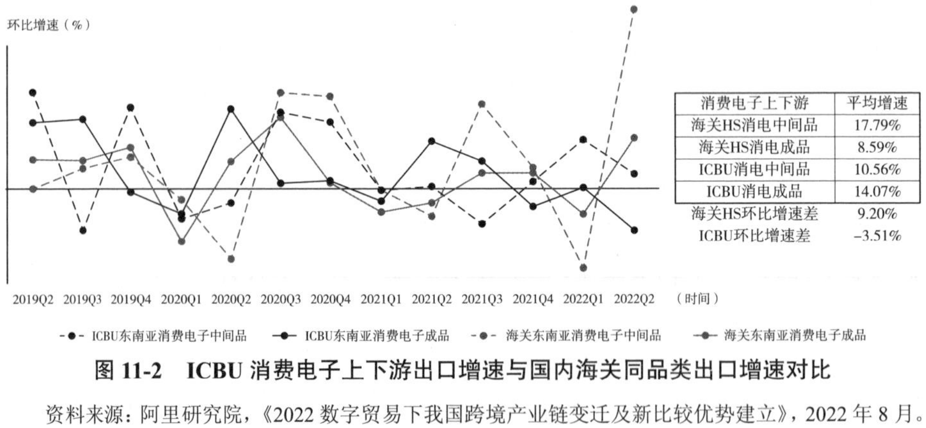

图 11-2　ICBU 消费电子上下游出口增速与国内海关同品类出口增速对比

资料来源：阿里研究院，《2022 数字贸易下我国跨境产业链变迁及新比较优势建立》，2022 年 8 月。

（三）协同韧性：外迁供应链仍与国内环节形成协同

在全球跨境产业链迁移的大背景下，以越南为代表的东南亚国家成为全球贸易市场关注的热点。2007 年越南在中国出口经济体中排第 22 位，2020 年越南首次超过韩国，成为中国前三大出口目的地国家，同时也成为中国“一带一路”沿线国家出口的第一大经济体。中间品已成为中国对越南出口的主要产品类型，占比超过七成，其中以电子集成电路、钢铁锻件、机械零件、纺织服装面料为代表。

研究发现，ICBU 服装产业链往东南亚及发达国家出口，从规模上看，产成品仍是主要出口商品。2019Q1—2022Q2 观察期内，ICBU 对东南亚出口成品占 56.5%，中间品占 36.1%，原材料占 7.4%；对发达国家，成品占 81.8%，中间品占 16.2%，原材料占 1.9%。但从出口增速上看，东盟主要国家对服装产业原材料、中间品需求增长速度超过成品。ICBU 对东南亚出口成品平均增速为 8%，中间品为 23%，原材料为 17%；对发达国家出口成品平均增速为 17%，中间品为 13%，原材料为 11%[①]。

ICBU 对东南亚国家中间品出口增速快于成品，在一定程度上代表以服装、消费电子行业为代表的劳动密集型产业，正在东南亚国家形成中间品进口再加工的产业发展路径，其背后的核心驱动力源于该地区较低的劳动力成本。以泰国为例，泰国的人力成本为 330 泰铢 / 天（合 62 元 / 天，每月不到 2000 元）；企业社保上限 750 泰铢 / 月（150 元 / 月）。此外泰国背靠缅甸、老挝、柬埔寨，其中仅缅甸每年有 400 万 ~500 万人在泰国（泰国人口 7000 万），丰沛的劳动力资源为泰国承接劳动密集型产业提供重要基础。

然而，这一产业的发展离不开国内产业的协同支持。以越南为例，根据中国社会科学院世界经济与政治研究所的研究，越南产业中有 53% 与国内产业形成一般性生产地转移等竞争关系，42% 与国内形成

---

① 数据来自海关总署、中国社会科学院世界经济与政治研究所、阿里研究院。

跨境价值链贸易等互补关系，但从中国产业全口径看，中国对越南仍具有压倒性的产业优势。当前我国服装行业有原材料产地优势，国际领先的纺纱、织布、印染自主技术装备优势，基于完整链路体系的柔性供应与小单快返能力（见图 11–3）；消费电子行业可实现“1 小时零部件配套圈”等，均使越南等东南亚国家难以取代中国的全球价值链地位。

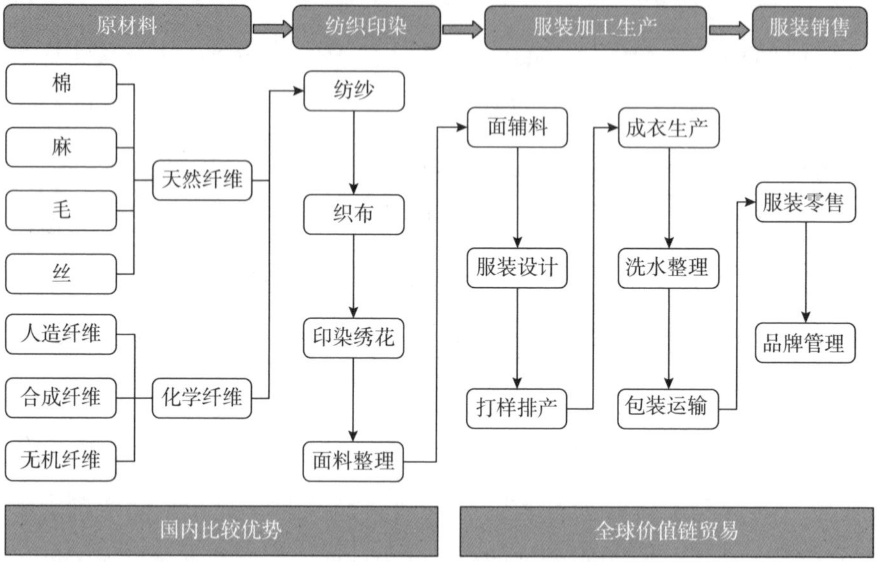

图 11-3　纺织服装跨境产业链及比较优势示意图

资料来源：阿里研究院，《2022 数字贸易下我国跨境产业链变迁及新比较优势建立》，2022 年 8 月。

四、贸易普惠机制的中国创新与实践

当前，全球各个国家和地区的贸易监管要求越来越严苛，如何利用高效的数据对接和交换，推进中小企业贸易便利化显得尤为迫切。

eWTP 规则创新推动贸易普惠。2016 年，世界电子贸易平台 eWTP

的构想在 G20 杭州峰会上首次提出，希望通过公共部门与私营部门的合作，共同孵化全球贸易新规则，共建数字经济时代的商业基础设施，普惠发展中国家、中小企业。eWTP 在全球搭建了全球交易服务网络、全球物流服务网络、全球金融支付网络和全球公共服务平台四张网络。这四张网络的建设从浙江杭州出发，推广到义乌与海南，一步步从国内发展到国外，目前已在全球三大洲开展了 9 个合作试点。

在杭州，全球公共服务平台率先推动了跨境小包、跨境保税货物小包履约等数字申报和服务。全球公共服务平台在萧山设立出口智慧分拨中心，在杭州自贸区设立跨境进口数字物流中心和数字清关口岸，创新启动了跨境电商进出口退换货中心和全球中心仓的试点。

在义乌，全球公共服务平台链接数字商业和数字监管，服务了跨境贸易零售进口等创新业态。在海南，全球公共服务平台参与了自贸港国际贸易单一窗口、洋浦综合保税区辅助管理系统、海南离岛免税提货服务系统等的建设，为海南实现 2025 年全岛封岛运作提供了数字化管理平台基础。

在欧洲，与比利时海关合作开发的 eWTP 比利时公共服务平台在 2020 年初已经开始发挥作用，在便捷国内中小企业出海的同时，也帮助欧洲中小企业顺利地将产品出口到中国。

此外，eWTP 支持搭建全球金融支付网络以方便跨境支付与结算，提供在线外汇交易和供应链金融等金融服务。支付宝分别在 9 个海外市场和当地合作伙伴推出本地钱包。如在马来西亚与当地伙伴推出的本地电子钱包 TnGD 可支持公路收费、线下零售、转账、充值等多场景应用。eWTP 与海内外合作伙伴一起把最优质的产品，比如马来西亚的猫山王榴梿、非洲的咖啡引入中国。

eWTP 为中小企业提供“物流 + 金融”解决方案。2019 年 12 月，拥有 Finetoo 品牌的内衣厂商义乌市触感电子商务有限公司开始通过比利时列日的保税仓发货。欧洲消费者从线上下单，从前可能需要 50 天左右抵达的产品，现在最快 3 天，最慢 8 天就可以送达。“最明显的变化是客单价提升了，从 5 美元提升到 8 美元。”Finetoo 负责人大雨认为这与贸易模式转变后客户体验的提升有关。eWTP 也在全球建设物流服务网络。eWTP 已在中国杭州、中国香港、马来西亚和比利时等地打造智能物流枢纽网络，提升物流效率，降低物流成本。这些物流设施不仅能支持中小企业更好地发展电商，还可以作为区域物流枢纽促进当地经济发展。2022 年 11 月 1 日，天猫“双 11”开启首日，菜鸟马来西亚吉隆坡 eWTP Hub 试运营一周年后宣布正式投入运营。未来 10 年，吉隆坡国际机场预计每年将因此额外增加 60 万吨的运货量，并在此期间支持超过 3.5 万个工作岗位。在新冠疫情期间，通过世界各地 eWTP 枢纽，阿里巴巴公益基金会等捐赠大量医疗物资，迅速运抵全球 80 多个国家和地区。

本章剖析了数字贸易便利企业国际化，促进双循环，强化产业链供应链韧性与安全，推动贸易普惠机制与实践。在推动全球化的同时，中国作为发展中大国，与各国一道共同应对气候变化，为全球绿色低碳转型提供中国方案。

执笔人：范秋辞　岳鸿飞

第十二章

绿色发展：高质量实体经济的底色

党的二十大报告指出，中国式现代化的本质要求之一是促进人与自然和谐共生。在我国经济社会向绿色低碳转型的过程中，数字技术和数字平台扮演着不可替代的作用。如云计算替代传统 IT，大幅提高了效率并降低了碳排放；在线办公、在线消费、在线缴费和办理各种证件等都可以减少碳排放。全社会数字化转型本身具有减碳增效的特性。数字技术具有低成本、可信赖、成规模的特性，可以帮助衡量和管理经济各环节的生态足迹，有助于监测、衡量和管理生产和生活各环节产生的碳排放，让碳排放变得可衡量、可管理、可流转、可交易。“让数据多跑路，人和汽车少跑路；让比特多做工，让瓦特少做工”，科技让我国的绿色发展更加可持续。

一、绿色生活新理念

2021 年 9 月，《中共中央 国务院关于完整准确全面贯彻新发展理念做好碳达峰碳中和工作的意见》印发，对于碳达峰、碳中和工作做出了总体部署。该意见指出要推进经济社会发展全面绿色转型；加快形成绿色生产生活方式；扩大绿色低碳产品供给和消费；凝聚全社会共识，加快形成全民参与的良好格局。近年来，消费已成为拉动我国经济增长的首要动力，未来趋势也仍然如此。消费在贡献经济增长的同时，也给气候带来不容小觑的压力。生态环境部《中国消费方式转型和低碳社会建设的对策与途径研究》报告显示，2017 年我国城乡居民间接关联二氧化碳排放约为 41.5 亿吨，约占总排放量的 40%。随着生活水平的提高，居民生活碳排放占比还将进一步提升，2030 年升至约 50 亿吨，推动绿色消费转型将产生长期减碳效益。

（一）电商平台的绿色转型

中国互联网络信息中心（CNNIC）数据显示，截至 2022 年 6 月中国网络购物用户规模达 8.41 亿，占网民总数的 80%；2013 年中国网络购物用户规模仅为 3.02 亿，占网民总数的 48.9%。全国网上零售规模从 2013 年的 4.57 万亿元增长到 2021 年的 13.1 万亿元，规模增长近 2 倍。国家邮政局数据显示，2021 年，全国快递服务企业业务量累计完成 1083.0 亿件，2013 年该数字仅为 91.9 亿件，增长了 10 倍多。

在电商领域，阿里巴巴、京东等电商平台响应国家号召，均在“双 11”这样的全国性线上购物节中，积极地践行着绿色低碳理念，纷纷开通相应的绿色会场，通过与商家联合、平台补贴等形式，传递绿色消费理念。2021 年“双 11”购物节期间，天猫平台通过打造绿色会场和发放绿色消费券吸引消费者绿色消费。在绿色会场中，天猫集中供应标有绿色商品标识的产品，覆盖食品、家装、消费电子、母婴四大行业的商品，以满足消费者对于不同种类绿色产品的消费需求。除此以外，天猫平台通过发放绿色消费券补贴消费者，鼓励用户购买低能耗电器以及绿色认证商品，进一步刺激线上用户绿色消费。

2016 年 12 月，《电子商务“十三五”发展规划》中首次提出了绿色电子商务的概念。2021 年 12 月，阿里巴巴集团发布了《阿里巴巴碳中和行动报告》，提出了阿里巴巴的减碳战略和阶段性目标，即希望在 2030 年前，在自身运营层面率先实现碳中和，并协同生态上下游价值链上的客户、合作伙伴和消费者，共同实现碳排放强度比 2020 年降低一半。

（二）消费者愿意为绿色买单

《数字经济背景下的绿色消费研究报告 2021》显示，虽然消费者对绿色产品存在一定的认知局限性，但大多数消费者心目中的绿色商品为具有节约资源和保护环境特征的商品，符合 2016 年《关于促进绿色消费的指导意见》中的定义，体现出现阶段消费者对绿色产品的认知水平普遍较高。

绿色消费已逐渐成为消费升级的重要特征之一，将为中国进入消费拉动的经济增长方式贡献力量。阿里巴巴电商平台数据显示，绿色消费者规模持续扩大，绿色篮子商品在同类商品中的溢价达到 33%[①]，其中家用商品（家居、家装、家电等）溢价最高。

（三）快递包裹绿色减量发展

电商快递企业积极响应国家号召推动快递包裹绿色减量转型。国家邮政局数据显示，从 2012 年到 2021 年，邮政业业务收入从 1980.9 亿元增长至 12642.3 亿元。快递年业务量从 57 亿件增长到 1083 亿件，增加了 18 倍。自 2014 年起，业务量连续 8 年稳居世界第一。近年来，各

---

① 数据来自阿里巴巴电商平台。

电商快递企业高度重视塑料污染和过度包装治理，快递包装减量化、标准化、循环化。菜鸟网络牵头联合国内外32家物流合作伙伴，发起成立了“菜鸟绿色联盟”，并启动“绿动计划”，人民日报新媒体联合菜鸟发起寻找绿色合伙人活动；京东集团自主研发生物降解包装袋；顺丰快递也推出了“零碳未来”计划，建立绿色低碳环保的快递物流运输体系……

1. 快递包装减量化

一是电子面单。菜鸟于2014年领衔开发了具备快速便捷、安全可靠、绿色环保等社会效益的菜鸟电子面单，并协同国内多家快递公司在全行业推广应用电子面单，传统的纸质五联单退出历史舞台。2009年，电子面单再次升级改造，面积缩小一半，进一步带动了全行业的降本增效和绿色低碳。二是“装箱算法”的应用。菜鸟通过优化纸箱型号和推荐合理的装箱方案，让箱型更匹配、装箱更紧凑，减少“大材小用、过度包装”的现象，平均减少15%的包材使用，仅在菜鸟仓内一年就“瘦身”了5.3亿个包裹，这一技术已经面向全行业推广。三是供应链的协同合作。菜鸟联手天猫超市、雀巢、联合利华、飞利浦、SK-Ⅱ等诸多品牌商家，开展了如减碳包装设计、环保包材替代、包装上门回收、增加原箱发货体量等一系列绿色合作，菜鸟仓的包裹使用原箱或无胶带纸箱发货，2020年“双11”期间减少的胶带长度超过8600万米。菜鸟与速卖通平台联手推出“满升级”合单物流提速计划（以下简称“合单计划”），基于数字技术将同一消费者的多个快递在国内集中打包，整合成一个大型包裹装运上飞机，帮助海外消费者缩减跨境物流成本和时效，提升买家物流体验。

2. 物流运输智能化

绿色配送同样是菜鸟绿色物流的关键环节，菜鸟于2017年联合上汽、东风、瑞驰等知名车企启动“ACE”未来绿色智慧物流汽车计划，让新能源物流车搭载了“菜鸟智慧大脑”，并通过车辆装备的创新将多项“黑科技”应用于城市末端配送：一是系统根据订单动态，自动生成最优配送线路，并根据业务和道路情景自主感知动态调整界面，且实现与司机的语音交互，改变目前依靠人工调度的现状，实现智慧跑、智能送；二是结合菜鸟智能分单，实现了前置分拣和集装运输，免去在配送站点二次分拣；三是动态定位技术可以将货物直接送达快递员，实现移动网点，避免快递员多次往返站点取货；四是电动交换箱体运输车提升了仓库到站点的多频次运输效率，满足站点的多频送货需求。这些搭载了“菜鸟智慧大脑”的新能源物流车可以大大降低单车行驶里程和空载率，从而降低物流成本。

3. 末端回收循环化

菜鸟联合快递公司，在菜鸟驿站和全国快递网点设置1.3万个绿色回收箱，通过“回箱计划”推动快递纸箱分类回收、二次利用，培养消费者垃圾分类、回收利用的习惯。全国约20个城市1万家菜鸟驿站还将试行“旧包装循环寄件”，完成循环寄件闭环。菜鸟通过给使用旧包装寄件的消费者发放3元寄件券，鼓励消费者使用旧包装发快递。截至2021年10月，菜鸟绿色回收箱已经覆盖全国31个省（区、市），315个城市，每年预计可以回收上亿个快递纸箱。2021年7月，菜鸟与雀巢合作推出上门回收咖啡包装服务。银泰百货从2018年起开始推行化妆品空瓶回收计划，至今已回收超过4.1万个化妆品空瓶，仅2020年就回收 2 万个。盒马从 2019 年发起了绿色盒区计划，只要消费者在盒马门店消费时不买塑料袋，就能获得第三方合作伙伴相应的植树承诺，一年倡导 3.2 亿人次参与。

4. 包材使用的可持续更新

盒马已在线下门店完成用可降解购物袋和纸质购物袋对传统塑料购物袋的 100% 替换，开始推进线上配送服务购物袋的替换。高鑫零售通过制定耗材使用标准，对办公用品进行分类管理，每周追踪材料使用情况。同时鼓励供应商提高包装效率，增加纸板箱的循环回收再利用，减少包材浪费。仅在 2020 年就回收了 12.6 万吨的废纸板。从 2021 年起，银泰百货把快递包装改为可回收的拉链纸箱，废弃原来染色的胶带封箱。用户可以选择用手提袋直接送货，替代额外的物流包装，预计全年可节省至少 1500 万个纸箱。

二、生活减碳新方式

（一）循环再利用：推动碳减排

经过 40 余年改革开放，我国经济快速发展，人均 GDP 突破 1 万美元，步入中等收入国家行列，物质产品极大丰富，闲置物品数量激增，“断舍离”成为每个家庭常态。如何更好发掘家庭闲置的“金矿”，变浪费为消费，减少资源浪费、降低各类排放物、更好实现经济社会和生态环境全面协调可持续发展具有重大现实意义。

1. 循环经济：发掘家庭闲置“金矿”

近年来，闲置物品交易经历了线下的旧货市场、二手商店、跳蚤市场回收，到网页端淘宝二手、58 同城、赶集网二手交易的信息撮合，进入了闲鱼、转转、爱回收等移动端二手交易时代。用户通过在二手市场上买卖、租赁、交换自己不再使用的闲置物品，提高物品利用率，延长物品在有限生命周期内的价值。

2020 年受新冠疫情影响，消费者闲置物品变现需求激增，促进了二手物品交易的火爆。根据智研咨询发布的《2021—2027 年中国二手闲置物品行业市场研究分析及投资战略规划报告》，2020 年中国二手交易市场规模达到 10520 亿元（见图 12-1），处于高增长轨道，“90 后”甚至“00 后”在闲置交易方面逐渐成为生力军，消费观念和消费方式逐步发生转变。2015 年，我国二手闲置物品行业交易总量为 7.34 亿次，2020 年我国二手闲置物品行业交易总量增长至 28.91 亿次[①]。闲置物品交易涉及产品品类繁多，消费电子、家用电器、家具、服装、奢侈品、书籍、日用品、玩具等是行业较为典型的代表品类。

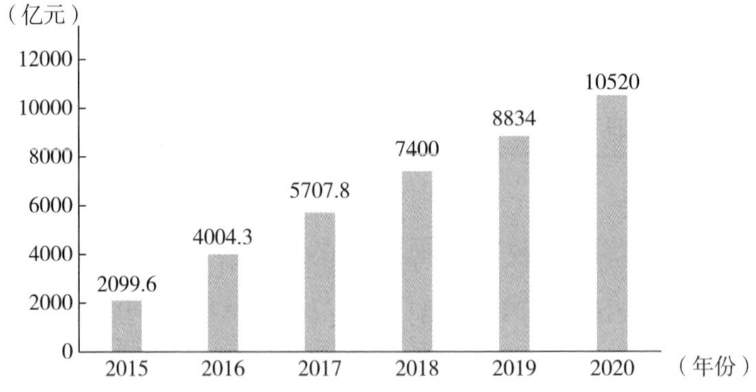

图 12-1 2015—2020 年二手闲置物品交易市场规模

资料来源：智研咨询整理。

① 数据来自智研咨询。

2. 闲置利用：变浪费为消费

随着国内消费方式的转变，新一代消费者消费理念逐渐从“占有”转为“使用”，共享、租赁、分享闲置已经成为消费习惯和生活方式，从“无闲置社区”到“无闲置城市”再到“无闲置社会”的图景正在呈现。

闲鱼倡导“变浪费为消费”，已成为我国循环经济、绿色低碳消费的引领者。闲鱼用户数超过3亿，月活跃用户超过1亿，用户的年轻化趋势明显，“90后”用户占比超过50%。2020年5月，阿里巴巴2020财年财报显示，闲鱼总成交额（GMV）超过2000亿元，同比增长超过100%，成功让2000亿元的浪费变成了2000亿元的消费。2021年，国务院发展研究中心《数字时代闲置资源优化利用模式研究》报告指出闲置资源市场化利用是我国推进生态文明建设的重要内容，闲置资源数字化、平台化利用是大势所趋。报告总结闲鱼模式具有“三低三高”的环境效益（低消耗、低污染、低排放，高效益、高循环、高碳汇）。2022年“双11”期间，用户在闲鱼产生的低碳行为，可以同步积累能量，参与蓄力的能量在达到1亿量值后，闲鱼与国家电力投资集团共建风力发电机，并为个人用户颁发低碳合伙人勋章和风力发电机共建证书。共建的一台5兆瓦的风力发电机，1年能够发电1238万千瓦时，预计减少碳排放10237吨。

根据同城帮公司提供的调研数据，当前我国居民手机平均更新换代时间为18~22个月，而手机回收率仅为4%~5%，大约60%的手机闲置在用户家中。这些闲置的商品通过在二手市场交易后能够继续发挥与新产品一致的作用，从而减少非必要的新产品生产，降低新产品原料及生产过程的碳排放量。《闲鱼平台闲置经济碳减排前瞻研究报告》显示，以iPhone 13 Pro Max手机为例，其全生命周期碳排放量达到74kg CO_2[①]，

① 《产品环境报告——iPhone 13 Pro Max》（*Product Environmental Report—iPhone 13 Pro Max*），苹果公司，2021年。

其各阶段排放量占比如图 12–2 所示。该款手机全生命周期碳排放主要来源于生产制造环节（含原料获取），只有 15% 来源于使用环节。也就是说，用户在使用手机过程中消耗电力产生的碳排放量，远远低于手机生产制造环节的碳排放量。因此，推动循环利用对减少新增碳排放的意义巨大。其他家庭生活常见消费品也类似，碳排放量见表 12–1。

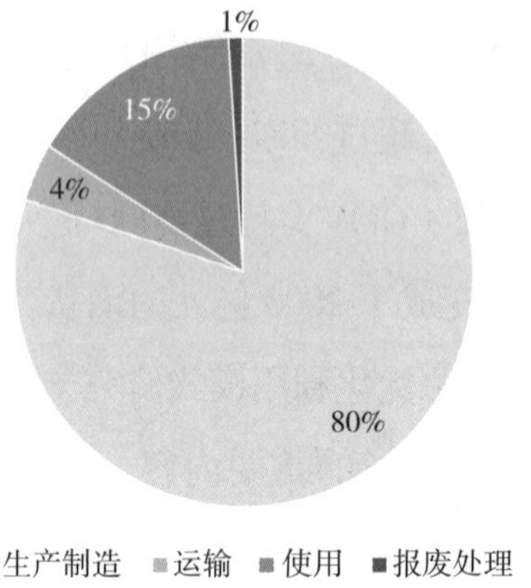

图 12-2　iPhone 13 Pro Max 生命周期碳排放占比

资料来源：北京大学中国低碳发展研究中心、阿里研究院、北京绿色交易所，《闲鱼平台闲置经济碳减排前瞻研究报告》，2022 年 2 月。

表 12-1　家庭生活常见消费品碳排放量

产品类别	产品生命周期碳排放量（kg CO_2/ 单位产品）
电脑整机	185
其他电脑硬件	48.57
手机、平板	68.32
电玩主机	131.3
自行车	31.45
电动自行车	229
汽车	6567

注：汽车不含使用过程的碳排放。

资料来源：北京绿色交易所根据相关企业和文献数据整理。

（二）绿色出行新时尚

随着数字技术的发展和数字治理体系完善，以智慧城市、智能清洁交通工具为基础，充分利用人工智能、区块链等技术，进一步优化交通服务供给、扩展出行场景服务的“出行即服务”（MaaS）体系将在绿色出行、生活服务、城市治理中承担更多功能，数字技术也将进一步释放社会价值。

2014 年欧盟智能交通系统（ITS）大会上首次提出了基于数字技术的“出行即服务”（MaaS）的概念：通过整合不同的交通方式，满足用户日常出行的需求，为客户提供量身定制出行“套餐”。相较于早期对概念、顶层设计、数字平台的分析，2019 年以来，随着多个国家的实践，对 MaaS 的研究更多关注开发运行面临的实际问题。印度人居中心 Singh 团队总结了在推广 MaaS 过程中协调多种运营主体利益冲突的政策经验。荷兰奈梅亨大学 Meurs 团队认为出行服务供应商之间信息、知识的交互尤为重要，可组成出行联盟。瑞士苏黎世大学 Becker 团队通过大规模仿真指出，由共享汽车和共享单车构成的共享出行模式有效提升了系统的运营效率。

1.MaaS 低碳交通一体化出行发展趋势

全球 MaaS 体系实践探索进入新阶段，北京处于领先地位。北京是我国智慧交通建设相对较早、系统较为完善且具备一定引领性的地区。随着多元出行模式的发展和城市绿色发展目标的设定，北京成为国内最先探索 MaaS 出行服务体系建设的城市，创新采用了政企合作的方式实现了从“管交通”到“交通服务”的重大变化。2019 年北京市交通委员会与高德地图合作启动北京交通绿色出行一体化服务平台（以下简称“北京 MaaS 平台”）建设，整合导航数据、公交、地铁、步行、骑行、共享单车、网约车、航空、铁路、长途大巴、自驾等各种交通出行信息。

截至 2022 年 9 月，北京 MaaS 平台独立用户已超过 3000 万，仅在 2022 年北京冬奥会期间，北京 MaaS 平台冬奥导航停车专用功能已累计为上亿人次的出行提供服务。北京 MaaS 平台持续运营、服务超亿人次、绿色出行碳普惠活动实现交易闭环、绿色出行实名注册人数超百万，已经拥有引领全球智慧交通发展的意义。

MaaS 为超大城市降低交通碳排带来新思路。随着我国碳达峰、碳中和目标的提出，城市减排成为重要问题。我国 2010—2020 年交通碳排放量平均增速高达 6%（见表 12-2）。

表 12-2　我国“十五”至“十三五”期间碳排放主要来源占比增速

	“十五”	“十一五”	“十二五”	“十三五”	2010—2020 年
全国	12%	8%	3%	2%	2%
工业	16%	8%	1%	–4%	–1%
建筑	6%	3%	4%	2%	3%
交通	9%	7%	8%	4%	6%

资料来源：北京交通发展研究院。

根据北京交通发展研究院数据，2020 年北京机动车保有量为 657 万台，远高于人口更多的上海市，交通碳排放占比高达 33%。在北京已经基本实现碳排放总量稳定的情况下，交通领域的碳排放量将成为影响北京“双碳”目标实现的关键因素。

实现绿色交通转型，就是要实现交通结构的转变，从排放量最高的私人小客车出行转变为公共交通等绿色方式。2020 年 7 月交通运输部和国家发展改革委印发的《绿色出行创建行动方案》提出，到 2022 年力争 60% 以上创建城市的绿色出行比例达到 70% 以上。根据《北京城市总体规划（2016年—2035年）》，“十四五”期间绿色出行比例需要不断提高，至2030年要达到80%。

2. 北京MaaS绿色出行碳普惠活动成功实践

在个人乘用车量总数大、增速高的背景下，北京MaaS平台为北京提升绿色出行占比提供了新思路。其通过交通服务智慧规划，提供“门到门”的交通服务，有效提升了公共出行舒适度。同时，基于MaaS平台和《北京市交通出行数据开放管理办法（试行）》，各类导航应用都可通过MaaS数据实现交通一体化服务供给，提升绿色出行便利性。

2020年9月，在“2020年中国国际服务贸易交易会交通领域分论坛——第6届世界大城市交通发展论坛”上，北京市交通委员会、北京市生态环境局联合高德地图、百度地图共同启动“MaaS出行绿动全城”行动。基于北京MaaS平台推出绿色出行碳普惠激励措施。市民采用公交、地铁、自行车、步行等绿色出行方式，行程结束后即可获得对应的碳能量，转化为多样化奖励。

2021年9月4日中国国际服务贸易交易会上，高德地图与北京市政路桥建材集团有限公司就“MaaS出行·绿动全城”碳普惠活动产生的1.5万吨碳减排量达成交易，并举行签约仪式。这是北京绿色出行碳普惠活动的首笔碳交易，也是全球首次通过市场化实现绿色出行减排碳交易。

3. 北京MaaS平台持续发展面临挑战

尽管北京MaaS平台绿色碳普惠实践已经取得初步成效，但作为新生事物，北京MaaS平台在优化出行服务、提升绿色出行比例方面，面临着三方面的挑战：一是不断丰富的多元出行场景衔接对绿色出行体验造成挑战。许多出行者希望能够进一步提升轨道、公交、骑行、步行、小汽车等多方式联合出行的体验，针对复杂路线、特殊出行目的的专业建议，提前规划、预约与一体化支付等功能的要求进一步提升。二是需要优化智慧绿色出行的多方共赢机制。三是实现城市减排目标还需要公众积极参与绿色出行。目前北京 MaaS 平台碳普惠出行注册用户已达到百万，但在全市出行人群中的占比仍然较小。

三、绿色低碳背后的能力建设

（一）云计算：智能化基础设施突破“能耗之墙”

截至 2020 年底，中国数据中心耗电量已经突破 2000 亿千瓦时，能耗规模约等于两个三峡电站发电量[①]，能耗占全国总用电量的 2.7%。根据开源证券研究所的统计结果，一个数据中心的能耗分布中，散热系统的占比高达 40%。工信部在《新型数据中心发展三年行动计划（2021—2023 年）》中，对数据中心的电能利用效率（PUE）进行了明确规定：2021 年底新建大型及以上数据中心的 PUE 降低到 1.35 以下，到 2023 年时要低于 1.3。云计算是绿色低碳经济的数字基础设施。2018—2021 年底，阿里云自建基地型数据中心共交易清洁能源 13 亿千瓦时，共计减排二氧化碳 90.6 万吨。其中 2021 年交易的新能源电量与碳减排量均居国内互联网行业首位。

① 《全国数据中心能耗达两个三峡电站 南方科技大学刘科：靠锂电池储能解决存在挑战》，每日经济新闻，2022 年 5 月 30 日。

1. 科技节能，数据中心减排之道

位于杭州的阿里巴巴浙江云计算仁和数据中心，部署了全球规模最大的液冷集群，也是中国首座绿色等级达5A级的液冷数据中心。基于单相浸没液冷技术，利用绝缘冷却液实现高效散热，无需风扇、空调、冷机等冷却设施，数据中心PUE可低至1.09。2021年11月，数据中心液冷技术首次对外输出，项目建成后的绿色低碳数据中心总能耗可节省36%。阿里云自研10千伏交流输入的直流不间断电源系统，2020年在国际电信联盟ITU成功立项，获得国际同行认可。该电源系统减少了66%的配电环节，从而实现最高运行效率，相比传统方式，效率提升超过3%。2021年11月，“阿里云数据中心绿色节能创新方案”荣获2021年“保尔森奖”绿色创新优胜奖。该技术也入选了由工信部组织编制的《国家通信业节能技术产品推荐目录（2021）》中“绿色数据中心”类节能技术产品推荐目录。

2. 循环利用，余热发挥新价值

随着数据中心规模急剧上升，数据中心节水、余热利用等资源循环复用方式对缓解日趋紧张的社会能源需求更加重要。因此，如何从节能环保角度加强资源循环利用也成为数据中心节能的关键一环。在南通的数据中心，通过长期实践经验沉淀了能耗管理制度、节水用水制度、暖通系统控制策略方案等，对园区水资源利用率（WUE）进行定期分析和整改，使其远低于设计值。在张北的数据中心，通过数据中心新型余热回收技术实现数据中心制冷系统节能运行，全年回收热量38880亿焦耳，利用回收余热给园区供热，减少了对市政供暖或其他供暖形式的依赖，节能效果显著。

（二）碳普惠：让人人能够参与碳减排

碳减排正在一步步从口号落实到行动上。其中，政府层面需要通过一系列的政策举措，鼓励、规范和引导闲置物品交易市场的发展；行业协会要协调各方企业，制定行业规范，鼓励更多的企业参与到碳减排的实践行动中；平台层面则需要打造兼具趣味性与价值感的低碳场景，吸引更多用户参与。

1. 碳普惠：地方政府在探索

碳普惠概念，最早由广东省发展改革委在 2015 年提出，目前全国已有多地政府在积极推进碳普惠的试点工作（见表 12-3）。

表 12-3　　国内若干城市碳积分实施项目

城市	项目名称	上线时间	基本模式	当前状态
广州[①]	碳普惠平台	2015年	居民通过绿色低碳行为可以获得“碳币”，“碳币”可用于兑换礼品	正在运营
南京	“我的南京碳积分”	2016年	居民通过绿色低碳行为获取碳积分，积分可用于兑换优惠与部分商品	正在运营
北京	绿色出行碳普惠	2019年	与地图导航等互联网企业合作，由企业自动搜集市民的减碳量，减碳量可以用于兑换产品	正在运营
成都	碳惠天府	2020年	居民通过绿色低碳行为获取碳积分，积分可用于兑换绿色商场产品，项目面向个人与企业	正在运营
泸州	绿芽积分	2020年	居民通过绿色低碳行为获取碳积分，其中包括低碳出行、无纸化业务办理、环保志愿服务、废物回收利用等13种积分途径	正在运营
深圳	低碳星球	2021年	居民通过公交、地铁等绿色出行方式进行减碳可获得个人积分，积分可在线上运营商店置换相应的用户权益	正在运营

资料来源：中国（深圳）综合开发研究院。

① 2015 年 7 月广东省推出碳普惠平台试点，广州市为 6 个首批试点城市（广州、东莞、中山、惠州、韶关、河源）之一。

2. 碳普惠：平台企业在实践

碳普惠是对小微企业、社区家庭和个人的节能减碳行为进行具体量化，赋予一定价值，并建立起以商业激励、政策鼓励和核证减排量交易相结合的正向引导机制。在“双碳”目标下，公民如何更广泛地参与到碳减排的实践中？这需要政府、行业协会、平台、消费者的共同参与和配合。可通过构建一套公民碳减排“可记录、可衡量、有收益、被认同”的碳普惠体系机制，通过量化用户行为的正向环境效益，唤起用户参与碳减排的意愿。通过权益兑换、荣誉性激励，激发用户心理认同与身份认同，引导用户持续参与碳减排（见表12–4）。

表12-4　各类数字应用平台推出的生活类碳减排业务

生活场景	平台名称	主要减碳举措	减碳成效
线上支付	支付宝	低碳行为分为5大类别37个场景，包括绿色出行、减少出行、循环利用、减纸减塑、高效节能	截至2022年5月，参与者超过5.5亿人，种植树木超过2.23亿棵，造林面积超过306万亩，累积碳减排超过1200万吨，生态系统生产总值（GEP）111.8亿元
出行	北京MaaS平台	上线多种出行服务，实现以公交为核心出行链的优化、多种出行方式信息服务的聚合，实现跨多种方式的出行一体化规划	总计2.45万吨碳减排量达成交易；截至2022年3月，北京MaaS平台用户已超过3000万；参与绿色出行碳普惠活动的用户突破100万，累计碳减排量近10万吨
二手闲置	闲鱼	碳账户功能包括22类交易类物品以及6类回收类物品	2021年碳减排量达到203万吨
物流	菜鸟网络	到站寄取快递、快递包装回收、菜鸟电子面单，“绿色回箱计划”，消费者个人减碳账单	截至2022年5月，近400万人次参与纸箱回收，减碳5.3万吨，3000万人查看了自己的碳账单；产生10.95亿次绿色行为，菜鸟绿色物流实现碳减排1.8万吨
金融	中信银行	低碳行为包含生活缴费网上办理、申请电子信用卡、开通电子账单、绿色出行、二手回收等绿色低碳生活场景	预测每年用户通过在线金融服务方面的低碳行为，累计可减少约200万吨以上的碳排放

续表

生活场景	平台名称	主要减碳举措	减碳成效
餐饮外卖	饿了么	低碳行为包括无需餐具、小份菜等	超过800万用户拥有了碳积分。截至2022年5月底，饿了么平台累计已送出无需餐具订单约11亿单，相当于减碳约5.8万吨
家居	居然之家	包括家具、电器品类的家居产品，发放优惠券购买新家具时进行抵扣，仅限北京及天津地区客户	2022年5月1日京津地区开始试运行，已覆盖13家核心卖场，吸引60家行业品牌参与，惠及4000名消费者

资料来源：阿里研究院汇总整理。

2022 年 8 月 8 日，阿里巴巴发布的“88 碳账户”进一步展现了其推动绿色发展、鼓励绿色消费、助力碳减排的决心。“88 碳账户”体系通过创新打造平台生态减碳体系推进温室气体排放范围的减碳，发挥平台生态优势，以“1+N”母子账户的形式，汇集消费者在饿了么、菜鸟、闲鱼、天猫等平台上产生的减碳量，将低碳生活理念通过衣食住行不同维度的生活场景植根于更广泛的人群，引导用户主动践行低碳生活方式。这对于个人和社会层面的减碳行动而言是有效的加速器。

闲鱼平台的个人碳账户探索。闲鱼碳账户让每一笔闲置交易的减碳价值可量化、可感知。2022 年 1 月，闲鱼平台推出碳账户业务，为每一位闲鱼用户建立了闲置交易的个人碳账户，以闲置交易或回收过程中减少的碳排放为依据，发放碳积分到用户的电子账户中，未来碳积分可以兑换相应的权益。个人碳账户功能中还推出了“减碳攻略”，指导用户在日常生活物品闲置交易中实现个人碳减排。

2019 年底，北京市交通委员会与阿里巴巴集团旗下的高德地图共同启动北京 MaaS 平台。该平台持续运营，服务超亿人次，绿色出行实名注册人数超百万，正在改变着北京居民绿色出行的生活理念和行为。

在餐饮外卖减碳领域，饿了么等餐饮外卖平台鼓励商家推出中小份菜、无餐具、环保餐具等服务，引导“舌尖上”的减排，并推出了行业首个消费者碳账户“e点碳”，支持消费者主动减排，探索建立“个人—平台—碳中和”的闭环。每个人选择低碳消费，贡献一点碳减排量，整个社会就能积少成多，形成低碳消费的习惯。从“e点碳”项目启动至今，饿了么App上已有700多万消费者通过外卖下单选择“无需餐具”参与了碳减排，累计减排量约1200吨。

数字平台以数字技术为底座，在改变人们生活方式方面，提供个人低碳实践能够实时嵌入的各种即时情景，即实践嵌入的“泡泡”。平台的中介性和“泡泡”效应使政策和生产服务的供给端与消费端实现耦合，实现政策对消费者行为“及时感知、实时响应”，让供给端资源禀赋承载情况与最终消费者行为形成实时交互。数字平台形成的新商业模式有效连接多方参与，通过广泛触达、实时参与、实时互动、反馈激励的方式，增加了用户的参与感和获得感，激发和释放了全社会参与绿色低碳的潜力和积极性，有望广泛实现绿色技术与市场机制的深度融合。

本章围绕数字驱动绿色低碳转型，描绘了绿色生活的新理念与新方式，总结了绿色低碳背后的能力建设，从云计算、碳普惠等机理与实践，展示了绿色发展的新路径。面向现代化新征程，实体经济的未来发展需要准确把握前沿趋势、前瞻性思考与研判。

执笔人：郝建彬

第十三章

趋势展望：高质量发展的未来之路

面向未来，高质量发展已成为全面建设社会主义现代化国家的首要任务。实体经济高质量发展的背后，是始终坚持科技是第一生产力、人才是第一资源、创新是第一动力，不断塑造发展新动能新优势。我国实体经济高质量发展离不开“消费互联网”与“产业互联网”的双轮驱动，“有为政府”与“有效市场”的协同推动。必须充分发挥我国全球最大的消费互联网大国、全球最大的社零总额大国、全球最大的数字消费大国、全球最大的制造业大国的“规模效应”。数字化是把我国的4个大国优势聚合在一起，真正实现大国叠加、聚合、倍增的效应。实体经济将凭借大国优势、新型数字基础设施、各类市场主体的融合发展，构建生态化的创新体系，不断优化生产方式，通过打通消费侧与供给侧实现双轮驱动，向量和质的高水平发展迈进。同时，向全球输出中国高质量发展的经验和做法。

一、高质量发展的数字技术支撑

第一阶段实现对实体经济精准的数字孪生，从大数据、云原生到数字原生，同时实现智能制造技术、平台技术的高水平发展；第二阶段实现对实体经济的全面重构，创造巨大的增长新空间。

（一）大数据发展趋势

1. 概述

大多数学者认为，“大数据”这一概念最早公开出现于1998年，由美国硅图公司（SGI）的首席科学家约翰·马西（John Mashey）在一个国际会议报告中提出。大数据的价值本质上体现为提供了一种人类认识复杂系统的新思维和新手段。在足够小的时间和空间尺度上，构造一个现实世界的数字虚拟映像，在拥有充足的计算能力和高效的数据分析方法的前提下，对这个数字虚拟映像的深度分析，将有可能理解和发现现实复杂系统的运行行为、状态和规律①。

2. 未来方向及图景

（1）根据大数据分析预测未来、指导实践的深层次应用将成为发展重点

在自动驾驶、政府决策、军事指挥、医疗健康等应用价值更高，且与人类生命、财产、发展和安全紧密关联的领域，要真正获得有效应用，仍面临一系列待解决的重大基础理论和核心技术挑战。未来，具有更大潜在价值的预测性和指导性应用将是发展的重点。

（2）大数据治理体系的相关研究与实践将持续加强

近年来，围绕大数据治理这一主题及其相关问题，国际上已有不少成功的实践和研究探索。然而，如何兼顾发展和安全，平衡效率和风险，在保障安全的前提下，不因噎废食，是当前全世界在数据治理中面临的共同课题。

---

① 梅宏：《大数据：发展现状与未来趋势》，中国人大网，2019年10月。

（二）云计算发展趋势

1. 概述

云计算已经成为数字新基建的一部分，服务于科学基础研究，提升国家科学技术创新实力。高德纳（Gartner）发布 2021 年全球云计算 IaaS 市场份额。阿里云排名全球第三，市场份额为 9.55%，连续 6 年实现份额增长。

2. 未来方向及图景

（1）容器技术引爆云技术革命将云计算带入2.0时代

基于云原生主要技术构建企业的数字基础设施，实现企业全生产周期的要素数字化，加速数据与生产业务的融合贯通。云原生是发展数字经济的核心驱动力，是企业数字化转型的关键抓手。

（2）云原生的关键技术支撑可弹性扩展的应用

Linux 基金会下的非营利组织云原生计算基金会（CNCF）给云原生的技术做了定义，云原生的代表技术包括容器、服务网格、微服务、不可变基础设施和声明式应用程序编程接口（API）。这些技术能够构建容错性好、易于管理和便于观察的松耦合系统。结合可靠的自动化手段，云原生技术使工程师能够轻松地对系统做出频繁和可预测的重大变更。

（3）数字原生企业的催生

国际数据公司（IDC）于 2017 年提出了数字原生企业（DNE）的概念。在数字化时代新生的新锐企业将有机会成长在云原生技术平台上，成为引领行业的新一代数字原生企业。典型数字原生企业如 Snowflake，它是一家主营云数据存储的创业公司，是纽交所历史上最大的软件企业首次公开募股。Snowflake 利用了当今企业技术的两个最大趋势：大数据处理和公共云。

（三）互联网平台技术发展趋势

1. 概述

全球科技创新和产业竞争正加速转向平台化、生态化。2010 年，从上市公司中市值前十的公司排名来看，其中只有两家数字科技企业。2020 年底，排名前九的均是提供数字服务或数字产品的新兴数字科技企业。2020 年，美国仅科技公司的市值就超过了欧洲所有公司的估值。

2. 未来方向及图景

（1）平台型技术创新生态成为数字科技创新的主力军

数字科技平台为科技创新与需求提供了精准对接和高效迭代验证的新机制，已成为新科技研发、扩散、产业化的孵化器、加速器，为创新跨越“死亡之谷”开辟了一条新路[①]。数字科技平台加速重构创新生态系统，是中小科技企业发展的孵化器和加速器。中国目前在数字技术领域与美国相比仍存在明显差距（见图 13-1）。

（2）数字科技企业是汇聚全球顶级人才和创新资源的蓄水池

数字科技企业吸引了全球一流人才相继加入，在国际前沿科技领域形成了一定的人才优势。微软、亚马逊、谷歌等国际互联网平台都是高

① 刘长杰：《新动能推动中国经济新发展》，《中国发展观察》2021 年第 16 期。

端人才的聚集地。中国数字科技顶尖人才较美欧差距明显。2018年，中国顶尖的人工智能领域的研究人员数量，仅分别相当于美欧的1/4和1/2。每100万雇员中的顶尖人工智能研究人员数量，美国是中国的20倍左右[①]。

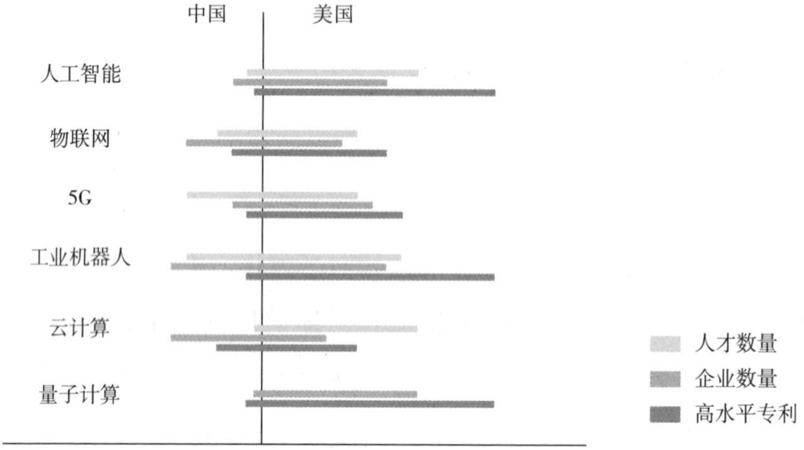

图13-1 中美在数字技术领域仍有明显差距

注：图中数值来自公开数据。

资料来源：作者自绘。

（3）将平台型技术创新生态作为数字科技创新体系的重要组成部分

过去20年，中国已经成功探索出了新型创新模式：一是在高铁、电网、无线通信等网络型产业中，依托可控的网络型市场，以国家重大专项等科技项目为牵引，建立"可控市场牵引＋体系化研发布局＋技术适配验证平台＋产品持续迭代"的创新体系。二是在资本密集型的平板显示领域，中国探索出了"创新型企业（如京东方）＋地方融资平台＋国家投资基金＋国家金融机构＋产业链政策引导＋国内市场牵引"的创新体系。如今，随着平台型技术创新体系的高速发展，"数字化大市场＋数字技术平台＋创新生态系统＋友好的创新环境＋资本市场"的高效组合，有望成为我国科技创新体制中的第三种模式。

① 数据来自美国数据、技术和公共政策交叉研究智库。

（四）物联网发展趋势

1. 概述

1991 年美国麻省理工学院（MIT）的凯文·艾什顿（Kevin Ashton）教授首次提出物联网的概念。2005 年 11 月 17 日，在突尼斯举行的信息社会世界峰会（WSIS）论坛上，国际电信联盟（ITU）发布《ITU 互联网报告 2005：物联网》，引用了“物联网”的概念。随后，苹果、三星、谷歌、思科和通用汽车等全球科技巨头都致力于物联网传感器和设备的生产。

2. 未来方向及图景

（1）安全风险受到更高关注

万物互联的物联网时代，一旦物联网中的某个设备出现了安全漏洞，那么整个物联网都将被威胁。为此，安全风险将是物联网设备制造商关注的重点。

（2）与5G深化融合

5G 技术的发展推动了工业物联网增长，5G 的快速度、低延迟和大容量，能够帮助企业的工业设施实现更大的扩展，让工厂转变为统一的、相互关联的实体。5G+ 物联网，将会带动企业走上智能化、数字化之路。

（3）医疗物联网

大众对健康的关注度越来越高，健康解决方案的需求也在不断增加。医院通过医疗物联网，为医院、医生和病患之间搭建了沟通、资讯的桥梁，使医疗服务更容易获得。

（4）推动供应链发展

越来越多的供应链企业将物联网连接集成到其物流运营中，物联网的远程跟踪功能将为企业提供所需的透明度，以便在干扰发生之前检测和响应。物联网设备可以将收集到的数据进行分析，为企业提供决策支持。

（5）边缘计算增长

边缘计算将变得更加可靠和可扩展。这项技术可能会影响消费者应用。边缘计算可以解决当今的许多带宽、安全性和云计算可靠性问题。

（6）可穿戴设备达到新高度

可穿戴设备是最主流的消费物联网领域之一，以智能手表、腕带、VR 眼镜为主，它们在未来将变得更加多样化。智能戒指、链接面料和物联网 ID 标签已经上市，并将迅速发展。

（五）元宇宙发展趋势

1. 概述

2021 年 10 月 28 日，全球互联网社交媒体巨头脸书（Facebook）宣布将现有公司改名为“Meta”，公司未来发展聚焦于建立元宇宙（Metaverse）。元宇宙概念被瞬间引爆。公众更多聚焦于游戏、社交、娱乐等 2C 的元宇宙场景，而元宇宙技术的发展对于 2B 市场会产生革命性的影响。

2. 未来方向及图景

（1）AR、VR技术赋能3D交互

利用 AR 技术，用户可以在现实世界中增加虚拟场景，例如一些虚拟物品、人物、数字信息和相关的交互形式等。相对于 AR 技术，大家或许对 VR 技术更加熟悉，各种品牌的 VR 眼镜已经进入寻常百姓家。在这一代元宇宙技术框架下，虚拟世界和物理世界彻底融合，会诞生一群新的初创企业，一批新的业务场景，一系列行业被新技术赋能而改造（见表 13–1）。

表 13-1　元宇宙未来应用场景

场景	元宇宙赋能
游戏	3D沉浸式游戏体验、游戏场景虚实结合（和虚拟机器人队伍在真实的野外对战）
旅游	时空交互沉浸式游览（在故宫参加光绪皇帝大婚典礼）
社交	跨越地域，面对面社交效果（参加虚拟世界舞会）
探索	探索微观环境（细胞）、遥远太空等人类难以触达的空间（虚拟世界模拟训练，真实世界操控远程机器人）
办公	虚实结合的办公环境，沉浸式交互，远程协作

资料来源：作者自制。

（2）元宇宙应用主战场，从2C到2B

元宇宙技术所代表的新一代信息化方式和工业化的融合将进一步推动人类社会两个重要发展历史进程交汇的深度和广度。在中国从制造大国向制造强国转变的战略过程中，迫切需要元宇宙这种构建和支撑两化深度融合的技术体系。

基于元宇宙技术搭建的信息物理系统通过集成先进的 IoT、机器人、AR 及 VR、新一代无线通信和人工智能等技术，构建出物理空间与信息空间中人、机、物、环境、信息等要素相互映射、适时交互、高

效协同的数字孪生系统，催生出更智能化的技术装备、更协同化的产品创新体系、更柔性化的生产方式、更集约化的资源利用方式以及更精准化的管理模式。

二、实体经济高质量发展的新范式

面向未来，实体经济将凭借大国优势、新型数字基础设施、各类市场主体的融合发展，构建生态化的创新体系，不断优化生产方式，打通消费侧与供给侧实现双轮驱动，向量和质的高水平发展迈进。

（一）新型基础决定领先地位与中国经验输出

从全球产业发展看，德国制造业占 GDP 的 20%，日本为 25%，美国仅为 11%。2012—2021 年，美国 GDP 从相当于日本的 2.6 倍扩大到 4.5 倍，美国 GDP 从相当于德国的 4.6 倍扩大到 5.4 倍。这充分说明，过去 10 年，美国领先地位的巩固和确立，是实体经济数字化转型的胜利，是数字技术深度发展、全面融入一、二、三产业的结果，是向新型数字基础设施迁徙的结果。

这一进程中，实体经济的中国式升级代表了一种新的发展范式，助力产业通过转型升级、新业态培育实现熊彼特所描绘的“二次增长”，是新旧产业接续的新动能。在中国的“跨越式”发展中，部分模式已具有全球先进性和示范性，为其他国家提供了借鉴。物美多点创新模式被麦德龙引进到德国总部，盒马 ReXOS 系统在纽约展会受到高度肯定；

数字乡村创新被国际贸易中心（ITC）引入非洲，“淘宝村”助力非洲卢旺达咖农增收。未来，从局部领先到全面发展，更多中国式创新模式和方法，将为全球产业协同发展贡献力量。

（二）数字科技领域创新呈现生态化、体系化

未来更加聚合、立体创新的生态将形成。以美国为例，目前，企业投资已占美国全社会研发支出的2/3①。美国将延续三级创新体系，第一级是产业创新联盟。2020 年美国制造业联盟所属的 16 家研究所通过与 2000 余家会员组织（62% 是制造企业）的合作，开展了 500 多项主要的研究开发项目，培训了 7 万多名先进制造领域相关人才，确保美国在先进制造业中的全球领导地位②。第二级是产业创新法律体系。拜登于 2021 年 11 月签署《基础设施投资和就业法案》，要求美国联邦财政援助的基础设施建设，必须优先采购产自美国的钢铁、制成品、材料。2022 年，美众议院通过《2022 年美国竞争法案》，在关键领域使美国本土做到自给自足，强化供应链。第三级是转化应用体系。美国政府未来将更加强化军民融合技术在真实场景的转化应用，如 NASA 加强了与马斯克的合作，并计划共同开发光速引擎。

（三）数字科技平台与掌握标准成为竞争焦点

平台创新架起一座弥合科技创新与产业化“断裂带”的桥梁。以美

① James Andrew Lewis, 2018, “Meeting the China Challenge Responding to China’s Managed Economy”,Center for Strategic & International Studies,Jan.

② Manufacturing USA Highlights Report,2021, “A summary of 2020 Accomplishments and Impacts”, National Institute of Standards & Technology,Nov.

国为例，平台作为数字经济（狭义）第二层级的核心，在美国各行业全面数字化进程中发挥了关键支撑作用[①]。2012—2018 年，美国互联网平台的增长速度是整个美国经济的 9 倍。亚马逊 AWS 已经成为聚合数万家合作伙伴的开发平台，为中小开发者提供可服务 30 万用户的渠道。

美国试图在数字时代延续其规则和标准的主导地位，留给中国和中国企业的机会稍纵即逝。在芯片领域，新美国安全中心直言不讳，“中国芯片制造商半导体完全依赖国外来源制造设备，这些设备是一个关键的阻塞点”[②]。在移动支付领域，中国企业主导构建的新型全球支付清算网络已具雏形，在全球支付市场的话语权得到显著提升，在移动支付等特定细分领域话语权已超越 SWIFT、VISA。但 Google Pay、Paypal 拓展全球移动支付市场并高速增长，苹果推出“点击支付”（Tap to pay），亚马逊紧跟其后。代表“数字美元”体系的数字货币联盟 Libra 项目若成功推广，数字人民币国际化的进程将遭受重大挑战。

（四）消费侧与供给侧全面打通，实现双轮驱动

党的二十大报告“现代化产业体系”中，实体经济作为重要部分，其转型将围绕消费者的多元化、个性化、高质量消费体验升级需要及日益增长的美好生活需要，以精准匹配的创新技术和服务模式服务于现代产业体系的构建，为其源源不断地注入创新动能。用户深度参与、网络协同创新带来了消费者决策体系重构；面向消费需求，实体经济新物种涌现。

---

① Rumana Bukht，Richard Heeks，2017,“Defining, Conceptualizing and Measuring the Digital Economy”， Development Informatics working paper,68.

② Center for a New American Security,2021,“The Future of the Digital Order，Center for a New American Security”,Nov.

面向现代化新征程，实体经济的高质量成长成为衡量经济繁荣和活力的核心要素。4个大国优势叠加将进一步夯实中国独特发展道路和模式，新的发展方式将围绕消费创新与供给侧结构调整，从单轮驱动向双轮驱动演进（见图13–2）。

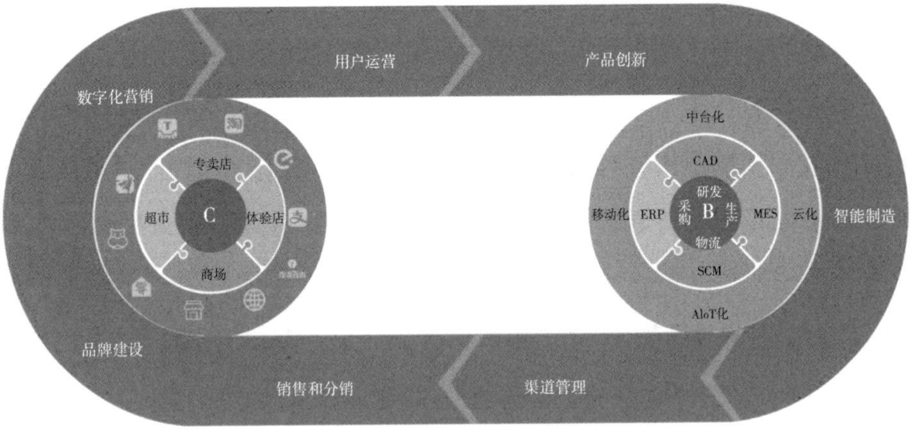

图13-2 数字化助力消费与产业双轮驱动

资料来源：安筱鹏，《二十大报告学习：需要什么样的实体经济》，2022年10月。

从服务型制造到平台、企业与消费者的价值链共创，高质量的实体经济一定是充分转型升级的实体经济。前沿技术所构建的双轮驱动的发展方式与市场参与形式，将把制造业、农业与服务业真正融为一体，柔化各自边界。消费者角色将发生重大改变，转变为产品设计师、数字化管理师、创意研发者，参与到产品服务设计、生产及服务提供全流程。消费与生产将融合为一个整体，不分彼此。产业形式变得更能实现消费侧与供给侧的双轮驱动螺旋式融合升级，消费者与生产者、设计师与服务商的角色在不同的场景中灵活转化，最终服务于整个产业生态的高效发展。每个个体、企业既定义需求，又定义供给，并充分实现数据的流动与精准匹配、各种资源的充分循环配置和产业的现代化发展。

（五）软硬解耦重构全新的产业链形态

未来的产业链，将是创新驱动重构形成全新的产业链，传统经济格局下的众多认知将被改变。以汽车为例，数字化对汽车产业链改造后，人们发现汽车不再只是交通工具和动力总成与各类汽车零配件的组装，而是一款“移动的智能终端设备”。德国大众在中国的销量2021年比2020年下降了14%。2022年1—6月，日系车、德系车在中国市场份额持续下降，2022年我国新能源汽车销量将达到500万辆，同比增长47%①。虽然我国汽车在长期发展中受制于离合器、变速箱等关键技术，但新能源汽车的数字化逻辑对传统的产业链进行解构，实现产业链闭环更短更精炼，绕过了这些产业链短板，凸显了中国产业的比较优势。中国新能源汽车产业的崛起和领先发展是“弯道超车”“跨越式发展”的一个成功的典范。不仅是汽车行业，未来制造业、服务业、农业的各个细分领域，都将在数字化的助力下展现全新的现代化生产方式、组织方式、产业链形态。

（六）生产方式从试错法向模拟择优法跃升

火箭发动机研制中75%的成本用在“试验、失败、修改”，通过仿真技术，可以取消大量传统实物试验（例如：取消传统模态试验）。采用基于模型的定义（MBD）的设计制造一体化技术打通了工程设计—虚拟装配—三维工艺—零件制造—总成装配，构建了整车的三维数字样机。高铁数字孪生测试也从实物测试到虚拟测试，数字高铁模型在数字京沪线上运行，实时仿真列车在实际运行过程中的速度、电流、电压、能耗等性能指标。根据仿真结果，循环修正、优化并最终确定电气特征

① 数据来自人民资讯和中证网。

参数。天猫新品创新体现了从“试验验证”到“模拟择优”的过程。

传统电子商务企业正在发展为电子商务 + 工业（产业）互联网 + 云计算服务 +SaaS+ 低代码开发等专业应用服务的数字化开放创新实体科技平台。中小微企业通过数字化仿真在虚拟现实中完成全部的产品设计及模拟制造，极大降低创新的综合成本。

三、实体经济高质量发展的展望

目前，数字产业引擎带动不强、产业链短、市场占有率不高、转型技术创新能力不足、融合发展不平衡、数据壁垒仍然存在、数据要素作用未能完全实现、缺乏评价指标指引等，是实体经济重构发展中需要解决的问题。同时，实体经济转型发展不平衡不充分，也会对产业结构升级产生影响。推动实体经济高质量发展，要把握实体经济是根基、创新驱动是引擎的发展关系。此外，还须以共性技术创新增强发展的内生动力。

（一）共性技术创新生态成为高质量发展重要抓手

共性技术的飞速发展正在让数据智能的应用门槛快速降低，完全可以满足中小企业的普惠数字化转型要求。基于天猫和淘宝的数据研究发现[①]，经济欠发达地区的商家，如西南地区、东北地区的商家使用数据智能的活跃度大幅度提升；年交易额达到 100 万元、10 人以下的小

---

① 清华大学经济管理学院动态竞争与创新战略研究中心、阿里研究院：《从“造物节”看平台驱动下的敏捷创新》，2022 年 8 月。

微企业，使用数据智能服务的活跃度提升更为明显，是之前的 2 倍以上。使用这些服务的商家在销售表现上更好，增幅达到 14.4%。营收规模越小的商家，提升效果越为明显，例如年销售额不到 100 万元的商家，其整体提升服务都超过了 30%。未来共性技术对于创新将发挥更大的作用，突破“乌卡特征”使科技创新治理面临“市场政府双失灵”挑战[①]。

（二）共建创新生态与国际规则成为合作新格局

随着中国牵头成立世界互联网相关国际组织，中国将加大参与推动建立国际数字经济贸易体系与规则的力度，一方面为我国产业打造竞争壁垒，获取更大话语权；另一方面缓解因国际局势对产业的冲击影响，促进全球供应链稳定。

面向未来，中国将进一步深化贸易、技术、服务等各领域合作，推进“数字丝绸之路”建设，深入拓展丝路电商合作。一方面加大对全球供应链基础设施包括海外仓建设的支持力度，中国企业建设的海外仓已成为建设自主可控的国际供应链体系的重要组成部分；另一方面，中国政府持续对国际货运的政策予以支持，支持头部数字化供应链企业在国内机场自建货站，并开展地面保障自营业务。这将巩固中国在国际产业链供应链分工格局中的战略地位。

（三）产业互联网与消费互联网协同对接融合发展

产业在供给侧的力量和消费侧消费者的力量要产生共振，才能推

---

① 蔡跃洲：《中国共产党领导的科技创新治理及其数字化转型——数据驱动的新型举国体制构建完善视角》，《管理世界》2021 年第 8 期。

动国内国际双循环产生更大的创造性，更好地满足市场需求，推动经济发展。产业互联网和消费互联网完美对接融合将打通行业供需两端，能够实现按需制造，按消费者的需求来进行个性化的产品设计和创新，快速对接到生产制造端，实现小批量生产在短期内交付。这样柔性化的力量，可以使企业在其产品走向市场的过程中避免更大的存货风险，更好地把握外部市场。

这个过程中，必然产生新业态新模式，特别是在供给侧结构优化方面，正展示出新业态的巨大发展潜力。新业态的发展，诸如菜鸟驿站、无人车配送这种数字化供应链的发展，需要政府部门持包容审慎监管态度，呵护其成长，同时注重维护新业态市场的公平竞争。改变对数字化供应链企业是传统物流仓储企业的认识，将其纳入民生保供行业、高技术及 SaaS 企业。

（四）新型要素释放价值和新型资产充分开发

政府部门在制定数据要素产权规则时，应充分考量数据承载价值和利益相关方的多元性，跳出传统产权制度框架，以不同类型的价值为对象，在各利益相关方之间寻求合理分配的解决方案。同时，数据产权规则也应当具有制度激励效果，在数据权利的取得、权利内容和保护规则等方面，对投入成本创造数据要素的市场主体给予合理保护，通过市场化手段激励其继续投入创造更多数据资源等。通过构建合理的数据资产价值评估指标体系，制定统一的技术标准及数据资产标准，建立多层次数据资产交易市场，充分开发数字资产等新型资产的价值。

（五）以新发展理念推动产业集群发展方式转变

当前，国家相关部门已在政策文件中提出培育数字化产业集群，未来预计将在重点行业、重点区域与平台开展数字化产业集群重点工程和试点，总结经验模式向全国推广复制。数字平台企业将积极参与产业集群技术发展路线制定，结合各地产业特色，与地方一起，精准扶持短链弱链部分企业，强化数字化产业集群产业链供应链韧性。未来各地政府与数字平台企业、行业协会、科研院所将共同面向新型消费需求，打造区域公共品牌、行业品牌。支持行业、产品标准在产业互联网平台试点，建立溯源机制，以大数据技术全流程溯源，对本地产品质量精准把控。加强线下产地与线上平台活动联动，共建高质量企业白名单，打造企业标杆，扩大品牌影响力。

（六）中小企业“上云”及依托低代码服务用数赋智

各行业核心系统将“上云”并全面享受低代码开发的底座服务。中国电子技术标准化研究院发布的《中小企业数字化转型分析报告（2021）》显示，79% 的企业仍处于数字化转型的初步探索阶段。中国信通院数据显示，100 人的中小企业，使用“钉钉平台 + 低代码开发”模式 1 年可以节约 70 万元。政府部门鼓励搭建中小企业数字化转型资源平台，实现“政策、资源、能力、工具”的汇聚。中小企业深化应用低代码开发工具，一是提升低代码开发服务到国家战略层面，成为如云计算一般的标准化新型基础设施。二是低代码应用到企业最亟须改造升级的环节。三是从“授之以渔”角度加大对低代码应用的支持力度，提高企业内生增强组织与生产能力。

（七）形成层类分明、功能多元的人才培养与产教体系

面向新征程，人才强国已成为支撑高质量发展的关键。一是要抓住机遇、超前布局，以更高远的历史站位、更宽广的国际视野、更深邃的战略眼光，对人才培养做出总体部署和战略设计。二是要建立层次分明的高质量人才培养体系。鼓励高水平、综合类、研究型大学加大基础学科建设投入，加强基础学科研究能力，加强基础学科拔尖学生培养。三是建构终身教育体系，为不同年龄阶段、不同教育背景、不同区域的学生，提供知识学习和技能培训。同时，未来科教融合和产教融合将进一步加深，双轮驱动人才培养模式创新。实现教育链、人才链与产业链、创新链、价值链、资金链有机衔接，高等院校应推动学科专业建设、教学内容等与数字经济发展实际需求精准对接，形成互相反馈、互为参照的人才培养体系。

展望未来，我国实体经济高质量发展将得益于大国经济与平台创新的完美组合，有为政府与有效市场的高效协同，消费互联网与产业互联网的双轮驱动。我国实体经济根植厚土，相信未来必枝繁叶茂。

执笔人：欧阳日辉　苏中　郝建彬　李颖

后 记

实体经济高质量发展是社会各界高度关注的议题。面向现代化新征程，高质量发展是全面建设社会主义现代化国家的首要任务，实体经济是发展的着力点，实体经济数字化改造提升与新业态培育，成为构建现代化产业体系的重要抓手。

农业经济、工业经济之后人类社会发展步入一个新的经济形态，实体经济呈现新的发展方式。当今时代，数字技术是引领世界科技革命和产业变革的关键力量，是新一轮国际竞争的制高点。实体经济数字化创新与重塑带来了“质的有效提升”与“量的合理增长”。当前，中国在实体经济高质量发展方面，已经创造了不少全球领先的新产业新业态新模式，有必要通过研究总结规律、提炼经验、构建方法、推广渗透，推动实体经济更加全面协调发展，助力现代化产业体系的构建。

中国社会科学院财经战略研究院、中国市场学会、中央财经大学、阿里研究院、新服务 30 人论坛相关研究人员长期关注数字化对实体经济的助力作用，联合开展了系列相关研究工作。本书系统梳理了实体经济高质量发展的理论与实践，从我们需要什么样的实体经济、创新驱动、组织形式、关键要素、创新主体、发展效应、产业强国与新业态培育、全球化、绿色发展、趋势展望 10 个方面，深入研究实体经济的创新与重塑，为相关领域高质量发展提供参考与借鉴。

本书是集体研究创作的成果，中国社会科学院财经战略研究院、中国市场学会、中央财经大学、阿里研究院的众多研究人员参与了书稿筹划与撰写，成员包括：夏杰长（总负责、书稿指导和审阅，第七章、第九章执笔人），高红冰（书稿指导和审阅、第一章执笔人），欧阳日辉（框架设计，第二章、第四章、第十三章执笔人），李勇坚（第三章、第五章、第十章执笔人），刘奕（第六章执笔人），刘昱宏（第四章执笔人），孙晓（第七章执笔人），田野（第七章执笔人），熊琪颜（第九章执笔人）、安筱鹏（第一章执笔人）、安琳（第二章执笔人），郝建彬（第一章、第十章、第十二章、第十三章执笔人），李颖（第一章、第二章、第三章、第十章、第十三章执笔人），范秋辞（第八章、第十一章执笔人），岳鸿飞（第十一章执笔人），柴爱新（第十章执笔人），苏中（第十三章执笔人），左臣明（第七章资料整理）等，感谢各位研究人员的辛勤付出。

研究过程中，得到了中国人民大学环境学院王晓霞，北京交通发展研究院刘莹，北京工业大学经济与管理学院刘维刚，北京工商大学电商与物流学院戴亦舒，阿里巴巴集团公共事务部刘微、宋逸群、戴威、张慧媛、钱芸莱、雷永强，阿里新服务研究中心张瑞东、薛艳，菜鸟网络科技有限公司韩曦、房漪、任隽姝、李韵、曾晓伟，任志良、高雪亮、李超；钉钉（中国）信息技术有限公司马力骏、孙思怡、蒋政捷、王斯琼、赵彦文、马海军、曹君跃、蔡培，瓴羊智能服务有限公司朋新宇、甄日新，高德软件有限公司赵毅，盒马网络科技有限公司原若凡、张欣宇、刘姝涵，闲鱼网络科技有限公司李翔，阿里全球业务办公室林婉缇，阿里研究院任洁，唐县昌鑫黑猪养殖有限公司赵卫东、赵亚帅，河北鑫宏源印刷包装有限责任公司李健，西子联合控股有限公司林奇孟、郭宇等专家学者、专业人士，对于书稿观点、问卷采集、案例调研、研究资料等给予的大力支持，在此表示诚挚感谢。

实体经济高质量发展是一项宏大而重要的研究议题，涉及资源要素流动、市场主体融合、产业组织重构、传统产业转型、新兴产业培育等各个方面。中国社会科学院财经战略研究院、中国市场学会、中央财经大学、阿里研究院、新服务30人论坛将继续围绕相关议题开展深入研究，期待有关部门及各界继续支持，共同为实体经济高质量发展鼓与呼。

由于研究团队水平有限，书中错误在所难免，敬请读者批评指正，不吝赐教。